E.W. Heine

New York liegt im Neandertal

*Bauten als Schicksal
Provokatorische Gedanken
zur Kulturgeschichte
der Menschheit*

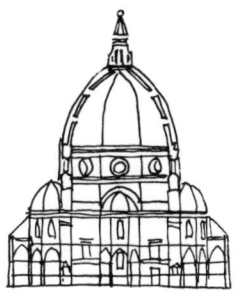

Diogenes

Umschlagillustration und Vignetten
von
E. W. Heine

Für Isabel

Stuttgart 1984

ISBN 3 257 01672 7

*Ein großer Mann ist in jeder
Haltung und in jeder Handlung eine
Statue. Eine schöne Frau ist ein
Gemälde, das alle Betrachter
begeistert und verzaubert.
Das Leben kann lyrisch oder episch
sein, ein Gedicht oder ein Roman.
Eine Epoche aber lebt immer in
ihren großen Bauten. Wahrhaftiger
als alle Geschichtsschreiber ist die
Sprache der Steine.*

Ralph Waldo Emerson

Inhalt

Die Menschenschnecke

Der höhere Mensch ist
ein bauendes Tier
Oswald Spengler

Keine Aussage über
die Vergangenheit ist so unmittelbar
wie die Bauten einer Epoche.
Der Mensch formt seine Umwelt so,
wie er sich selbst in ihr erlebt.
Das findet seine elementarste Darstellung
in der Art, wie er baut.
Warum baute eine bestimmte Zeit
so und nicht anders?
Versucht man ihr Raumerlebnis
nachzuempfinden, so gelangt man
zu Erkenntnissen, die weit über
dem Wert der schriftlichen
Überlieferung liegen.

Die Geschichte der Menschheit ist der phantasiereichste Roman, der je erdacht worden ist. Wie bescheiden wirken die Lügengeschichten des Baron von Münchhausen neben diesem abenteuerlichen Gesellschaftsklatsch aus raffiniertem Propagandaschwindel, Druckfehlerteufeln, sensationslüsternen Verzerrungen, nationalem Pathos, verdrängten Schuldkomplexen, aus Vergessenem, falsch Verstandenem, frei Erfundenem und schamlos Gefälschtem. Aber, so könnten Sie jetzt einwenden, und was ist mit der schriftlichen Überlieferung, mit den Augenzeugen-Berichten aus jener Zeit? Sie sind doch zweifellos vorhanden.

Wer jemals in einem Polizeibericht die widersprüchlichen Zeugenaussagen über einen Verkehrsunfall gelesen hat oder in einer westdeutschen und in einer ostdeutschen Zeitung die Tagespolitik zum gleichen Thema, der wird zugeben müssen, daß auch auf die schriftliche Überlieferung der Augenzeugen kein Verlaß ist.

Aber was ist mit den Gesetzen, den Friedensverträgen, den königlichen und päpstlichen Erlassen, deren Originale wir mit Siegel und Stempel besitzen? Ist auch auf diese Urkunden kein Verlaß?

Nein, auch sie reden falsch Zeugnis wider ihre Zeit.

Von den Urkunden der Merowinger (500 bis 750) sind mehr als die Hälfte Fälschungen. Von den überlieferten 270 Urkunden Karls des Großen sind über einhundert unecht. Alle Papsterlässe vor dem Jahr 385 wurden nachträglich gefälscht. Die »Konstantinische Schenkung«, wonach Kaiser Konstantin bei seinem Umzug von Rom nach Byzanz im Jahre 330 Rom und das Abendland an Papst Sylvester verschenkt haben soll, ist eine Fälschung, vierhundert Jahre später von römischen Geistlichen begangen. Die Geschichte keiner europäischen Stadt ist frei davon. Die Aufzählung der uns bekannten historischen Urkundenfälschungen würde die Seiten dieses Buches füllen. Kirchenfürsten, Bischöfe, Klöster und Päpste haben gewissenlos die Wahrheit verfälscht. Sie taten es zum Ruhme Gottes und zum Vorteil der allein-seligmachenden Kirche, und das stand moralisch höher als die Wahrheit.

Aber nicht nur die alten Religionen vergewaltigten die Vergangenheit. Auch in der gegenwärtigen marxistisch-leninistischen Ethik hat die positive Propaganda absoluten Vorrang vor der Wahrheit. Die Historiker des realen Sozialismus mußten die Geschichte bereits in unserem Jahrhundert mehrmals umschreiben. Wer sich mit der Materie befaßt, ist immer wieder verblüfft und entsetzt, mit welcher Dreistigkeit hier Geschichtsfälschung betrieben wird.

Vor fünfzig Jahren brannte der Reichstag in Berlin. Obwohl es keinem Historiker gelungen ist, den Beweis dafür anzutreten, lernen unsere Kinder in der Schule, daß die Nazis das Reichstagsgebäude angesteckt hätten. Wer vermag da noch zu glauben, daß Nero Rom angezündet hat?

Durch einseitige christliche Propaganda wurde ein so ehrenwerter Mann wie Tiberius zum blutrünstigen Scheusal, und aus den wirklich blutigen Raubzügen der Kreuzfahrer wurden fromme Pilgerfahrten zum Grabe Christi.

Andere Ereignisse wurden unbewußt verfälscht. Das Blutbad von Verden, bei dem Karl der Große um die 4500 Anhänger seines Rivalen Widukind erschlagen haben soll, fand in Wahrheit nur im Tintenfaß eines mönchischen Schreibers statt, der die lateinischen Partizipien *decollati* und *delocati* miteinander verwechselte. Ersteres heißt: »hingerichtet«, und letzteres: »umgesiedelt«.

Die Beispiele ließen sich seitenlang fortführen. Nein, es ist kein Verlaß auf die schriftliche historische Überlieferung.

Wie aber erfährt man die Wahrheit über eine zurückliegende Epoche?

Bleiben wir bei unserem Beispiel mit dem richterlichen Prozeß. Bei der Wahrheitsfindung wiegt hier das Corpus delicti, das Beweisstück des Tatbestandes, mit Recht mehr als alle individuellen Zeugenaussagen. Menschliche Eindrücke lassen sich widerlegen, nicht so die Fingerabdrücke des Angeklagten auf der Tatwaffe.

Caesar berichtet in seinem gallischen Kriegstagebuch, daß die Elche in Germanien keine Kniegelenke hätten und sich aus diesem Grund nicht niederlegen könnten. Sie würden sich bei Nacht gegen Schlafbäume lehnen, die man bloß anzusägen bräuchte, um die Tiere zu fangen, denn sie kämen, einmal zu Fall gebracht, ohne fremde Hilfe nicht wieder auf die Beine. Da wir wissen, wie Elche aussehen, wissen wir auch, daß die Aussage des zeitgenössischen Augenzeugen Gaius Iulius Caesar falsch ist. (Wie oft mag er noch gelogen haben?) Das Corpus delicti Elch hat die Aussage des großen Römers widerlegt.

Überall auf der Erde findet man versteinerte Muscheln und Schneckenhäuser. Ihre Bewohner sind vor vielen hunderttausend Jahren ausgestorben. Keines Menschen Auge hat sie jemals gesehen, denn sie haben lange vor unserer Zeit gelebt, und trotzdem wissen wir so viel von diesen ach so vergänglichen Weichtieren, als wenn sie noch lebendig wären. Am bekanntesten sind die spiralig gewundenen Schalenhäuser der Ammoniten. Obwohl diese Kopffüßler vor hundertmillionen Jahren ausgestorben sind, kennen wir mehr als tausend verschiedene Arten so genau, daß wir sie als sicher bestimmbare Leitfossilien für das ganze Erdmittelalter vom Silur bis zur Kreidezeit verwenden können.

Diese sichere Kenntnis verdanken wir einzig und allein ihren Häusern. Und so wie das Schneckenhaus ein naturgetreuer Abguß der lebendigen Schnecke ist, so sind auch unsere Bauten lebendige Abgüsse ihrer Erbauer, versteinerte Gedanken und Empfindungen. Keine Aussage über einen bestimmten Zeitabschnitt ist so unmittelbar wie die Sprache der Bauten. Sie vermitteln uns Kenntnisse, die durch nichts zu überbieten sind. Die klassische Baugeschichte, wie sie an unseren Universitäten gelehrt wird, fragt: »Wie wurde das Gebäude einer bestimmten Zeit errichtet, in welchem Stil, wann und zu welchem Zweck?«

Stellt man jedoch die Frage: Warum ist dieses Bauwerk so gestaltet worden, welches Raumgefühl gab ihm seine architektonische Form, und versucht man die versteinerten schöpferischen Kräfte nachzuerleben, so gelangt man zu Erkenntnissen, die weit über dem Aussagewert der schriftlichen historischen Überlieferungen liegen.

Kunstwerke sind Spiegelbilder der Menschen und der Zeit, die sie erschufen. Das Lebenswerk eines Künstlers ist zugleich auch seine innerste Biographie. Das gilt auch für die Menschheit als Ganzes.

Die Kunstgeschichte ist die wahrhaftigste Biographie des Menschengeschlechtes.

Der Mensch gestaltet seine Umwelt so, wie er sich selbst in ihr erlebt. Das findet seine elementarste Darstellung in der Art wie er baut. Für die ältere Vergangenheit hat das Haus als Privathaus noch keine Bedeutung, wie auch der Privatmann als Einzelperson noch keine Rolle spielt. Der Mensch erlebt sich als Teil einer Gemeinschaft. Tempel,

Dom, Palast und Rathaus sind Gruppenerlebnisse. Der einzelne ist nur in dem Maße existent, wie er Teil hat an der übergeordneten Gemeinschaft des Stammes, der Kirche oder der Zunft.

Keine andere schöpferische Disziplin ist so eng mit dem Raum und der Zeit verbunden wie die Architektur. Als einzige formt sie neue reale Räume, die der Mensch betreten kann. Der Zeitfaktor für Bauten ist ein völlig anderer als für Musik, Malerei oder Dichtung. Die Entstehung ist nicht an das Leben eines Künstlers gebunden. Von ihm erfolgt oft nur der schöpferische Impuls. Bisweilen bauen mehrere Generationen an dem Werk, wie bei den ägyptischen Tempeln und gotischen Kathedralen. Aber selbst innerhalb einer Generation wird das Gebäude von vielen schöpferischen Geistern der Zeit geformt. Damit aber wird es wie kein anderes Kunstwerk zum künstlerischen Spiegelbild seiner Epoche.

Der Mensch ist das einzige Lebewesen, das vom Ablauf der Zeit und damit von der Vergänglichkeit Kenntnis nimmt. Alle Zivilisation ist ein Kampf gegen die Zeit. Die Kunst des Schreibens – die bedeutendste menschliche Erfindung aller Zeiten – war vor allem ein Sieg über die Zeit. Mit Hilfe der Schrift sprechen Sokrates und Jesus über Jahrhunderte deutlicher zu uns als unsere Mitmenschen. Die großen Werke der Menschheit erlangten Unsterblichkeit.

Mit der Erfindung der Fotografie und der Schallplatte und damit des Tonfilmes wurde die Vergangenheit direkt, ohne den Umweg über die abstrahierende Schrift, so zugänglich wie die Gegenwart. Tote sprechen und bewegen sich unter uns. Greise begegnen ihrer Kindheit.

Architekturen sind Abbilder und Schallplatten ihrer

Epoche, gebannte Vergänglichkeit, Siegessäulen über die allmächtige Zeit.

Camus hat einmal gesagt: »Von einem bestimmten Alter ab ist jedermann für sein Gesicht verantwortlich.« Er meint, daß die Fassaden unserer Köpfe von unserem Charakter geprägt werden, von dem, was wir wirklich sind. Das gilt auch für die Fassaden unserer Bauten. Sie werden von dem Charakter ihrer Epoche geformt. In »Dichtung und Wahrheit« erzählt Goethe, er habe viele Stunden vor dem Straßburger Münster verbracht und die künstlerische Konzeption des Bauwerks so in sich aufgenommen, daß seine Phantasie begonnen habe, fehlende Teile zu höherer Ordnung zu ergänzen. Zu seiner eigenen Verwunderung stellte er nach Jahren anhand alter Pläne fest, daß die Baumeister des Münsters die endgültige Ausführung auch wirklich so geplant hatten.

Es scheint, als habe der Mensch die Gabe, sich intuitiv in bestimmte einfache Ordnungen hineinzudenken.

Ohne diese Fähigkeit wären wir niemals in den Besitz der Heilpflanzen gelangt. Es ist Unsinn anzunehmen, daß ein Neandertaler sich durch Wald und Wiese hindurchgefressen und auf diese experimentierende Art Heilkräutererfahrung gesammelt hätte.

Viele Pflanzen wirken nur, wenn die ihrer Heilwirkung zugeordnete Erkrankung vorliegt. So regt das Schöllkraut den Gallenfluß an und entspannt die Gallenkanäle bei kolikartigen Krämpfen. Nur ein Narr kann behaupten, daß ein von Gallenkolik gemarterter Urmensch losgezogen wäre und das Schöllkraut entdeckt hätte. Bei diesem Experiment wären Hunderte von Pflanzen vertilgt worden, deren Einnahme erfolglos, schädlich oder sogar tödlich gewesen wäre.

Novalis behauptete, daß alles sichtbare Äußere ein in Geheimniszustand erhobenes Inneres sei, das seine eigene Sprache spräche. Dieses Buch unternimmt den Versuch, die zeitlose Sprache der Bauten verständlich zu machen. Selbstverständlich erhebt es nicht den Anspruch auf Vollständigkeit. Es sind provokatorische Gedanken und Notizen eines Architekten, also nicht einmal eines Berufshistorikers. Aber hätte man vor hundert Jahren die Ausleuchtung der Häuser ausschließlich den Fachleuten überlassen, nämlich den Kerzenmachern, so gäbe es heute noch kein elektrisches Licht.

Die Tatsache, daß wir sexuelle Freuden mit unserem Körper erleben, gibt der Medizin kein Recht, sich als Sachverwalter der Liebe aufzuspielen. Jene medizinischen Aufklärungsbücher gehören zu den ekelhaftesten Verirrungen unserer Zeit. Anatomische Unterleibsschnitte, auseinandergeklappte Gebärmütter und halbierte Testikel wirken nicht hinführend, sondern abstoßend.

Sowohl die medizinische als auch die historische Sachlichkeit muß sezieren und ordnen, da Wissenschaft organisiertes Wissen ist. Aber man sollte nicht die lebendige Wirklichkeit vernachlässigen. Das politische Geschehen ist ein relativ unwesentlicher Teil der Geschichte. Es ist immer eine Folge geistiger Prozesse und nur selten ihre Ursache. Bismarck und Kaiser Wilhelm waren bestimmt interessante Persönlichkeiten, aber es ereignete sich weitaus Wichtigeres zu ihrer Zeit als ihr Leben. Die Geschichte der Menschheit ist der spannendste Roman, der je geschrieben wurde, aber er liest sich in den meisten Geschichtsbüchern wie ein Kursbuch der Eisenbahn.

Rilke schrieb in »Reiseerlebnisse in der Toskana«: »Geschichte ist immer Kulturgeschichte... Ein kulturgeschichtliches Buch aber, welches zum Genuß anleiten wollte, dürfte nur einen einzigen Rat enthalten: Schau! Wer eine bestimmte Kultur in sich trägt, muß mit dieser Anleitung auskommen. Er wird vielleicht nicht erraten, ob ein Werk aus der Früh- oder Spätzeit einer Epoche stammt, aber er wird eine Fülle von Willen, Macht und Wahrheit erkennen und durch diese unmittelbare Offenbarung besser, größer und dankbarer werden...«

Die Gliederung dieses Buches erfolgt nicht in Stilen und Epochen, sondern in Bauten, die für ihren Zeitabschnitt charakteristisch sind. Es ist Unsinn, so kurzlebige Epochen wie die Gotik oder das Barock mit Ägypten oder China zu vergleichen. Obwohl es in Griechenland so verschiedene Stilepochen wie die dorische und die korinthische gab und so entgegengesetzte Lebensformen wie Sparta und Athen, sprechen wir von der großen einheitlichen Kultur des klassischen Griechenland.

Die Tatsache, daß es in Europa so andersgeartete Stile gab wie die Romanik und die Renaissance oder so verschiedene politische Systeme wie den Kommunismus und den Kapitalismus, wird unsere Urenkel nicht daran hindern, zweitausend Jahre Europa genauso in einen Topf zu werfen. Dann werden nur noch unsere Bauten von uns zeugen. Solange sie noch stehen, nehmen wir Teil an der lebendigen Geschichte. Unsere Zeit wird erst dann zur Sage, wenn der letzte Bau, den wir errichtet haben, zerfallen ist.

Für die Menschen der Gegenwart ist das Haus ein Besitzgegenstand wie ein Auto oder eine Industrieaktie. Man kauft oder mietet es, benutzt es und veräußert es ohne eine innere Bindung. *Warum so verallgemeinernd?*

Von Menschen, die vorgefertigte Hauseinheiten aus der

Fabrik geliefert bekommen und denen der Wohnungsmarkt Unterkunft zuweist, kann man nichts anderes erwarten. Aber das war nicht immer so.

Wir leben in einer Zeit mit inflationistischer Tendenz gegenüber allen ideellen Werten. Religiöses Empfinden, Gruppenehre und Vaterlandsliebe, einstmals gewaltige Triebfedern des politischen und kulturellen Geschehens, sind bedeutungslos geworden. Ehe und Familie als Lebensaufgaben werden mehr und mehr zu vorübergehenden Bindungen, die man eingeht und löst wie Mietverträge.

Die stärkste ideelle Abwertung aber hat das Haus erfahren. Bis zum Ende des vorigen Jahrhunderts bewohnten Bauern, Bürger und Adelige über Generationen das Haus ihrer Familie. Abraham sagte nicht: »Ich und meine Sippe«, sondern »Ich und mein Haus«. Unsere Großmutter kam nicht aus einer guten Familie, sondern aus gutem Hause. Familie und Haus waren eine untrennbare Einheit. Wenn man vom Untergang des Hauses Usher oder vom Aufstieg des Hauses Habsburg sprach, so meinte man beides. Elternhaus, House of Parliament und Königshaus waren hohe ideelle Begriffe und nicht Immobilien aus der Welt der Grundstücks- und Wohnungsmakler. ›Herr, segne dieses Haus‹, schnitzten die Bauern in die Giebel ihrer Gehöfte, wenn sie für Sippe, Gesinde und Vieh um den Segen des Herrn baten. Haus und Hof zu verlassen bedeutete nicht nur Obdachlosigkeit, sondern auch Entwurzelung und Schande.

Die Häuser der Bürger und des Adels waren steinerne Zeugen der Größe und des Wohlstandes ihrer Bewohner. Von Ramses bis Stalin haben die Herrscher der Erde versucht, ihre Macht in gigantischen Bauwerken zu dokumentieren. Die Gottkönige Ägyptens nannten sich *Pharao*, das heißt »großes Haus«. »Ein feste Burg ist unser Gott«, dichtete Luther, und Gott selber maß dem Turmbau zu Babel solche Bedeutung zu, daß er ihn eine himmelstürmende Hybris schalt und die Erbauer bestrafte. In der nordischen Mythologie ist das Schicksal der Götter mit der Errichtung eines Bauwerks eng verknüpft. Alle Tragik des Nibelungenliedes, Anfang und Ende der gesamten Schöpfung, werden durch den Bau der Götterburg Walhall ausgelöst.

Seit Anbeginn der Geschichte zerstörte man nach der kriegerischen Niederlage das Haus seines Gegners. Erst dann war der Sieg endgültig. Auch unsere Kriege haben unsere Häuser verwüstet, aber niemand käme auf den Gedanken, einem besiegten Feind das Haus niederzureißen. Oder doch? Warum hatten die Amerikaner nach ihrem Einmarsch in Deutschland es so eilig, Hitlers Berghof bis auf die Grundmauern abzutragen? Fürchteten sie, daß der Geist des Toten in seinem Gehäuse weiterleben würde?

Als die Stadt Siena im 14. Jahrhundert die Arbeiten an ihrem Dom aus finanzieller Not einstellen mußte, empfanden das die Bürger als nationale Schande. Wer außer ein paar Spezialisten und Wahlrednern interessiert sich heute für öffentliche Bauvorhaben?

Als die Türken Istanbul eroberten und die Hagia Sophia zur Moschee des Unglaubens erklärten, ging ein Aufschrei durch die christliche Welt. Als Hitler den Braunschweiger Dom, eine der schönsten romanischen Kirchen Norddeutschlands, zur nationalsozialistischen Weihestätte erklärte, interessierte das nur noch den Klerus und ein paar Bauarbeiter.

Die Liebe mit dem Ziel der Arterhaltung ist eine der stärksten Antriebskräfte der beseelten Natur. Stärker als die Liebe ist nur noch die Angst. Zu diesen beiden Urtrieben gesellt sich beim Menschen ein dritter: der Trieb, den Raum zu gestalten, zu bauen und zu wohnen. Dieser Instinkt gehört so untrennbar zu uns wie die Fähigkeit des abstrakten Denkens. Unser Drang, den Raum zu gestalten, geht so weit, daß wir selbst da, wo es keinen Raum gibt – im raumlosen –, vom Raum sprechen. Wie anders wäre der absurde Begriff Weltraum zu erklären? Wir sprechen von einem Zeitraum von soundsoviel Tagen oder Jahren. Die Zeit kann nur eine Strecke sein. Sie ist eindimensional, ganz gleich, ob sie nun Anfang oder Ende hat oder ob sie unendlich wie eine Gerade ist.

Ein Zeitraum ist ein so unlogisches Monster wie eine räumliche Fläche. Wir bezeichnen unrealistische Wunschträume als Luftschlösser und bauen selbst unseren Toten und unsichtbaren Göttern Häuser. Wir sperren Tiere in Ställe und züchten Pflanzen in Gewächshäusern. Wir leben und schlafen, arbeiten und genießen, gebären und sterben in der Welt unserer Häuser, ja, viele von uns opfern den größten Teil ihres Lebens für den Erwerb oder die Miete eines Hauses, nur um darin ihre verbliebene Freizeit verleben zu dürfen. Ist es tragischer Wahnsinn oder geniale Größe?

Niemand von uns, die wir gemeinsam in dem Glashaus unserer schneckenhaften Schicksalsbestimmung sitzen, vermag das zu sagen.

Die Höhle

Die ganze Welt ist eine Höhle.
Augustinus

Die Eiszeiten dauerten
Hunderttausende von Jahren.
In der Höhle brannte das Feuer.
In vieltausendfacher
Geschlechterfolge wurde uns
das Höhlenbewußtsein
so unauslöschlich einprogrammiert,
daß wir wie die Schnecken
nicht mehr ohne Behausung
zu leben vermögen.
Haus und Mensch sind
eine untrennbare
Einheit.

gibt es Spezies, die mit Hilfe eines Dornes Larven aus ihren Verstecken spießen.

Als sicherstes Kriterium des Menschen gilt im allgemeinen der Gebrauch des Feuers. So nennen wir denn auch einen der ältesten Menschentypen, die wir kennen, *Australopithecus Prometheus*, was soviel heißt wie »feuerkundiger Südmenschenaffe«. Man schätzt sein Alter auf achthunderttausend Jahre. Er benutzte neben dem Feuer steinerne Gerätschaften und wohnte in Höhlen.

Unser Leben bewegt sich in nur engen Grenzen. Ein paar Grad unter dem Nullpunkt erstarrt es im Kältetod, und nur 50 Grad über dem Nullpunkt stirbt es, weil der wichtigste Lebensstoff, das Eiweiß, gerinnt. Wärme ist nicht nur lebensspendend, sondern auch lebensbedrohend. Selbst so ausgesprochene Sonnentiere wie Krokodile und Schlangen kann man dadurch töten, daß man sie daran hindert, vor zu viel Sonne zu flüchten.

Die Warmblütler, Säugetiere und Vögel, leben in noch viel engeren Temperaturbereichen. Ihre Lebensfähigkeit ist auf wenige Grad eingeengt. Sie sind jedoch in der Lage, Schwankungen ihrer Körpertemperatur bis zu mehreren Graden zu verkraften, ohne Krankheitssymptome zu zeigen. Diese enge Eingrenzung erscheint auf den ersten Blick als großer Nachteil, in Wahrheit gibt sie den Warmblütlern das größte Maß an Freiheit. Obwohl Kaltblütler temperaturunempfindlicher sind, hängt ihre Lebendigkeit sklavisch vom Wetter ab. Ihr Leben erstarrt mit fallender Temperatur. Nur die Warmblütler verfügen über die gleiche Lebensintensität zu allen Jahreszeiten in jedem Klima. Die Fähigkeit, eine ganz bestimmte Körpertemperatur zu erhalten, beruht auf einer komplizierten Steuerung durch das Nervensystem. Mit Hilfe dieses Prinzips haben Säugetiere und Vögel als einzige Landlebewesen die polaren Gebiete wirksam bevölkert. Der Mensch vermochte nur zu überleben, indem er sich in Felle hüllte und in Höhlen hauste.

Die schutzloseste aller Kreaturen wurde durch das rauhe Klima der Eiszeit dazu gezwungen, ständig in einer Behausung zu leben. Selbst wenn die Felle erlegter Tiere genügend Schutz geboten hätten, um den nackten Eiszeit-Zeitgenossen vor dem Erfrieren zu bewahren, so hätten die sturmartigen Winde, die von den Eisflächen her mit wechselnder Stärke bliesen, jedes Feuer im Keim erstickt. In den warmen Zwischeneiszeiten aber hätten die tropischen Regenfälle, die sich mit kurzen Unterbrechungen über Jahrtausende hinzogen, ebenfalls jede Feuerhaltung verhindert. Da zudem das Entzünden des Feuers mit Hilfe von Feuersteinen gewiß eine langwierige und mühselige Arbeit war, wird man versucht haben, sich das Feuer zu bewahren, um es nicht jedesmal neu entfachen zu müssen. Man muß sich vor Augen halten, daß die Höhlenzeit mehr als eine halbe Million Jahre dauerte und sich dem Menschen in einer vieltausendfachen Geschlechterfolge tief einprägte und ihn formte. Erst vor diesem Hintergrund werden wir den bis zum Abnormen gesteigerten Hauswahn des historischen Menschen begreifen, der nun wie eine Schnecke nicht mehr ohne das Haus zu leben vermag. In diesen fünfhunderttausend Jahren wurde uns das Höhlenbewußtsein biologisch so tief einprogrammiert, daß es ein Teil unserer Existenz ist wie die Angst oder der Geschlechtstrieb.

Fast alles, was wir über jene Menschen wissen, verdanken wir der Tatsache, daß sie in Höhlen wohnten. Ihre Behausung liefert uns Informationen, die weit über die

Erkenntnisse der Anthropologie und Paläontologie hinausgehen. Wir bezeichnen diesen neuen Menschen als *Homo sapiens*, als durchgeistigt und weise. Ist das nicht vielleicht ein vermessenes Wunschdenken derer, die die biblische Schöpfungsgeschichte zu wörtlich nehmen? Wir sollten nicht vergessen, daß der Mensch auch heute noch mindestens so viel Halbaffe wie Halbgott ist, und daß wir unter allen Säugetieren nicht nur das proportional windungsreichste Großhirn unser eigen nennen, sondern auch den proportional größten Penis.

Ob unsere Vorfahren den Titel *Homo sapiens* zu Recht trugen, ist mehr als zweifelhaft. Besser wäre die Bezeichnung *Homo domesticus*, »der Hausmensch« oder »der Wohnling«, gewesen. Hausmensch erinnert an Haustier. Aber unsere heutigen Haustiere tragen ihren Namen nur, weil der Mensch ihnen seine stärkste und typischste Verhaltensweise aufzwängte, um sich noch intensiver an seine Behausung binden zu können und nicht jagend herumstreifen zu müssen. Das Tier hatte, seinem ureigensten Bedürfnisse nach, niemals den Drang, domestiziert zu werden. Der Mensch mußte erst über eine jahrtausendelange Entwicklung die starken Instinkte des Wildes verdrängen – beseitigt hat er sie nie –, um das Tier an seine eigene häusliche Existenz binden zu können.

Wie kommt es, daß wir die Knochenreste von Menschen, die vor vielen Jahrzehntausenden gelebt haben, in solchen Mengen finden, während wir vergleichsweise nichts über den Ort der Hermannsschlacht wissen, die erst in geschichtlicher Zeit geschehen und bei der Tausende von Gefallenen das Schlachtfeld bedeckt haben müssen? Alles verdanken wir der Höhle und dem Trieb der

Menschen, zu wohnen. Gab es denn genügend Höhlen für diesen Menschentyp, den wir mit Höhlenmensch bezeichnen? Es gab sie. Allein im Staat Kentucky kennt man sechzigtausend Höhlen. In allen Karstgebieten der Erde ist ihre Zahl so reich, daß man noch heute immer neue dazu entdeckt. Bekannt in unseren Breiten sind die eiszeitlichen Wohnhöhlen der Schwäbischen Alb. Die größte Höhle Europas ist das Hölloch im Muotatal in der Schweiz, von der bisher 65 Kilometer vermessen worden sind. Die größte Höhle der Welt liegt in Amerika und ist mehr als 200 Kilometer lang. Daneben gab es Millionen kleinerer, die, wie die Höhlen des Neandertales, häufig der Neuzeit zum Opfer fielen, oder deren reiche Fundstellen von Kuriositätensammlern ausgeräumt wurden.

Vor sechzigtausend Jahren verschwand der Neandertaler. Er wurde von einer jüngeren Rasse verdrängt und ausgerottet. Am Anfang dieser neuen Menschen steht der Aurignac-Mensch, der wie der Neandertaler seinen Namen von einem unbedeutenden Ort bekam. Aus ihm entwickelte sich der Mensch der Gegenwart.

Der entscheidende Schritt vom Tiersein zum Menschsein wurde getan, als unsere tierischen Vorfahren sich im Schutze der Höhle das Feuer dienstbar machten. Ein irdisches Geschöpf erlangte Macht über das schrecklichste und geheimnisvollste aller Naturelemente. Der Mensch schwang sich empor auf die Stufe der blitzeschleudernden Gottheit. Er wurde zum Prometheus. Das konnte aber nur im Schutz der Höhle geschehen. Die Behausung bot dem Homo domesticus Unabhängigkeit und Freiheit von den Naturgewalten. Er schuf sich seine eigene Welt, in der es nicht regnete, stürmte und schneite, in der ihn weder Sonnenglut noch Frost bedrohten und die ihn vor Feinden und wilden Tieren schützte, einen Hort, in dem das heilige Feuer, das Zeichen seiner Überlegenheit über die anderen Geschöpfe der Natur, brannte. Das Feuer wurde zum Symbol der Häuslichkeit. Wenn wir heute sagen: ›Eigner Herd ist Goldes wert‹, so meinen wir, es geht nichts über eine eigene Wohnung.

Fünfhunderttausend Jahre hat der Mensch so gewohnt, ohne zu bauen. Zum schöpferischen Kulturträger wird der Höhlenbewohner in dem Augenblick, in dem er beginnt, seine Umwelt selbst zu gestalten, indem er baut. Das ist die Geburtsstunde unserer Kulturgeschichte und damit unserer historischen Zeit.

Wir Insassen von Wohnmaschinen und Inhaber von Reihenhauseinheiten, für die die Behausung eine Kapitalanlage wie ein Goldbarren oder ein Prestigegegenstand wie ein Nerzmantel ist, haben zum größten Teil vergessen, daß das Haus ein Teil unseres innersten Wesens ist, unser Ursprung und unser Schicksal. Haus und Menschsein sind eine untrennbare Einheit. Durch die Behausung wurden wir zu Menschen und durch das Bauen zu Kulturträgern der historischen Geschichte. Wir mögen schwarz oder weiß sein, dem Abendland oder dem Orient angehören, Chinesisch oder Englisch sprechen, das Haus verbindet uns alle, die Toten, die Lebenden und die Zukünftigen.

Nur Menschen, die noch wohnen, ohne zu bauen, haben nicht Teil an dieser Gemeinschaft, weshalb Buschmänner und Pygmäen bis in die Gegenwart, wie der Neandertaler, Objekte der Evolutionstheorie, Geographie und Anthropologie sind, lebende Fossilien in einer Welt, die sich anschickt, demnächst den Mond zu bebauen.

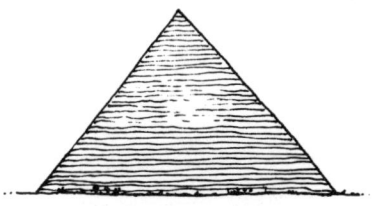

Die Pyramide

Euer Altertum hat keine Geschichte und eure Geschichte kein Altertum.

Plato

Der bekannteste Bau Ägyptens
ist seinem Wesen nach so unägyptisch,
daß er unmöglich aus dieser Zeit stammen kann.
So errichtet man keine Gebäude,
sondern feinmechanische Apparaturen
von höchster Präzision.
Die Pyramiden stehen nicht am Anfang
unserer Kulturgeschichte.
Sie sind keine Ouverture,
sondern ein Finale für eine
vorsintflutliche Kultur,
die wir nicht mehr
kennen.

Jedes organische Ding auf dieser Erde wächst und reift. Das gilt auch für den Menschen und seine Kulturgeschichte. Das uns bekannte Ägypten aber scheint da eine Ausnahme zu machen. Es hat sich nicht aus primitiven Anfängen stetig und folgerichtig entwickelt, sondern beginnt wie ein gewaltiger Paukenschlag mit einer Hochkultur ohnegleichen.

Die Geschichte unserer Technik lehrt uns, daß es eine fortschreitende Entwicklung vom Einfachen zum Komplizierten gibt, von der Dampfmaschine zum Düsenmotor, vom Fesselballon zur Weltraumrakete, von der Blockhütte zum Wolkenkratzer. Die alten Pyramiden Ägyptens sind aber zugleich auch die gewaltigsten und technisch vollkommensten. Die Entwicklungstendenz scheint rückläufig und nicht fortschreitend. Es ist so, als zerfiele das Wissen einer mächtigen Urkultur allmählich. Alle Ägyptologen sind sich darin einig, daß es niemals ein konservativeres Volk gegeben hat. »Wie ein Greis lebt der Ägypter dauernd in der Vergangenheit, immer steht er unter der Hypnose eines grauen Altertums, seine ganze Geschichte besteht aus Restauration. Abgeschafft hat der Ägypter überhaupt nie etwas.« (Friedell)

Ihre gesamte Kulturgeschichte ist ein Bewahren des Althergebrachten. Vielleicht war die Kultur, aus der sie hervorgegangen sind und die dann auf rätselhafte Weise spurlos versank, so gewaltig, daß die Völker, die ihr Erbe antraten, sie um jeden Preis zu bewahren versuchten.

Unser Wissen über das Alter der Cheops-Pyramide beruht im wesentlichen auf der Überlieferung des Manetho. Diese Annahme steht auf wackligen Füßen.

Lyon Sprague de Camp schreibt: »Einige Leute verneinen zwar Cheops als Erbauer dieses Werkes (Pyramide), doch ein Zweifel ist ausgeschlossen. Es existieren einige Steine aus dem Inneren der Pyramide, die den Namen Khufus (Cheops) tragen.« Vielleicht aber war jene Pyramide schon zu Khufus' Zeiten Jahrtausende alt, und der Pharao hat sie lediglich geöffnet und in Besitz genommen. Wir folgern aus der Tatsache, daß der Name Khufus in der Pyramide steht, daß er sie gebaut hat. Aber stimmt das? Der Höhlenbewohner, der ein Tier an die Wand malte, nahm es in seinen Besitz. Es gehörte ihm, bevor er es erlegte. Der Medizinmann der Kikuju in Kenia schreibt den Namen seines Klienten in den Sand und sagt: »Du bist jetzt in meinem Dienst und wirst tun, was ich dir sage. Du gehörst mir.«

Der Ägypter glaubte an die magische Macht des Wortes wie kaum ein anderes Volk. Das Unglück durfte nicht beim Namen genannt werden. Unser Ausspruch ›den Teufel nicht an die Wand malen‹ stammt aus dieser ägyptischen Geisteshaltung. Der Ägypter umschrieb böse Geschehnisse oder ließ die Namen tödlicher Krankheiten oder gefährlicher Tiere einfach aus. So nannte er das Krokodil »Kraut des Sees«. Ein Gegner war erst dann wirklich besiegt, wenn man seinen Namen aus allen Inschriften löschte, erst dann war er wirklich tot. Ein Gegenstand gehörte dem Ägypter auch über den Tod hinaus, wenn er nur seinen Namen trug. Die Pharaonen haben oft in Berichten der älteren Zeit einfach ihre Namen einsetzen lassen und sogar die Porträt-Standbilder früherer Herrscher als die ihrigen ausgegeben.

Man sagt, die Pyramiden seien errichtet worden, um den toten Herrscher vor Grabräubern zu schützen. Diese Erklärung ist zu simpel. Warum hat man diesen einbruchsicheren Leichentresor so errichtet, daß ein von Norden nach Süden durch die Spitze der Pyramide geführter Schnitt sich mit der Ebene des idealen Meridians deckt, der über die meisten Kontinente und die wenigsten Meere geht? Nur eine Zeit wie die unsere vermochte ein Bauwerk wie die Pyramide so banal zu deuten. Die Kathedrale von Chartres ist nicht errichtet worden, damit die Hostien nicht naß geregnet werden, und der Zeus-Tempel von Olympia wurde nicht erbaut, damit niemand die Statuen des Phidias klaut.

Hätte es nicht bessere Möglichkeiten gegeben, einen Toten vor Räubern zu schützen, als ihn in einem so auffälligen und weitsichtbaren Monument zu bestatten? Wenn ein heutiger Architekt den Auftrag bekäme, die Pyramide als einbruchsicheres Grabmal zu errichten, so würde er vermutlich das Bauwerk allseitig massiv gestalten und von oben einen senkrechten Schacht offen lassen, in den er den Sarkophag des Pharao hinablassen würde. Hätte man den 147 Meter hohen Schacht mit jenen Tonnen schweren Granitblöcken aus Assuan angefüllt, so wäre die Pyramide noch heute unberührt. Statt dessen hat man von der Seite her schräg hinaufführende Gänge eingebaut, die mit viel Aufwand überwölbt werden muß-ten, damit sie nicht einstürzten. So errichtet man nicht ein Grab, sondern ein Gebäude, das man hin und wieder betreten will.

Die Pyramide ist ihrem inneren Gehalt nach völlig unägyptisch, denn sie ist im Gegensatz zum Tempel nicht richtungsorientiert oder Weg-bezogen. Diese Bezogen-heit mußte erst durch Tempelanlagen hergestellt werden, die am Fuße der Pyramiden sehr viel später erbaut wur-den. Die Pyramide ist auch ihrer äußeren Konstruktion nach unägyptisch, denn die ursprüngliche Konstruktion am Nil war der Holzbau. Alle Tempelanlagen, einschließlich des *Pylons,* seiner alles überragenden Stirnwand, sind in Stein übersetzte Holzkonstruktionen. Das gilt nicht für die Pyramide.

Die bedeutendste alte Pyramide ist die des Pharaos Khufus, den Herodot Cheops nennt und der vermutlich ganz anders hieß. Die Cheops-Pyramide war ursprünglich 147 Meter hoch und wurde im Laufe der Zeit von den muselmanischen Herrschern Ägyptens um neun Meter abgetragen, da man ihre hochwertige Steinverkleidung kurzerhand zum Bau von Moscheen und Häusern in Kairo verwandte. Ihre Grundfläche mißt 234 Meter im Quadrat. Das ist eine Fläche, auf der der Petersdom in Rom und die Hagia Sophia in Konstantinopel, die Kathedralen von Mailand und Florenz und der Aachener und der Kölner Dom bequem nebeneinander Platz fänden. Noch gewaltiger ist die Masse des Bauwerkes. Es wurde aus etwa 2 300 000 Steinblöcken errichtet, von denen jeder zwischen zwei und zweieinhalb Tonnen wiegt. Um zu begreifen, welche Arbeitsleistung notwendig war, um diesen Bau zu errichten, muß man sich vor Augen halten, daß das Steinmaterial in einem fünfzehn Kilometer entfernten Steinbruch auf der anderen Seite des Nils gebrochen wurde. Das gesamte Kalksteinmaterial der Außenhaut stammte von noch weiter her, und die Granite für die Vorkammer und den Königsraum waren aus der eintausend Kilometer entfernten Gegend von Assuan herangeschafft worden. Jene Granitblöcke waren sieben Meter lang und wogen bis zu fünfzig Tonnen. Wie jene Riesensteine bearbeitet, transportiert und fast hundert Meter hochgezogen worden sind, ist bis heute ein technisches Rätsel. Wir wissen nicht, in welchem Zeitraum die Pyramide vollendet wurde. Man hat geschätzt, daß mindestens achtzigtausend Arbeiter nötig waren, um täglich zehn Blöcke aus dem Steinbruch zu stemmen, zu behauen, abzuschleppen, über den Nil zu schaffen, weiter über Land zu transportieren und zu verbauen. Nach Herodot waren es hunderttausend und nach anderen Schätzungen mehrere Hunderttausend. Diese Rekordarbeiter hätten dann unter Berücksichtigung eines Feiertages pro Woche mehrere Generationen gebraucht, um den Bau aus zweieinhalb Millionen Steinblöcken zu errichten. In dieser Zeit hätten mehr als zwei Dutzend andere Pharaonen regiert, die gewiß mehr an ihrer eigenen Pyramide interessiert gewesen wären, anstatt mehr als ein halbes Jahrtausend hindurch tagein und tagaus ein Heer von vielen Tausend Arbeitern zu ernähren. Aber abgesehen davon, ist es ein Rätsel, wie jene Arbeiterheere versorgt wurden, denn Ägypten hatte zwar eine Länge, die der Entfernung von Frankfurt nach Rom entspricht, war aber an Fläche kleiner als Belgien, weil das fruchtbare Land zu beiden Seiten des Nils bis auf das Delta nur schmal war.

Wie wurden die mächtigen Blöcke transportiert? Pferd und Wagen wurden erst zur Zeit der 17. Dynastie, etwa um 1600 v. Chr., eingeführt. Die Annahme, man hätte jene Blöcke auf Gleitrollen aus Holz fortbewegt, kann nur von lebensfremden Theoretikern stammen. Das Experiment mit der Gleitrolle funktioniert nur auf ebenen Straßen, aber nicht im weichen Wüstensand oder auf unebenem, felsigen Gelände. Außerdem berichtet Herodot, daß man sich in Ägypten nur zu Fuß und in der Sänfte fortbewegen könne. »Das Land ist von Kanälen zerschnitten, die es in großer Zahl gibt und die in allen Richtungen verlaufen.« Holz für Tausende von Gleitrollen gab es nicht, denn Bäume waren so rar, daß sie nur mit besonderer Genehmigung gefällt werden durften. Es war streng verboten, sie zu exportieren oder zu verheizen.

Die technischen ungelösten Probleme ließen sich noch seitenlang fortführen. Sie werden immer unlösbarer, je mehr man ins Detail geht.

Jene, die des Rätsels Lösung in der gleichzeitigen Beschäftigung von hunderttausend Sklaven sehen, erinnern an den Witz, daß die Chinesen eine Rakete zum Mond geschossen hätten, die diesen nur knapp verfehlte, weil eine halbe Million Menschen eine Zehntelsekunde zu spät auf die Wippe gesprungen seien, mit der man die Rakete katapultiert hätte.

Warum hat der Pharao die Pyramide nicht neben den Steinbrüchen errichtet, anstatt das viele Tonnen schwere Steinmaterial über viele Kilometer mit der Muskelkraft Tausender von Menschen durchs Land zu ziehen? Man hat für dieses unvernünftige Verhalten eine Vielzahl schlechter Gründe angeführt, von denen der weitverbreitetste auch zugleich der lächerlichste ist: Der Pharao hätte den Bau in der Nähe seines Sommersitzes errichten lassen, um den Fortgang der Pyramide überwachen zu können. Wer legt sich freiwillig eine Baustelle mit achtzigtausend Menschen vor die Tür? Dieses Bausklavenlager mit seinen primitiven Behausungen, Garküchen und Kloaken muß ein lärmender, stinkender Slum ohnegleichen gewesen sein. Wäre es da nicht einfacher gewesen, der Bauherr hätte sich in einer Sänfte zur Baustelle tragen lassen, als daß zweieinhalb Millionen Steine auf Gleitrollen durchs Land vor seinen Palast gezogen wurden? Bei dem langsamen Fortschreiten der Bauarbeiten hätte er zu Lebzeiten vermutlich auch nicht viel zu sehen bekommen.

Wie aber waren die Pyramiden gebaut worden? Sie sind ja ohne Zweifel vorhanden. Viele Gelehrte hielten sich seit Lepsius an die Zwiebelschalentheorie, wonach jeder Pharao mit einer kleinen Pyramide begann, um im Falle seines Todes auf jeden Fall ein Grabmal zu haben. Lebte er länger, so vergrößerte er die Pyramide allmählich immer mehr, so daß man an den Jahresringen der Pyramide, ähnlich wie bei einem Baum, das Alter ihres Erbauers ablesen könnte. Für diese Theorie sprach, daß Cheops, Chephren und Mykerinos, unter deren Herrschaft die drei größten Pyramiden entstanden sein sollen, in der Tat lange gelebt und regiert haben. Neuere Untersuchungen jedoch kamen eindeutig zu dem Ergebnis, daß die Pyramiden nach Form, Anlage und Konstruktion aus einem Guß sind. Wir besitzen altägyptische Abbildungen, auf denen Ameisenheere von Bauarbeitern Blöcke auf Rollen transportieren oder einen Obelisken aufrichten. Auf diesen zeitgenössischen Dokumenten beruht unsere Pyramidenbau-Theorie. Aber sie ist falsch.

Wenn man wie der Autor dieses Buches viele Jahre Bauleitung auf allen möglichen Großbaustellen in Afrika und in der arabischen Wüste praktiziert hat, so vermag man diese naiven wirklichkeitsfremden Bilder nicht anders zu bewerten als die Bibelillustrationen zur Arche Noah, wo alle Tiere einträchtig in langen Zügen vorübertraben, um sich einzuschiffen.

Die ägyptischen Reliefbilder sind keine Baustellenreportagen, sondern naive Vorstellungen der Ägypter, wie die Baumeister der vorägyptischen Kultur Pyramiden und Obelisken errichtet hätten.

Der Pyramidenbau muß sich völlig anders abgespielt haben.

Bei einem amerikanischen Experiment, genannt »atomare Spitzhacke«, entstand in der Wüste Nevada ein achtzig Meter tiefer Krater mit einem Durchmesser von einem halben Kilometer. Fast zehn Millionen Kubikmeter Erdmasse wurden innerhalb von Sekunden fortgeschleudert. Unsere Großeltern, die noch nichts von der Atomenergie wußten, hätten berechnet, daß Zehntausende von Menschen viele hundert Jahre graben müßten, um solch ein gewaltiges Loch auszuheben. Wie hätte man ihnen klarmachen können, daß es nur einer melonengroßen Masse Urans bedarf, um dieses Wunder zu vollbringen?

Direkte Nachkommen der Ägypter sind die Kopten. Ihr Name leitet sich von *Gypti*, Ägypter, ab. Infolge ihrer Religion haben sie sich eine sehr reine Tradition erhalten. In den alten koptischen Überlieferungen heißt es, daß der König Surid vor der Sintflut die große Pyramide vollendet habe. Sie beinhalte das gesamte Wissen seiner Priesterschaft. Der erste Ägyptologe war Herodot. Er bereiste um die Mitte des fünften Jahrhunderts Ägypten. In seinen neun den Musen gewidmeten Geschichtsbüchern berichtet er im zweiten und zu Beginn des dritten Bandes nur von dem Land am Nil. Man hat diesem griechischen Gelehrten in der Gegenwart oft nicht die Beachtung geschenkt, die er verdient. Man hat ihm vorgeworfen, er habe sich nicht für die Kunstdenkmäler an sich, sondern nur novellistisch für ihre Entstehungsgeschichte interessiert. So habe er nicht einmal die gigantische Sphinx bei Giseh erwähnt. Heute wissen wir, daß sie zur Zeit Herodots unter dem Sand der Sahara begraben lag. Die neuere Forschung hält seine Darstellung der beiden Jahrhunderte, die ihm vorausgingen, für äußerst zuverlässig. Warum bezweifelt sie seine Berichte über die ältere Vergangen-

heit? Liegt es daran, daß sie nicht mit unserer Denk-
schablone über das Altertum übereinstimmen?

So berichtet er, die Priester von Theben hätten ihm 341
Kolossalstatuen gezeigt. Jede hätte die Generation eines
Hohenpriesters dargestellt. Die Ahnenreihe wäre 11 340
Jahre alt gewesen. Noch zu Herodots Zeiten pflegte jeder
Hohepriester zu Lebzeiten sein Standbild in Auftrag zu
geben. Sie waren steinerne Kalender. Die Priester versi-
cherten Herodot, daß die Angaben dieses Kalenders sehr
genau seien und durch Schriften aus der jeweiligen Zeit
belegt wären. Ihre Zählung hätte begonnen, als die Götter
untergegangen seien. Wir glauben heute, daß Ägypten
6500 Jahre alt sei, obwohl seine hochzivilisierte Kultur am
Anfang im heftigen Widerspruch dazu steht und vieles
dafür spricht, daß die Geschichte des Landes sehr viel älter
sein muß.

Die Pyramide und der Obelisk haben mit der übrigen
ägyptischen Architektur nicht das geringste gemeinsam.
Bei den Tempelbauten ist alle Formgestaltung – wie auch
in der Schrift, Malerei und Plastik – organischen Ursprungs. Die Säulenköpfe sind offene oder geschlossene
Lotusblüten. Man erkennt Akanthusblätter und gebündelte Schilfballen in den architektonischen Details. Der
Tempel, der Heilige Straße, die Sphinx und die Skulpturen
sind alle eindeutig richtungsbezogen. Die Pyramide ruht
absolut statisch in sich selbst. Ihre streng geometrische
Form entspricht nicht dem ägyptischen Schönheitsideal.
Versucht man nachzuempfinden, aus welchem Raumerlebnis heraus die Pyramide entstanden ist, so gelangt man
zu dem Schluß, daß eine mathematisch exakte Pyramide
ebensowenig eine architektonische Aussage besitzt wie ein

gleichseitiges Dreieck eine malerische. Nur aus der Vogelschau vermag man die Pyramide zu erfassen. Der Betrachter sieht immer nur zwei Seiten. Die perspektivische Verzerrung der Dreiecke ist so verwirrend, daß man von all den geheimnisvollen Proportionen, die zwischen Grundrißlinien, Seitenkanten und Höhe bestehen, nicht das geringste erkennen kann.

Die Pyramide ist ein reiner Zweckbau wie ein Atommeiler oder ein Spiegelteleskop. Sie ist nicht auf optischen Wirkungswert, sondern auf präzisen Funktionsablauf aus.

Als man 1956 mit modernsten elektronischen Meßgeräten die exakte Ausrichtung der Cheops-Pyramide ermittelte, stellte man fest, daß die mehr als eine Million bis zu sechzehn Tonnen schweren Granitblöcke so genau auf den Achsen der vier Himmelsrichtungen aufgebaut worden waren, daß die Abweichung an den fast ein viertel Kilometer langen Grundrißkanten weniger als einen halben Millimeter ausmachten. Nur wenige Großbaufirmen der Gegenwart wären mit den modernsten technischen Hilfsmitteln in der Lage, ein Bauwerk mit einer Präzision zu errichten, die man normalerweise nur der Feinmechanik oder der Optik abverlangt. Die Steinblöcke wurden mit uhrmachermäßiger Genauigkeit aufeinandergefügt. Die mörtellose Verfugung ist so dicht, daß kein Menschenhaar dazwischen Platz findet. Architektonische Gründe kann es für diese Exaktheit nicht geben. Bei der gewaltigen Größe der Pyramide wären selbst einen Zentimeter breite Fugen unsichtbar. Hinzu kommt, daß der Pyramidenbau früher noch als Außenhaut eine Kalksteinverkleidung trug. Man hätte also bei dem Unterbau, den sowieso keiner sah, nicht so feinmechanisch genau verfahren müssen. Für die sichtbare Erscheinung des Gebäudes hätte es genügt, wenn man die Außenverkleidung fugenlos zusammengefügt und diese dann genau auf die Himmelsrichtung bezogen hätte. Mit solcher Genauigkeit errichtet man kein Gebäude, sondern technische Apparaturen von höchster elektronischer Präzision.

Warum tat man das?

Der Kairoer Physiker Dr. Amr Gohed, der 1970 die von dem amerikanischen Atomphysiker Luis Alvarez geleiteten Strahlungsuntersuchungen in der Cheops-Pyramide mit Hilfe eines Computers auswertete, kam zu dem Ergebnis: »Die kosmische Strahlung im Inneren der Pyramide widerspricht allen bekannten Gesetzen der Wissenschaft.«

Der tschechische Radioingenieur Karel Drbal und der Franzose Jean Martial studierten über zehn Jahre lang die Zusammenhänge zwischen der Form einer Pyramide und den physikalischen Prozessen in deren Innenraum. In Pyramiden-Modellen beobachteten sie die Reaktion organischer Stoffe. Wenn sie ihre Modelle genau zur Ost-West-Richtung orientierten und im unteren Drittelpunkt der Höhe einen Gegenstand befestigten, so hatte das eigenartige Folgen: Die Pyramidenform bewirkte in ungewöhnlich beschleunigter Weise eine Mumifizierung. So verlor zum Beispiel ein Fisch in dreizehn Tagen zwei Drittel seines Gewichtes, ohne zu verwesen. Dieser Vorgang der Austrocknung und Konservierung toter Körper wurde inzwischen an einer Vielzahl von tierischen Organismen experimentell bestätigt. Es ist mehr als wahrscheinlich, daß dieser Vorgang in direktem Zusammenhang mit dem komplizierten Mumienkult der Ägypter steht.

Interessant ist die Beobachtung, daß das menschliche Bewußtsein bei längerem Aufenthalt in einer Pyramide von Halluzinationen heimgesucht wird, die an LSD-Zustände erinnern. Es muß heute als sicher gelten, daß die Form der Pyramide eine Akkumulierung kosmischer Strahlen oder magnetischer Schwingungen bewirkt, die wir noch nicht oder besser, nicht mehr, kennen. Es scheint so, als wirke die Pyramidenform wie eine Linse oder ein Kondensator für irgend eine Energieform.

Dieser Tatsache haftet durchaus nichts Utopisches an. Vielleicht handelt es sich um eine ähnliche Lichtbündelung wie beim Laserstrahl. Laser (Light Amplification for Stimulated Emission of Radiation) ist nichts anderes als eine Verstärkung gewöhnlicher Lichtwellen. Das dadurch entstehende Licht ist zehnmillionenfach heller als das Sonnenlicht. Laserstrahlen sind theoretisch wesentlich einfacher zu erzeugen als elektrischer Strom. Man kann mit diesen Strahlen drahtlos telefonieren, Tunnel bohren, Tumore operieren, über viele Hundert Kilometer hinweg ganze Städte auslöschen.

Außer der Cheops-Pyramide gibt es noch andere Beweise dafür, daß die alten vorsintflutlichen Kulturen die Sonnenenergie in einer Weise zu nutzen wußten, die heute verlorengegangen ist. Das sind die Obelisken.

Diese rätselhaften Granitgebilde sind wie die Pyramiden von der Nachwelt nicht mehr begriffen worden. Das äußert sich nicht zuletzt in den albernen Namen, die man ihnen gab. Die Griechen nannten sie *Obeliskos,* das heißt »Bratenspießchen« und die Araber *massala,* »Nähnadeln«. Der altägyptische Name lautete *techen.*

Schon lange bevor der älteste Pharao der 1. Dynastie (etwa 3100–2900 v. Chr.) aus der Dämmerung der vordynastischen Zeit ins Licht der Geschichte trat, standen Obelisken in Heliopolis. Man glaubte fest daran, daß es sie »seit unendlicher Zeit« gäbe. Sie hießen *Ben* oder *Benben* und waren Atum, dem Urgott der untergehenden Sonne, und Re, der Gottheit der aufgehenden Sonne, geweiht. In einem Grabspruch aus der 5. Dynastie heißt es: »Oh Atum, du strahlst im Benbenstein von Heliopolis.«

Die Spitze des Obelisken endet in einer kleinen Pyramide, dem sogenannten *Pyramidon*. Dieses Pyramidon besaß eine Metallverkleidung aus Kupfer, Elektron und Gold, wie auch die Spitze der Cheops-Pyramide. In diesen Obelisken wurde auf uns noch unbekannte Weise Sonnenenergie akkumuliert. Noch die Zeitgenossen Napoleons berichten von einem Obelisken, der bei Sonnenaufgang zu tönen begann. Als man Ausbesserungsarbeiten an der »tönenden Säule« vornahm, verstummte sie für immer.

Im Steinbruch von Aswan liegt ein fast herausgearbeiteter Obelisk, dessen Alter man nicht kennt. Er ist fast 42 Meter lang, hat einen Querschnitt von 18 Quadratmetern und wiegt weit über tausend Tonnen. Er besteht aus einem einzigen Stück glashartem Granit. Sir Reginald Engelbach, der sich ausführlich mit dem Obelisken von Aswan befaßt hat, kommt zu dem Schluß, daß mindestens sechstausend Menschen drei Jahrzehnte an dem Stein gearbeitet haben müssen. Dutzende von Brunnenschächten mußten gegraben werden, um erst einmal unter der Erde eine 40 Meter lange Steinplatte aus einem Guß ohne Sprünge und Risse zu finden. Dann mußte das ganze Gebiet bis zum eigentlichen Stein horizontal abgetragen werden. Erst dann konnte die Arbeit beginnen. Der Obelisk, so hoch wie ein fünfzehngeschossiges Gebäude, mußte in einem Stück aus dem glasharten Granit herausgestemmt werden, und zwar nicht nur winkelgerecht an den Seiten, sondern auch auf der Unterseite, auf der er lag. Wie das geschah, wissen wir nicht. Sir Reginald Engelbach schreibt: »Auffallend ist das Fehlen irgendwelcher Anzeichen für die Verwendung von Keilen und Meißeln. Die Meißel der Antike hinterlassen unverwechselbare Spuren. Hier finden wir senkrecht verlaufende homogene Schnitte, so als wäre der Stein mittels eines riesigen Käsestechers abgeschnitten worden.«

Wenn die Stemmarbeit – wie auch immer – erledigt war, dann mußte der fünfzehngeschossige Gigant über eine Entfernung von München bis nach Berlin quer durch das Land gezogen werden, über Tausende von Bewässerungskanälen. Granit ist zwar hart, aber unelastisch wie Porzellan. Eine Steinnadel von der Länge bricht bei der geringsten Fehlbelastung. Dutzende von Obelisken müssen zu Bruch gegangen sein, bevor es gelang, einen ans Ziel zu bringen, Millionen von vergeblichen Arbeitsstunden. Warum hat man diese unglaubliche Sisyphusarbeit auf sich genommen? Wäre es nicht sehr viel leichter gewesen, man hätte den Obelisken »scheibchenweise« herausgestemmt, in kleineren Einheiten transportiert und dann am Ziel aufeinandergesetzt, wie man es während der Antike mit den Tempelsäulen gemacht hat? Daß das nicht geschehen ist, beweist, daß es sich hier wie bei den Pyramiden nicht um simple Baudenkmäler handelt, sondern um zweckbestimmte Apparaturen. Sie vermochten ihre Aufgabe nur zu erfüllen, wenn sie aus einem Guß waren. Denn ein zusammengekittetes Weinglas vermag nicht zu klingen, und auch eine optische Linse kann ihrer Aufgabe nur gerecht werden, wenn sie nahtlos und aus einem Guß ist.

Nur ein Narr kann heute noch behaupten, daß die

Obelisken und die mit elektronischer Präzision errichteten Pyramiden von bäuerlichen Sklavenheeren mit Hanfstricken und Holzrollen erbaut worden seien, um ihren toten Königen einbruchsichere Grabmäler zu errichten. Es muß eine völlig andere Erklärung dafür geben, daß die Pyramiden derart exakt konstruiert worden sind, während die großen Tempel wie der Amontempel Ramses II. so stümperhaft gebaut wurden, daß den 23 Meter hohen Säulen die Fundamente fehlen und sie wiederholt umfielen, das letztemal 1898.

Es ist eine Tatsache, die viel zuwenig beachtet wird, daß die Cheops-Pyramide nach ihrer Vollendung mehrfach umgebaut worden ist. Die Kammern wurden immer höher gebaut. Es erfolgte praktisch dasselbe, als wenn man bei einem Mikroskop oder Fernglas die Einstellung verändert und das Gerät optisch justiert, den Brennpunkt hinauf- oder hinunterschraubt.

Eine Erklärung der offziellen Lehrmeinung zu dieser schwerwiegenden Veränderung lautet: »Vielleicht war Pharao Cheops ein Klaustrophobe. Auf jeden Fall beschloß er, nicht in der fertiggestellten Kammer unter der Erde zu ruhen. Es wurde daher ein neuer Raum darüber ausgespart. Das Dach war bereits fertig, der Boden hingegen nur zum Teil, als Cheops noch weiter nach oben zu gehen beschloß. So bohrte man den Zugang zur neuen Kammer durch die bereits vorhandene Steinkonstruktion hindurch.« Dieser Quatsch ist eigentlich kaum noch zu überbieten.

Die hervorragendsten Geister der Geschichte haben sich mit der Pyramide befaßt, Newton, Flammarion, Herrschel und viele andere. Sie glaubten, vor dem Monstermausoleum eines Monarchen zu stehen, der über eine

Oase von der Größe Belgiens regierte. In Wahrheit wurde die Pyramide mehrere Tausend Jahre vor seiner Zeit gebaut. Niemand weiß wie und zu welchem Zweck. Wir vermögen die Pyramide nicht zu begreifen. Die meisten Historiker sind mit Oswald Spengler der Meinung: »Alle Kulturen mit Ausnahme der ägyptischen, der alt-amerikanischen und chinesischen haben unter der Vormundschaft älterer Kulturen gestanden.«

Die Pyramiden beweisen, daß diese Behauptung korrigiert werden muß. Auch die ägyptische, die alt-amerikanische und die chinesische Kultur hatten Vorgänger. Die Kulturen des alten Orients und des alten Amerikas haben einen gemeinsamen Ursprung in einer Kultur, die wir nicht mehr kennen. Sowohl in Ägypten als auch in Mexico wurden Pyramiden gebaut, deren gigantische Abmessungen Jahrtausende danach nicht wieder erreicht wurden. Die meisten Archäologen der Gegenwart behaupten, man könne die ägyptischen und die mexikanischen Pyramiden nicht miteinander vergleichen. Die ersteren seien Grabkammern gewesen und die letzteren Sockel einer Tempelanlage. Diese Interpretation ist falsch. Die Pyramiden Ägyptens waren keine monströsen Grabkammern. Sie wurden von den Ägyptern übernommen und für ihren Totenkult verwandt. Das gleiche gilt für die altamerikanische Pyramide. So hat man in Palenque, der klassischen Kultstätte des alten Reiches, in einer Pyramide die Grabstätte eines Priesterkönigs entdeckt. Dieser Fund war in mehrfacher Hinsicht eine Sensation. Der Sarkophag, ein drei Meter langer Monolith, zeigt bis ins Detail ägyptische Merkmale.

Was veranlaßte jene Menschen, ihre großen Toten zu mumifizieren wie die Ägypter, und was veranlaßte sie,

sich ihre Schädel zu Lebzeiten zu deformieren? Eingedrückte Stirnen galten bei den Mayas als schön. Warum
aber waren sowohl die Mayas als auch die alten Hebräer so
vernarrt in Schädeldeformationen, daß es selbst Jahve für
nötig hielt, den Hebräern einzuschärfen: »Ihr sollt nicht
abrunden die Ecken eurer Köpfe.«

Hatte diese Praxis in der für uns so fremden Geisteswelt
der vorsintflutlichen Geschichte vielleicht eine reale Bedeutung? Das Gehirn des Pferdes ist nicht nur anato-
misch, sondern auch in seinen Funktionen allseitig gleich
angelegt. Genauso verhält es sich beim Menschenaffen.
Der Sprung zum Menschen zeigt, daß wichtige psycholo-
gische und sinnesphysiologische Leistungen auf die eine
oder andere Hirnhälfte lokalisiert sind. Erstaunlicherweise wird diese funktionelle Differenzierung zwischen früher gleichwertigen Gehirnhemisphären selten oder nie
erwähnt, wenn es darum geht, die Grenzen zwischen dem
Tierreich und dem Menschsein abzustecken. Man zitiert
dann den aufrechten Gang, die Nutzbarmachung des
Feuers und viele andere sekundäre Fakten, die vermutlich
nur eine Folge der Gehirnumstrukturierung sind. Diese
Fixierung entwickelt sich im Leben des Menschen im
Verlauf des ersten Lebensjahres. Als Beweis kann man
anführen, daß Kleinkinder mit linksseitigen Hirnschädi-
gungen sich ohne sprachliche Störungen zu entwickeln
vermögen, weil die rechte Hälfte dann die Funktion
übernimmt, die normalerweise bei 95 Prozent aller Menschen der linken Hirnseite vorbehalten ist.

Das Zusammenpressen der Stirn- und Hinterkopf-
partien bei Kleinkindern vor Erreichen des ersten Lebensjahres muß gewaltige sinnesphysiologische Umgruppie-
rungen im Gehirn zur Folge haben. Ein Blick auf das

menschliche Gehirn mit seinen verschiedenen sensorischen und motorischen Zentren zeigt, daß dabei das optische Erinnerungsvermögen am meisten betroffen wird.

Woher stammt der Ausspruch, ›jemand hat ein Brett vor dem Kopf‹? Vielleicht lohnt es sich, über diesen Satz nachzudenken? Warum trepanierten die Menschen damals ihre Schädel? Bei der Trepanation wird ein Teil des Schädeldaches entfernt, um den »Druck im Kopf« zu erleichtern. Hippokrates empfahl sie leichtfertig bei jeder Gelegenheit, und sie war im östlichen Mittelmeerraum ein allzu gebräuchliches Allheilmittel. In peruanischen Gräbern fand man mehr als zehntausend trepanierte Schädel.

Die Zahl der möglichen Zufälle ist unbegrenzt. Wenn sie aber zu viele werden, so kommt schließlich der Punkt, an der die Übereinstimmungen nicht mehr zufällig sein können, sondern von kausalem Zusammenhang sein müssen. Aber noch immer glauben ungezählte Archäologen und Völkerkundler, daß Amerika erst am 12. Oktober 1492 von Columbus entdeckt wurde und, abgesehen von ein paar unbedeutenden Besuchen durch die Wikinger, äonenlang eine Welt für sich gewesen sei.

Die Religionen Mittelamerikas berichten alle von einem blonden, bärtigen Gott, der in grauer Vorzeit von Sonnenaufgang kam und dorthin wieder zurückkehrte. Er besaß Kenntnisse, die den alten Indianerkulturen unbekannt waren, und wurde »Bringer des Wissens«, »Baumeister der amerikanischen Kultur« und »Herr der Pyramide« genannt.

Warum sollten sich die Indianer Mittelamerikas nicht wie andere Primitive Fantasiegötter gestalten? Warum aber schafft sich ein rothäutiges, bartloses Volk bärtige, weiße Götter, die so auffällig in Zusammenhang mit den Kulturen der alten Welt stehen? Und Quetzalcoatl ist nicht nur der einzige wunderbare Gott. In Peru verehrt man Kon-Tiki Viracocha, »Schaum des Meeres«, der ein Sohn der Sonne gewesen sein soll. Auch er war weiß und trug einen Bart. Er brachte den Peruanern die Bildhauerkunst und die Architektur. Lange vor der Zeit der Inkas segelte er mit dem Versprechen über das Meer davon, einst wiederzukehren.

In Kolumbien kam Bochica zu den Mocca-Indianern in der Ebene von Boyota. Er lehrte sie zu bauen und zu säen, faßte sie in Gemeinschaften zusammen und setzte ihre Regierung ein. Auch er war weiß und bärtig.

Woher kamen diese weißen Götter, die so stark in der Erinnerung der Mayas und Azteken lebten, daß sie sich bedingungslos einer Hand voll spanischer Konquistadoren unterwarfen, weil sie sie für die rückkehrenden Götter aus dem Lande des Ostens hielten?

Eines der auffallendsten Musikinstrumente der alten Welt, die Panflöte, die nach der griechischen Mythologie der bocksfüßige Gott Pan erfunden und geblasen haben soll, war auch in Kolumbien, Panama und Peru bekannt. Wurden sie unabhängig voneinander erfunden? Vielleicht, aber warum stimmen beide für eine Doppelerfindung reichlich skurrilen Blasinstrumente nicht nur in der eigenartigen Form, sondern auch in Klangcharakter und Stimmlage überein?

Warum weist der Webstuhl mit vertikaler Kette, der in Peru in vorkolumbianischer Zeit in Gebrauch war, dieselben elf wichtigen Bestandteile auf wie jene aus der alten Welt? Wie erklärt sich die Tatsache, daß die Baumwolle, die man in Mittelamerika in Gewebestückchen fand, eine hybride Art von Baumwollpflanzen aus der Alten und der Neuen Welt ist? Die Botaniker schlossen daraus, daß irgend einmal gezüchtete Baumwolle aus der Alten Welt in Amerika aufgetaucht sein muß und sich mit der einheimischen gekreuzt habe.

Aber wie? Vögel mögen keinen Baumwollsamen. Der Westwind kommt in den Breiten, in denen Baumwolle gedeihen könnte, auch nicht in Frage. Steinzeitmenschen können auf einer Wanderung von Asien den Samen nicht mitgeschleppt haben, weil das keimende Wesen die viel zu lange dauernde Reise nicht zu überleben vermag. Es bleibt nur die Möglichkeit eines unbekannten Menschen auf einem Schiff. Hieß er Quetzalcoatl, Kon-Tiki Viracocha oder Bochica, der den Leuten von Bogotá den Ackerbau beibrachte? Wir wissen nicht, woher er kam, aber es spricht vieles dafür, daß er von der Insel im Osten kam, von der alle Indianerkulturen sprechen und dessen Erbe in Ägypten, Kleinasien, Indien und Mittelamerika weiterlebte.

Es gibt so viele Indizienbeweise für die Existenz einer alten gemeinsamen Kultur, daß sie ausreichen würden, einen Angeklagten vor Gericht zu verurteilen. Niemand kennt den Namen dieser vorsintflutlichen Kultur: Vielleicht hieß sie Atlantis.

Wie konnte das Wissen um Ägypten und seine atlantische Überlieferung so in Vergessenheit geraten?

Ägypten war doch zu allen Zeiten den Völkern bekannt. Es war nie in Vergessenheit geraten wie die Hethiter oder die Kulturen des Zweistromlandes. Ähnlich wie die Spanier in Mittelamerika, so hat auch die Antike Ägypten angestaunt, ohne es zu erfassen.

Als während der Ptolemäerherrschaft das Land voll von

Griechen war und die alexandrinischen Gelehrten die Möglichkeit hatten, die Kultur des Landes fast noch unberührt zu studieren, hat sich auch nicht die Spur einer Ägyptologie entwickelt. Für sie war Ägypten ein logisch nicht begreifbares barbarisches Märchen.

Menschen unserer Denkstruktur muß Ägypten und seine Vorgeschichte phantastisch erscheinen, aber wir können uns die älteste Geschichte gar nicht fantastisch genug vorstellen. Unsere Zeit ist von so materialistischer Geistesstruktur, daß selbst in unserer Religion die Dimension des Spirituellen vor lauter philosophischer Textkritik ein fast vergessener Bestandteil des Glaubens geworden ist.

Unsere Zeit lebt in dem Irrglauben, man könne alles kausal und logisch mit der Wertskala der Naturwissenschaften erfassen. Unsere Geschichtsbücher wollen uns glauben machen, die Menschen wären zu allen Zeiten die gleichen gewesen wie heute. Der Unterschied sei nur, daß Pharao im Pferdegespann gereist sei und der Präsident der Vereinigten Staaten im Düsenflugzeug. Ersterer hätte Atum verehrt und letzterer an Christus geglaubt. Zum Beweis führen jene Gelehrten Handelsverträge, Liebeshymnen und Gesetzeserlasse an, die sich von den unsrigen nur geringfügig unterscheiden. Gewiß hatten auch die Mayas Zahnschmerzen, ihre Frauen Menstruationsbeschwerden und ihre Kinder Masern, aber dürfen wir daraus folgern, daß wir in ihren geistigen Welten leben und sie unsere Verstandesgaben besaßen?

Die moderne Psychologie vertritt die Meinung, daß die Welt des Kindes unabhängig vom Wissen völlig anders strukturiert ist als die des Erwachsenen, und doch unterliegen wir den gleichen anatomischen und physiologischen Gesetzmäßigkeiten. Das gilt auch für die atlantische Kultur.

Es spricht sehr vieles dafür, daß den Atlantiern logischer Verstand und Kausalitätsdenken, wie wir es besitzen, fehlten. Diese Unfähigkeit zu abstrakter Kombination wurde durch ein hochentwickeltes, bildhaftes Erinnerungsbewußtsein ausgeglichen. Gefördert wurde diese Veranlagung durch den bereits erwähnten Brauch, Neugeborenen so den Schädel zu deformieren, daß das optische Erinnerungsvermögen völlig umstrukturiert wurde. In dieser Richtung muß auch das Entfernen des Schädeldaches gesehen werden. Bekanntlich haben Neugeborene eine offene Stelle in der Schädelplatte, die erst in den ersten Lebensmonaten zuwächst. Das logische Denkvermögen des Erwachsenen steht mit der Verhärtung des Schädels in unmittelbarem Zusammenhang. Das Offenbleiben der Fontanellen bewirkt grundlegende Veränderungen in der Verarbeitung von Sinnesreizen.

Die Welt des Kindes ist dem Traumbewußtsein verwandt. Ein Kleinkind vermag Traum und Wirklichkeit nicht klar zu unterscheiden und ist deshalb doch nicht geistesgestört. Die Gestalten aus den Märchenbüchern sind genauso eine Realität wie Eltern und Geschwister.

Auf die Menschen der atlantischen Kultur bezogen heißt das: Die Götter waren genauso eine Alltagsrealität wie die Menschen der Umwelt. Es bestand eine tiefe Seelenverwandtschaft mit der Natur und dem Tier. Sie beherrschten die Natur mit anderen Kräften als wir. Im Leben der Hindus spielt das *Prana* eine wichtige Rolle. Prana ist eine Energieform, die nicht dem Verstand unterliegt, sondern der Atmung. Mit Hilfe dieser Kraft vermag man über glühende Kohlen zu laufen, ohne sich zu verbrennen. Der Jogi ist in der Lage, Dinge zu vollbringen, die sich naturwissenschaftlich nicht erklären lassen.

Die alten Chinesen glaubten, daß jeder Mensch ein Kraftwerk sei, in dem eine Lebensenergie erzeugt würde, die zwischen der Einzelpersönlichkeit und der Natur energiemäßige Zusammenhänge schaffe. Variationen zu diesem Thema ziehen sich durch die ganze Menschheitsgeschichte. Paracelsus glaubte, daß es eine Vitalenergie gäbe, die er *Munis* nannte. Helmont, der Entdecker der Kohlensäure, vertrat hundert Jahre später die Meinung, daß es eine Vitalenergie gäbe, die den Willen eines Menschen über große Entfernung hinweg beeinflussen könne, eine Tatsache, die heute unter dem Namen Hypnose wissenschaftlich anerkannt ist. Der deutsche Arzt Mesmer lehrte, daß dem Menschen eine magnetische Bioenergie innewohne, die zum Beispiel durch Handauflegen zu heilen vermag. Diese Reihe läßt sich beliebig fortsetzen. Wir leben heute in einem mechanischen Verhältnis zur Natur, die Atlantier, oder wie immer sie sich nannten, hatten ein vitales Verhältnis zur Natur. »Wie man heute aus Steinkohle und Erdöl Kraft und Wärme herausholt, so verstanden es die Atlantier, die Samenkraft der Lebewesen in ihren technischen Dienst zu stellen. Man denke an ein Getreidesamenkorn. In diesem schlummert eine Kraft, die bewirkt, daß aus dem Samen der Halm hervorsprießt. Die Natur kann diese im Korn ruhende Kraft wecken. Der gegenwärtige Mensch kann es nicht willkürlich« (Rudolf Steiner). Alle alten chinesischen und ägyptischen Überlieferungen sprechen von dieser Bioenergie. Ist der Schlüssel zum Geheimnis der Pyramiden in dieser Richtung zu suchen? Vieles spricht dafür, daß man auf Atlantis nicht nur die Fähigkeit der Telepathie, der Gedankenübertragung, besaß, sondern auch die Gabe der Telekinese, die Fähigkeit, einen Gegenstand mit Hilfe gedanklicher Kräfte zu bewegen. Wem das zu phantastisch erscheint, der möge sich daran erinnern, daß die Telepathie bereits zu den erprobten Forschungsobjekten unseres materialistischen Jahrhunderts gehört.

Wir leben in einer Zeit, die die Verstandeskräfte absolut überbewertet. Unsere Kenntnis über die Natur besteht aus Wissen, wie der Name Naturwissenschaft sehr treffend sagt. Die Ratio ist ein bloßer Techniker. Sie vermag nicht in das Leben einzudringen.

»Ich habe Hunderte von Leichen seziert«, soll der berühmte Pathologe Virchow gesagt haben, »aber ich habe niemals so etwas wie eine Seele gefunden.«

Auf Grund der Vielzahl von Fakten kann heute die Existenz einer vorsintflutlichen Kultur nicht mehr ernsthaft geleugnet werden. Seine mächtigsten Zeugen sind die Pyramiden.

Die Cheops-Pyramide ist ein reiner Zweckbau, ein kosmisches Kraftwerk unbekannter Energien, deren Sinn wir nicht kennen. Dieser gigantische Präzisionsmechanismus aus einem Guß wurde mit Hilfe von Kräften errichtet, die sich unserer Kenntnis entziehen. Fest steht nur, daß der technische und zeitliche Bauvorgang völlig anders verlaufen sein muß, als wir es uns vorzustellen vermögen.

Die Pharaonen haben die Pyramiden nicht errichtet. Sie benutzten sie für ihren Totenkult. Ihre sterblichen Hüllen wurden nicht in die Pyramide gelegt, um sie vor Grabräubern zu schützen, denn sonst hätte man die Gänge in voller Länge mit Steinquadern gefüllt, anstatt nur die Eingänge zu verschließen.

Troja, Kreta und Jericho mußten entdeckt und ausgegraben werden, um lebendig zu werden. Die Pyramiden stehen mitten unter uns in unserer Welt, aber wir müssen sie von den Schuttmassen unserer Vorurteile befreien. Die Pyramiden stehen nicht am Anfang unserer Kulturgeschichte. Sie sind keine Ouvertüre, sondern ein Finale, ein Requiem für eine vorsintflutliche Kultur, die wir nicht kennen.

Die Pagode

Das Feuer hat mir mein Haus geraubt,
nun kann ich mich ganz
dem Mond hingeben.

Laotse

In keiner alten Kultur
ist der Höhlenkomplex so schwach entwickelt
wie in China.
Es gibt keine Innenräume.
Alles ist draußen,
sogar der Mittelpunkt der Bauten.
Die Formensprache der Pagode
ist unserem Raumerlebnis
absolut entgegengesetzt.
Genauso verhält es sich mit
der gesamten chinesischen Kultur.
Wir glauben, wir formen unsere Häuser,
aber vielleicht formen
die Häuser uns?

Obwohl sich die altchinesische Geschichte mit Bestimmtheit nur bis ins dritte Jahrtausend vor unserer Zeitrechnung zurückverfolgen läßt, erkennen wir an ihren Bauten, daß auch sie sehr viel älter ist. Die Formensprache dieser eigenartigen Kultur ist unserem Denken so fremd und so entgegengesetzt, daß wir sie nicht mehr zu begreifen vermögen.

Wie erlebte sich der Chinese in seiner Welt?

Versuchen wir uns in ein Bauwerk jener eigenartigen Kultur einzufühlen, so kommen wir zu befremdenden Ergebnissen. Das auffallendste Merkmal des chinesischen Tempels ist seine Dachform (siehe Vignette). Sie wird bestimmt von geschwungenen Schalen, die sich nach oben hin öffnen. Man könnte sie mit unseren Radarschirmen oder Spiegelteleskopen vergleichen. Meistens sind mehrere Dachschalen dieser Form übereinander gestülpt, die nach oben hin immer kleiner werden. Versucht man diesen Bau räumlich nachzuerleben, so kommt man zu der überraschenden Erkenntnis: Der räumliche Schwerpunkt und der optische Brennpunkt dieser Häuser liegt nicht in ihrem Inneren. Er liegt draußen. Der Mensch des chinesischen, japanischen, tibetanischen Raumes erlebte sich nicht als schöpferischer Mittelpunkt auf dieser Erde. Das selbständige Individuum war ihm fremd. Er fühlte sich als Glied einer Kette, die aus dem Außerirdischen kommt und wieder dahin zurückkehrt.

Um zu verstehen, was gemeint ist, muß man sich die Religion und den Ahnenkult vor Augen halten. Wir leben für unsere Kinder, in die Zukunft gerichtet. Das, was wir schaffen, ist wesentlich. Der Chinese lebt für seine Ahnen. Sein Blick ist in die Vergangenheit gerichtet. Kinder sind von großer Bedeutung, damit der Ahnenkult fortgesetzt werden kann. Der Chinese erlebte sich auf dieser Erde als ein flüchtiger Gast aus den Weiten des Alls. »Söhne des Himmels«, so nannten sie sich über Jahrtausende. Die Erde ist nur eine bedeutungslose Zwischenstation, die man durchlaufen muß, um Kinder zu zeugen, damit man einen Platz in der Ahnenreihe erhält.

Solange man lebt, ernährt man seine Eltern. Wenn sie gestorben sind, betrauert man sie, und wenn die Trauer beendet ist, bringt man ihnen Opfer dar. Das ist der Sinn des Lebens und ein Teil der Weltordnung.

Das Wesen des Chinesen ist konservativ. Nichts ist so wichtig wie Überlieferung und Tradition. Aus diesem Grunde sind die alten chinesischen Überlieferungen die reinsten und unverfälschtesten Überlieferungen unserer Geschichte vor der Sintflut. Die chinesische Religion kennt keine Begriffe wie Gott oder Teufel. Wenn man vom Göttlichen spricht, meint man das ewige Naturgesetz der Ordnung. Böse ist nur das Chaos, die Unordnung. Die menschliche Gesellschaft ist ein Naturereignis wie der Wechsel der Jahreszeiten. Ein Kaiser oder ein Staat, die den Ordnungsgesetzen treu bleiben, erhalten die Harmonie. Sie sind gut. Feindliche Überfälle, Dürre, Hungersnot oder Erdbeben sind nicht von Gott gesandte Plagen oder Zufälle. Sie sind Zeichen für die Störung der tieferen Weltordnung, deren Ursache man im moralischen Bereich suchen muß. Ein Wahlspruch der alten Kaiser lautete: Eroberung ist nichts, Ordnung ist alles. Um die menschliche Natur zu veredeln, bedarf es vor allem der Musik. In dem Wohlklang der Musik erkennt man die Harmonie zwischen dem All und den Menschen. Die Musik ist die Grundlage aller Erkenntnis. Sie allein unterscheidet den Menschen vom Tier. Musik war mehr als nur eine der schönen Künste. Sie war erlebte Harmonie und Religion. Beim Studium der Musik durfte man kein Fleisch essen, weil man glaubte, das Zarte, Ätherische nicht wahrnehmen zu können, wenn man blutige Kost zu sich nahm. Ein seltsames architektonisches Phänomen sind die chinesischen Tore. Sie stehen mitten in der Landschaft. Man hat behauptet, sie seien Überreste alter Tempelanlagen. Das stimmt nicht. Man findet sie schon auf sehr alten Tuschezeichnungen immer allein in der Natur stehend. Diese rätselhaften Gebäude sind keine Prozessionstore oder Triumphbogen wie im alten Rom. Wenn sie das wären, müßten sie über Straßen errichtet worden seien. Sie stehen aber mitten in der Natur.

Für uns bedeutet Tür oder Tor: Eingang zu irgend etwas. Hinter den chinesischen Holztoren jedoch befindet sich nichts, weder ein Tempel noch eine leichte Einzäunung. Ganz gleich von welcher Seite man sie betritt: Durch diese Tore geht man immer nach draußen. Diesem unserem Lebensgefühl so entgegengesetzten Denken der alten chinesischen Kultur begegnet man auf allen Gebieten, in den sozialen Gesetzen, in der Philosophie, der Dichtung und der Malerei, deren Eigenart es ist, die Erscheinungen der Sinnenwelt von einem außermenschlichen Standpunkt her zu begreifen. Selbst die Perspektive kennt keine Schnittpunkte im Räumlichen. Die Sehstrahlen laufen parallel und schneiden sich irgendwo im Unendlichen.

Unser Kulturkreis erlebt die Welt hauptsächlich mit der linken Gehirnhälfte, dem Sitz des logisch-analytischen Denkens und des räumlichen Vorstellungsvermögens. In China ist die rechte Großhirnhemisphäre stärker ausgeprägt. Wieviel stärker der Chinese dem emotionellen Bilderbewußtsein verhaftet ist, erkennt man ganz deutlich an der Schrift. Wir reihen analytisch Buchstabe an Buchstabe. In China gibt es für jedes Ding nur ein Zeichen. Das chinesische Schriftzeichen ist die Abbildung eines Begriffes.

Wenn man die Menschen des alten China und die Menschen unseres Kulturkreises miteinander vergleicht, so erinnern die ersteren an Vögel, die letzteren an Säugetiere. Wir wohnen wie Höhlentiere in massiven Bauten aus Stein. Sie wohnen in transparenten, leichten Gehäusen aus Bambus, Holz und ölgetränktem Pergament. Wenn der Chinese ißt, so pickt er die Reiskörner wie ein Vogel mit spitzen Eßstäbchen. Unsere Eßweise mit Löffel und Gabel erinnert an die Futterpraxis von Säugetieren. Die Mächtigen unseres Kulturkreises nannten sich Albrecht der Bär und Heinrich der Löwe. Die chinesischen Kaiser führten Titel, in denen Lotusblüten, der Vogel Phönix und der chinesische Drache eine Rolle spielten. Wobei der chinesische Drache einen völlig anderen Symbolgehalt hat als der nordische Lindwurm, der schwerfällig in finsteren Höhlen haust. Der chinesische Drache ist ein Geschöpf der Lüfte. Er wohnt im Himmel. Im Gegensatz zur nordischen Sage gilt er nicht als böse, sondern als gut und weise. Der heilige Michael als Drachentöter wäre für die chinesische Denkweise ein Barbar. Ob ein Mensch gut oder böse ist, hängt für uns von seinem Handeln ab, von dem, was er tut oder nicht tut. Nicht so im alten China: ›Höchstes Menschenziel ist Einssein mit dem Weltengesetz. Letzte sittliche Bestimmung ist nicht das Tun, sondern das Sein.‹

Das Ruhende ist wichtiger als die Bewegung. Fortschritt, Dynamik, Zukunft als Triebfedern und Ideale unserer Lebensform sind nicht nur bedeutungslos, sie stören die bestehende Harmonie. ›Worte und Taten zerrinnen in Nichts. Der Weise meditiert und bewahrt seine innersten Gedanken für sich.‹

Dort aber, wo der Chinese handelt, geschieht das immer im passiven Sinn. Sich opfern ist wichtiger als siegreich zu überleben. Kamikaze und Harakiri sprechen diese Sprache. Für diese Menschen ist der Tod ein Teil der großen Ordnung. Die Farbe der Trauer ist leuchtend weiß. Alle Funktionen des Lebens werden auf eine geheimnisvolle Art und Weise vergeistigt. Selbst die Prostitution als unterste Stufe zwischenmenschlicher Beziehungen wird davon erfaßt. Zwischen dem Begriff der Hure und der Geisha liegen geistige Welten.

Die Menschen unserer Kultur brauten jahrtausendelang ihr Hauptgetränk aus Roggen, Gerste und Hopfen, kelterten Wein oder bereiteten Honigmet. Das chinesische Getränk ist der Tee. Während Bier, Wein und Met das Bewußtsein berauschen und benebeln, wirkt Tee elektrisierend für die Nerven und regt die Gedanken an. Aber selbst da, wo der Rausch gesucht wird, erfolgt das nicht durch dumpfen Alkoholgenuß, sondern durch Opium. Die innere Erlebniswelt wird mobilisiert bis zur Ideenflucht.

Das alte chinesische Lebensgefühl ist dem unseren auf allen Gebieten entgegengesetzt. Die Menschen unseres Kulturkreises bauten, um die Natur zu überwinden. Unsere frühen Bauten waren wie Höhlen. Wir schufen uns unseren eigenen Lebensraum. Die Natur blieb draußen. Fenster und Türen waren bis zu Beginn unserer Neuzeit mit Fellen und Holzläden verhängt. Es gab eine klare Trennung zwischen drinnen und draußen, zwischen Haus und Natur.

Ganz anders verhält es sich im japanisch-chinesischen Bereich. (Die japanischen Inseln wurden um 2500 v. Chr. von den Chinesen in Besitz genommen.) Während wir heute noch erst ein Haus bauen und dann vielleicht später einen Garten hinzufügen, legt der Japaner sich erst einen Garten an und fügt dann wie eine Pflanze später das Haus hinzu.

Die Liebe zum Garten und zum Park entstand in Europa erst nach den Kreuzzügen. Die Kultur des Islam hatte in regem Austausch mit dem Osten Asiens die Gartenkultur lange vor uns übernommen. Unser Wort Paradies stammt aus dem Altpersischen und heißt Garten. Wie sehr unsere ersten Gärten noch im chinesischen Asien verwurzelt waren, erkennt man daran, daß die barocken Parkanlagen noch mit chinesischen Brücken, Teehäusern und Pagoden geschmückt waren. In China ist die Natur ein Teil des menschlichen Lebens. Der Kaiser ist ein Sproß der Sonne, und die Häuser sind ein Teil des Gartens. Der Mensch hat sich nie bemüht, die Natur zu bezwingen. Er hat sich immer nur eingefügt. Niemand in China verschließt sein Haus vor der Natur, und niemand bekämpft Winterkälte mit Ofenwärme.

Eine alte japanische Architekturlehre, nach der noch heute gebaut wird, besagt: Ein Architekt, der ein Haus plant, soll die Natur, in die der Bau hineingefügt werden soll, ein Jahr lang aufmerksam studieren, damit er weiß, wo im Frühjahr die erste Nachtigall schlägt, wo im Sommer das erste Steinmoos wuchert, wo im Herbst die ersten Ahornblätter aufleuchten und im Winter der Schnee am längsten liegen bleibt. Das Mondlicht, das durch die Zweige fällt, ist für die Lage des Hauses wichtiger als der Anschluß an die städtische Kanalisation.

Noch heute gibt es in jedem japanischen Supermarkt Gartenwegkies und zentnerschwere Moossteine. Während der Mensch unseres Kulturkreises die vollkommensten Innenräume erschuf, legten die Himmelssöhne die vollendetsten Gärten an.

Woher stammt dieses uns so fremde Raumgefühl?

Vieles weist darauf hin, daß es lange vor unserer Steinzeit eine Baumbuszeit gegeben hat, die nicht mehr nachzuweisen ist, da Bambus schneller zerfällt als Feuersteinkeile. Die Menschen in diesem Bereich bauten schon mit Bambus, als unsere Vorfahren in den eiszeitlichen Zonen noch für Jahrzehntausende in Höhlen hausten und das Höhlenbewußtsein wesentlich intensiver biologisch einprogrammiert bekamen.

Eine andere Möglichkeit liegt wahrscheinlich in der chinesischen Bauform begründet.

Wie wir bereits im vorigen Kapitel anhand der Pyramide aufgezeigt haben, gibt es physikalisch beweisbare Zusammenhänge zwischen der Form eines Raumes und den elektromagnetischen Strahlen in diesem. Unsere moderne Physik weiß heute, daß die Form der Pyramide eine Akkumulierung kosmischer Strahlung bewirkt. Vielleicht gilt das in irgendeiner Weise auch für jede andere Raumform.

Jedes Kind weiß, daß man harmloses Sonnenlicht mit Hilfe eines Brennglases so extrem verstärken kann, daß es Feuer entfacht. Mit Hilfe eines Hohlspiegels sind wir in der Lage, Signale aus dem All aufzufangen, die viele Lichtjahre entfernt sind. Mikroskope vermögen unserem Auge unsichtbare Dinge tausendfach zu vergrößern. Alle diese Wunder werden nur vollbracht, indem man einem Glaskörper eine bestimmte Form oder genauer gesagt eine bestimmte Krümmung gibt.

Unsere Erde wird pausenlos von einer Vielzahl bekannter und unbekannter kosmischer Strahlen beschossen. Was geschieht, wenn diese Strahlung durch eine Dachkuppel von einer ganz bestimmten Krümmung dringt? Das Beispiel der Pyramide beweist, daß dabei ähnliche Strahlungsakkumulierungen entstehen können wie beim Durchgang des Lichtes durch eine Glaslinse. Und welchen Einfluß hat diese gebündelte Strahlung auf die Menschen, die unter dieser Kuppel leben?

Wir wissen heute, daß bestimmte Strahlen tiefgreifende Veränderungen der Erbmasse bewirken, Krebs erzeugen und zerstören oder Depressionen hervorrufen. Was verursacht diese Strahlung noch? Wir verbringen den größten Teil unseres Lebens in Häusern. Wir glauben, daß wir unsere Bauten formen, aber vielleicht formen unsere Bauten uns?

Alle modernen mehrgeschossigen Gebäude haben Betondecken. Diese Decken werden zusammengehalten durch ein Netz von Betonstählen. Solch ein Stahlnetz nennt man in der Physik einen »Faradaykäfig«. Er verhindert den Durchgang bestimmter Strahlen. Jeder Architekturstudent, der das Studienfach Landwirtschaftliches Bauen belegt, weiß, daß man unter solch einem Faradaykäfig kein hochwertiges Zuchtvieh halten soll. Die Raumformen und die Materialien der Bauten, in denen wir leben, üben einen Einfluß auf uns aus, der in seiner Tragweite für unsere Zukunft weit höher zu bewerten ist als die politischen Beziehungen zwischen Washington und Moskau.

Das Dach der altchinesischen Pagode umschließt nicht den Raum. Es hebt sich von ihm ab. Der optische Mittelpunkt dieser gekrümmten Dachschale liegt wie bei einem Spiegelteleskop irgendwo im All. Dieses Dach steht im absoluten Gegensatz zu allen uns bekannten Raumformen. Es ist ganz gewiß kein Zufall, daß gleichzeitig auch die ganze altchinesische Kultur zu uns in absolutem Gegensatz steht.

Es bestehen sehr viel tiefere und geheimnisvollere Zusammenhänge zwischen den Bauten einer Kultur und ihrem Denken und Fühlen. Griechen und Römer sagten: ›In einem gesunden Körper wohnt auch ein gesunder Geist.‹ Die alten Chinesen glaubten, ein gesunder Geist schafft sich einen gesunden Körper. Beides ist richtig: Der Geist formt den Körper, und der Körper formt den Geist. Diese alte Erkenntnis trifft auch für unsere Bauten zu.

Die Chinesen wußten ganz offensichtlich um diese Zusammenhänge. Stammt dieses Wissen aus einer gemeinsamen Quelle mit Mittelamerika und Ägypten? Wahrscheinlich. Denn hier wie dort geschahen rätselhafte Dinge mit den großen Toten. 1975 wurde in Hupeh der Körper eines kahlgeschorenen Chinesen ausgegraben, dessen Sterbealter man auf fünfzig Jahre schätzt. Seine Haut ist elastisch, alle Gelenke sind geschmeidig. Kein Zahn fehlt im Mund. Er lag wie in Ägypten in drei ineinander verschachtelten Särgen. Der äußere trug das Datum der Bestattung. Der Mann war vor 2142 Jahren begraben worden. Sein Leichnam war in einer Verfassung, als wäre der Mann erst wenige Tage tot. Der Kommentar, den Maos Wissenschaftler abgaben, ist typisch für unsere materialistische Gegenwart: »Der Zustand der Haut und der Zähne beweist, daß der Tote das parasitenhafte Leben der ausbeuterischen Klasse geführt hat.«

Die Pagode ist uns vor allem so fremd, weil wir nichts mehr von der alten Harmonielehre wissen. Dieser rätselhafte Baukörper ist die reinste Verkörperung des Yin Yang.

»Der Mensch«, so sagten die Chinesen, »steht zwischen Himmel und Erde.« Himmel und Erde aber sind zwei Pole, die sie *Yin* und *Yang* nannten. Der Mensch lebt in dem Strahlungsfeld dieser beiden Pole. Alle Gegensätze in der Welt bestehen aus Yin und Yang. Yin steht für Erde, unten, drinnen, dunkel, kalt, feucht, weiblich, passiv, nehmend. Yang ist der Himmel, oben, draußen, hell, heiß, trocken, männlich, aktiv, gebend.

Die Chinesen glaubten, daß die Yin-Yang-Eigenschaften nicht starr sind, sondern fließend ineinander übergehen. Tag wird zu Nacht, hell zu dunkel und Winter zu Sommer. Eis ist Wasser im Yin-Zustand. Wasserdampf ist Wasser im Yang-Zustand. Normales lebenspendendes Wasser wie der Regen liegt in der Mitte, in der rechten Harmonie. Das ganze Universum strebt nach Harmonie, nach dem Gleichgewicht zwischen Yin und Yang. Wird das Gleichgewicht gestört, so entstehen Krankheit, Krieg und Sünde. Die Tugend ist nicht wie bei uns das Gegenteil der Sünde, sie liegt zwischen zwei Sünden. Sparsamkeit ist das Gleichgewicht zwischen Verschwendung und Geiz. Mut ist die harmonische Mitte zwischen Feigheit und selbstzerstörerischem Übermut. Beim Menschen befindet sich der Mittelpunkt des Yin Yang in der Körpermitte, im Zentrum des vegetativen Nervengeflechtes, verkörpert durch den Nabel. Deshalb schießt sich ein Selbstmörder nicht durch den Kopf, sondern stößt den Dolch in den Mittelpunkt der Seele. Das ist auch der Grund, weshalb Buddha mit einem dicken Bauch dargestellt wird, nicht weil er ein gemütliches Dickerchen ist, sondern um seine übermenschliche Kraft an Yin Yang zu symbolisieren.

Das Pagodendach verkörpert alle Yang-Energie. Es ruht nicht wie eine Kuppel oder ein Giebeldach auf dem Baukörper, sondern bäumt sich auf, hebt sich optisch ab, ist aktiv. Der Mittelpunkt der gekrümmten Schalen liegt draußen. Der Unterbau als Verkörperung des Yin hält den Dächern die Waage. Dabei spielt in allen Abmessungen die Zahl fünf eine dominierende Rolle. Es gibt fünf Sinne, fünf Grundfarben – rot, gelb, blau, schwarz und weiß –, fünf Himmelsrichtungen – Osten, Westen, Süden, Norden und die Mitte –, fünf Lebensalter und fünf Jahreszeiten – die bei uns fehlende ist der Spätsommer.

Den erstaunlichsten Beweis aber, daß die altchinesische Harmonielehre mehr ist als willkürliche Zahlenspielerei, liefert die Akupunktur.

Die Chinesen erkannten, daß der menschliche Körper sein eigenes elektrisches Spannungsfeld besitzt. Der Wiener Physiker Maresch hat in umfangreichen Versuchen den elektrischen Hautwiderstand beim Menschen gemessen und festgestellt, daß an bestimmten Stellen der Körperoberfläche der Widerstand stark abfällt. Diese Stellen stimmen mit den chinesischen Akupunkturpunkten des Yin Yang überein.

Menschen, die vor mehreren Jahrtausenden von elektrischen Spannungsfeldern wußten, die wir heute erst mit höchst sensiblen Meßgeräten in Mikrofarads nachweisen können, und die dieses Wissen zu einer alles beherrschenden Lebensharmonie entwickelten, haben diese Erkenntnisse in einem Bauwerk festgehalten wie in einem Buch, das offen vor uns liegt.

Falls die Menschheit sich eines Tages dazu entschließen sollte, so viel Geld und Zeit in die Erforschung der alten Bauten zu investieren wie in die Weltraumforschung, so wird sie dabei zu verschütteten Erkenntnissen gelangen, die unser Leben weit mehr verändern werden als die Marslandung.

Der Heilige Weg

Das altägyptische Bewußtsein
erlebt den Einzug des Menschen
in das Haus seines Leibes.
Das Wesen Ägyptens ist von
tiefer Bezogenheit auf das Haus.
Die Wohnungen der Lebenden
heißen Herbergen,
die der Toten
ewige Häuser.

Oh Ägypten, Ägypten, von deinem Glauben werden nur Fabeln künden, den späteren Geschlechtern unglaublich. Nur Worte auf Steinen werden übrigbleiben, die von deinen frommen Taten künden.« (Lukian)

Der antike Autor jener Worte hatte mit seiner wehmütigen Prophezeiung nur zur Hälfte recht. Ägypten ist zerfallen, aber nicht die Worte auf den Steinen sprechen, sondern seine Werke aus Stein. Wir vermögen zwar die Schriftzeichen zu entschlüsseln, aber wir kennen von keinem Ägypter den Namen, von keiner Stadt und keinem Gott. Von all den Pharaonen des alten Ägyptens wissen wir nur eines mit voller Bestimmtheit, daß sie nicht so geheißen haben, wie wir sie nennen.

Die Ägypter schrieben wie die Hebräer, die Araber und viele andere Orientalen nur Konsonanten und ließen die Vokale weg. Da die Schreiber wußten, wie man das Wort aussprach, fügten sie lesend die Vokale wieder hinzu. Sie handelten wie ein moderner deutschsprachiger Leser, der bei dem Buchstaben »ch« jedesmal etwas anderes ausspricht, je nachdem, ob das »ch« in dem Wort »weich«, »Rachen« oder »Achse« erscheint. Es ist das gleiche Zeichen, aber niemand, der die Sprache nicht kennt, weiß, wie es klingen muß. Ist der einmalige Klang der lebendigen Sprache gestorben, so weiß niemand mehr, wie sie gesprochen wurde, auch wenn wir sie vielleicht zu entschlüsseln vermögen. Jene lesbaren Fragmente sind dann mehr mathematische Zeichen und symbolhafte Hinweise als Schrift oder gar Sprache.

Aus welchem Erlebnis heraus wurde der ägyptische Tempel gebaut? Das Auffallendste an ihm ist seine gewaltige, alles überragende Stirnwand, der Pylon (siehe Vignette). Dahinter staffeln sich, immer kleiner und niedriger werdend, die Räume des Gotteshauses. Dieser Tempel ist kein Gebäude, um das man herumgehen kann oder in dem man verweilt. Seiten und Rückfront liegen ungestaltet hinter einer frei stehenden Mauer, die den gesamten Tempelbezirk hinter dem Pylon umgibt. Nur die Eingangswand stemmt sich dem Gläubigen entgegen. Dieser Tempel ist kein Gehäuse, sondern das Ende eines kultischen Weges. Oswald Spengler hat den Weg als das »Ursymbol der ägyptischen Seele« bezeichnet. Diesen Tempel betrat man nicht als einzelner zu irgend einer beliebigen Tageszeit. Man näherte sich ihm von ferne in feierlicher Prozession. Der Zug ging durch die heilige Allee von Sphinxen, die rechts und links des Weges lagerten und in geheimnisvollem Schweigen auf die Menschen hinabsahen. Weihrauch mischte sich mit dem vibrierenden Klingen der Musik und steigerte die erregten Seelen der Menschen in Höhen, die wir Heutigen mit Trance oder Verzückung umschreiben, ohne recht zu wissen, was es ist. Am Ende des Weges stieg aus dem absolut flachen Wüstenland die riesige Wand des Pylons immer höher empor, gigantisch, übermenschlich und drohend. In der Mitte winzig klein, wie ein Nadelöhr, ein enges, schmales Tor, nur eine Pore in dem Bergmassiv, und doch ist der gesamte Vorbau, ja der ganze Tempel nur um dieses Tores willen da, das mit magischem Sog die Näherkommenden in sich hineinzwingt. Wir vermögen heute kaum noch zu erahnen, welche Erschütterungen durch die Menschen zogen, die diesen heiligen Weg beschritten.

Das ist das architektonische Erlebnis Ägyptens: Sich hineinzwängen müssen in ein Inneres, mag es dunkel und drohend oder von dem rätselhaften Leuchten der Gottheit erfüllt sein. Jahrtausendelang sind die Tempel am Nil immer wieder aus demselben Erlebnis heraus gebaut worden. Die Gotteshäuser der späteren Epochen, kurz vor Christi Geburt, gleichen in allen wesentlichen Merkmalen denen, die zweitausend und mehr Jahre vorher gebaut wurden.

Es scheint so, als wären die Seelen der Menschen damals noch traumhaft, schlafwandlerisch mit der Natur verbunden gewesen. Die Tempel waren eine Erziehung zur Einkehr. Nach dem Pylon müssen immer wieder neue Pforten durchschritten werden, und jede Tür wird niedriger und enger und jeder Raum kleiner und bedrückender, bis man im letzten der Gottheit von Angesicht zu Angesicht gegenüber steht. Dieser letzte Gang war allerdings den Priestern und Eingeweihten vorbehalten. Die Masse der Gläubigen verweilte in dem großen Vorhof hinter dem Pylon, in dessen Mitte der Opferaltar stand. Dieser Weg ist ein Teil der Strecke, die der Mensch im Laufe seiner jahrtausendelangen Entwicklung zu sich selbst geht. Der Ägypter erlebt das Einziehen des Menschen in das Haus seines Leibes. Ein Gang in die Materie beginnt, der trotz vieler Unterbrechungen seinen stetigen Fortgang genommen hat und in der Gegenwart seinen Kulminationspunkt erreicht zu haben scheint. Der ägyptische Tempel war so abgeschlossen von der Außenwelt wie eine Grabkammer. Er war nur Inneres ohne ein Außen. Am deutlichsten wird das bei den Felsentempeln, die nur noch aus Innenraum bestehen. Aber auch der frei stehende Tempel besitzt nur eine Innenraumkonzeption. Es gibt keine Fenster als Verbindung zur Welt draußen. Eine zweite Wand umhüllt die Außenwand wie eine Schale. Über den schmalen, stockdunklen Gang, der die beiden Außenwände wie ein

Schacht umläuft, ist viel herum gerätselt worden. Man begreift ihn nur, wenn man den ägyptischen Tempel seinem Wesen nach verstanden hat. Die Tür muß von tiefer mythischer Bedeutung für den Ägypter gewesen sein, denn er gestaltet selbst da Türen, wo keine vorhanden sind, indem er sie an die Wände malt. Die offizielle Lehrmeinung der Archäologie hält diese Türbilder für Scheintüren, die die Aufgabe gehabt hätten, Grabräuber zu täuschen. Uns erscheint diese Erklärung zu primitiv. Selbst ein Kind könnte sich durch Ankratzen der Malereien in weniger als einer Minute davon überzeugen, daß jene Scheintüren keine wirklichen Durchgänge sind. Und warum hat man manche jener Türen geöffnet dargestellt und einen Menschen darin abgebildet, der einem entgegenkommend die Tür durchschreitet? Das ägyptische Bewußtsein erlebte sich auf der Türschwelle zwischen zwei Welten. Auf der einen Seite ein verzweifeltes Bewahrenwollen des großen mythischen, atlantischen Bewußtseins, auf der anderen Seite der bedingungslose Entschluß zum Einzug in den Erdenleib, zur materialistischen Diesseitigkeit. Ägypten ging langsam aber stetig den Weg zum letzteren. Erst vor diesem Hintergrund versteht man den Mumienkult, das Festklammern an dem leiblichen Gehäuse weit über den Tod hinaus.

Nur Menschen, für die der Einzug in die Materie noch ein kosmisches Ereignis war, vermochten den Stein und seine Monumentalität so zu begreifen. In keiner anderen Kultur wurde der Begriff monumental so vollendet erlebt wie in Ägypten. Das ist nicht eine Folge der gigantischen Abmessungen. Gegen das Empire State Building in New York sind die Pyramiden klein. Monumentalität ist nicht eine Frage der äußeren Größe, sondern des inneren Gewichts. Noch die kleinste handgroße, ägyptische Plastik ist monumentaler als etwa der riesige Steinhaufen des Völkerschlachtdenkmals in Leipzig. Auch die Sphinx, jenes eigenartige Fabelgeschöpf mit einem Menschenkopf auf einem Tierleib, ist ein Schwellenerlebnis. Der Mensch ringt sich aus dem Tiersein hervor. Das Tierhafte darf aber nicht als tierischer Primitivismus betrachtet werden. Tiersein bedeutet für den Ägypter eins sein mit der Natur. Aus diesem geheimnisvollen Verbundensein mit dem Tier erklärt sich auch, warum die ägyptischen Götter Tierköpfe haben oder als Tiergestalten erlebt werden. Es ist Unsinn, daraus zu schließen, die Ägypter hätten Tiere als Götter verehrt. Selbst die Verehrung des heiligen Apisstieres darf nicht so verstanden werden. Die wiederkäuende, dumpf muhende Kuh, ganz und gar hingegeben an das träumerische Wohlgefühl der sie ausfüllenden Lebensprozesse, ist die Verkörperung der vegetativen Kräfte in der Natur, aus denen schöpferisch immer wieder neues Leben geboren wird. Man sagte: In Apis ruht die Seele des Ptah. Ptah aber ist der große Schöpfer allen Lebens. Der Horusfalke verkörpert die hellwache Welt der Sinne.

Von allen Lebewesen hat der Vogel, und ganz besonders der Falke, die höchstentwickelten Sinnesorgane. Er besitzt die größte Intensität des Erlebens. Sein Auge ist das vollkommenste. Der Vogel ist in allen drei Dimensionen des Raumes zu Hause, er vermag zu fliegen. Es fehlt den meisten Menschen die Vorstellungskraft, die gesteigerte Lebensintensität des Vogels nachzuempfinden. Der Ägypter hatte ein enges brüderliches Verhältnis zur Welt der Tiere. Auch in der unmittelbaren Darstellung des menschlichen Leibes, in der Plastik, lebt dieses Gefühl. Nur eine Art Wesen gibt es auf Erden, die so schreiten: die

Tiere. Wie wir wissen, hat sich der Mensch langsam entwickelt. Er war einmal ein Teil des Mineralreiches, der Pflanzenwelt und des Tierreiches. Alle diese Entwicklungsstadien leben als kosmische Erinnerungen in uns. Und so wie in einem Menschenleib der Schritt zum Erwachsensein mit dem Verlust der Kindheit bezahlt werden muß, so bedeutet auch jeder Gewinn im Leben des Menschen zugleich einen unersetzlichen Verlust, ein immer mehr Herausgleiten aus der kindhaft, tierverwandten Daseinsordnung. Sphinx, tierköpfige Gottheit, Apisstier sind Erinnerungen an eine Zeit, in der der Mensch noch schuldlos in kosmischer Ordnung lebte, Erinnerungen an das Paradies. Man sehe sich die ägyptischen Tierplastiken einmal unter diesem Gesichtspunkt an!

Das Wesen des Ägypters ist von tiefer Bezogenheit auf das Haus: *Pharao* heißt »das große Haus«, sein Grab trägt den Namen »Haus des Ka«. Die Hauptstadt Men-nofer, das Herodot Memphis nannte, bedeutet »Haus der Seele des Ptah«. Haus bedeutet für den Ägypter aber nicht Wohnung in unserem Sinn. Seine irdische Unterkunft war bedeutungslos. Man nannte sie »Horizont«. Wichtig war nur die Totenwohnung, in der die Seele weiter lebte. Nur sie und die Häuser der Götter waren aus ewigem Stein. Die Sterblichen lebten in einfachen Hütten aus Lehm. Der Mensch lebt nach ägyptischer Auffassung in dreifacher Form. Dieser Dreifaltigkeits-Seelenglauben besagt in kurzen Worten folgendes: Der Mensch lebt erstens als Körper, und der Leib ist über den Tod hinaus von großer Bedeutung. Der Mensch lebt zweitens als *Ka*, das man mit »Persönlichkeit« oder »Lebensodem« übersetzen könnte. Das Ka trennt sich vom Menschen im Schlaf oder im Tod. Das Ka lebt auch im Schatten des Menschen, im Spiegelbild, in seinem Namen, in dem Abbild eines Kunstwerkes und in den Bauten, die man errichtet. Der Mensch lebt drittens in seinem *Ba.* Der Ba kann überall sein, bei den Göttern, in der Mumie des Toten oder bei den zurückgebliebenen Überlebenden. Der Ba ist weder an Zeit noch Raum gebunden und wird meistens als Vogel abgebildet.

Ein eigenartiges, intimes Verhältnis hatten die Ägypter zum Tod. Nach Diodor nannten sie die Wohnungen der Lebendigen »Herbergen«, die Grabstätten der Toten »Ewige Häuser«. Auf die ersteren verwandten sie daher keine erhebliche Mühe, den letzteren aber widmeten sie großartige Aufmerksamkeit. Der Ägypter starb nicht: Er ging lebend zur Ruhe. Das Schattenreich der Toten heißt »Lebensland«. Der Körper soll dem Ka als Wohnung erhalten bleiben, weshalb er mumifiziert wird. Dabei wurden nach streng vorgeschriebenem Ritual die Eingeweide herausgenommen. Sie wurden in vier heiligen Krügen aufbewahrt, die vor Hunger und Durst bewahren sollten, als deren Ort die Eingeweide galten. Das Herz wurde manchmal mit einem steinernen Skarabäus vertauscht. Man hielt es für den Ort aller Gedanken. Herzlos handeln, hieß im Ägyptischen: dumm sein. Gefühl und Intellekt waren für die Ägypter noch eine Einheit wie Tod und Leben, Religion und Wissenschaft, Traum und Alltag. Noch Aristoteles sah im Hirn nur eine Art Kühlsystem für die heißen vom Herzen aufsteigenden Dämpfe. Man könnte die Menschheit der alten Geschichte bis zum Beginn der Neuzeit mit »Herzensmenschen« bezeichnen. Der gehirnbetonte Mensch ist eine Erfindung der jüngeren Vergangenheit. Die meisten Gelehrten glaubten bis zum Ende des Mittelalters, daß das Gehirn ein untergeordnetes Organ sei, das bei Schnupfen einen Schleim absondere, der einem aus der Nase laufe. Sitz der Seele, der Gedanken und des Lebens war das Herz. Es schlug bei schlechtem Gewissen. Der Mensch war tot, wenn es aufhörte zu pochen. In unserer Sprache lebt noch etwas von dem, wenn wir von gutherzigen oder großherzigen Menschen sprechen, wenn wir uns ein Herz fassen oder herzlich grüßen lassen. Es gibt nicht *ein* vergleichbares Idiom über das Gehirn.

Herodot schreibt, daß die Ägypter bei der Mumifizierung ihrer Toten dem Gehirn nur wenig Achtung zollten: »Mit eisernen Haken wird soviel wie möglich von dem Gehirn aus den Nasenlöchern herausgeholt, und was der Reißhaken nicht mehr zu fassen vermag, wird nachträglich mit chemischen Lösungen herausgespült«. Der Leichnam wurde dann mit harzgetränkten Binden umwickelt, und es wurde häufig eine porträtähnliche Statue des Toten aufgestellt, um die wahrhaftige Lebensform des Körpers zu bewahren. Daher hieß der Bildhauer auch »der am Leben erhält«. Der Tote bekam nicht nur Speisen und Getränke mit ins Grab, sondern Waffen, Gewänder und tägliche Gebrauchsgegenstände, Schmuck, Geld und Kleidung. Man fand sogar eine nackte weibliche Holzpuppe auf einem Bett liegend, mit pornographischen Bildern und Texten dazu.

Jene tierhafte Naturbezogenheit finden wir in unserem Kulturkreis nur noch bei Kindern, und die Ägypter waren trotz beachtlicher Begabungen ein kindliches Volk. Ein eigentümliches Fluidum von Infantilität geht von allen ihren Schöpfungen aus: ihrer Schrift, Kunst und Religion. Für sie war wie bei unseren Kindern die Welt der Märchen noch eine Realität. Die schwarzen Naturvölker Afrikas leben noch so. Leo Tolstoi hat einmal gesagt: »Vom fünfjährigen Knaben bis zu mir ist nur ein Schritt. Vom Neugeborenen bis zum fünfjährigen Kind ist eine schreckliche Entfernung.« Vielleicht ist das der Grund, weshalb uns Ägypten so fremd erscheint. Wie alle Kinder und Naturkinder waren die Ägypter naive Realisten. »Mit gutem Grund hat man zu allen Zeiten gefunden, jeder Künstler habe etwas vom Kinde, und umgekehrt läßt sich behaupten: Im Kindesalter ist jeder Mensch ein Künstler. Das beiden Gemeinsame ist die symbolische Auffassung alles Daseins. Noch nie hat ein Kind im Ernst geglaubt, der Stiefelknecht sei ein Krokodil und die Puppe esse Bonbons. Das wäre nicht kindlich, sondern schwachsinnig. Die symbolisierende Kraft ist so stark, daß sie die Realität überdeckt.« (Friedell)

Auch wir heutigen bekleiden die Verstorbenen, bevor wir sie begraben und besuchen sie auf den Friedhöfen, nicht ohne einen Blumenstrauß mitgebracht zu haben. Warum tun wir das? Niemand denkt darüber nach. Es ist ein Teil unseres Wesens, den wir uns aus der Welt des Kindes oder, was dasselbe ist, aus der Welt der Ägypter bewahrt haben.

Wenn man heute von Ägypten spricht, so denkt man an Palmen, Kamele und Pyramiden. Alle diese Begriffe haben nichts mit dem alten Ägypten gemeinsam. Palme und Kamel wurden erst Jahrhunderte nach der Herrschaft der Pharaonen am Nil eingeführt. Die Pyramiden, die als das großartigste Vermächtnis Ägyptens angesehen werden, wurden nicht von Ägyptern erbaut und sind ihrem Wesen nach absolut unägyptisch. Hatschepsut und Nofretete, Ramses, Cheops und Tut-ench-amun hießen in Wirklichkeit völlig anders. Ihr Leben, ihre Siege und Niederlagen wurden schon zu Lebzeiten von den Schreibern verfälscht, da die Verherrlichung der göttlichen Allmacht wichtiger war als wahrheitsgemäße Berichterstattung. Alles, was wir von Ägypten wirklich wissen, verdanken wir seinen Schöpfungen in Stein. Wir müssen nur lernen, sie zu lesen.

Der Tempel

Der Säulenschaft, auch die Triglyphe klingt.
Ich glaube gar, der ganze Tempel singt.
Goethe

Unser Bild vom klassischen Griechenland
ist falsch.
Musik war angewandte Mathematik.
Die Bauten waren tönende Musikinstrumente.
Architekten und Bildhauer
zählten zu den Banausen.
Die griechische Demokratie
hat es nie gegeben.
Knaben betrügt man mit Würfeln,
Männer mit Verträgen.

An vielen Oberschulen kann man sich entscheiden, ob man den mathematisch-naturwissenschaftlichen Weg einschlagen will oder den sprachlich-musischen. Im ersteren Fall regieren die Gesetze der Logik, im anderen die schöngeistigen Ideale der Antike. Den ehernen Regeln der Mathematik stehen Homer und die Musen gegenüber, nach dem Motto: ›Wenn ihr's nicht fühlt, ihr werdet's nicht erjagen.‹ Das ist falsch. Die antiken Bauten Griechenlands beweisen es.

Die Griechen waren ein ausgesprochen mathematisches Volk. Ihre Religion, ihre Kunst, ihre ganze Umwelt erlebten sie als mathematische Ordnung. Für Pythagoras, den großen griechischen Wissenschaftler, war Mathematik Religion. Er verlangte von seinen Schülern Ehelosigkeit, rauhe Leinenkleidung, Enthaltsamkeit von Fleisch, Fisch und Bohnen, tägliche Selbstprüfung und mehrjährige Schweigepflicht. Das klingt wie die Forderungen eines asketischen Mönchsordens.

Was lehrte dieser Pythagoras?

Auf dem Stundenplan der Pythagoreer standen: Algebra, Geometrie, Arithmetik, Astronomie, Musik, Heilkunde und Gymnastik. Alle diese Fächer waren – wie wir sehen werden – nach griechischer Auffassung rein mathematische Disziplinen. Für die Griechen des Altertums waren Musik und Mathematik eine untrennbare Einheit. Sie erlebten Mathematik als Musik, als klingende Zahlenharmonie. Als erste erkannten sie, daß sich die Tonabstände Quarte, Quinte und Oktave darstellen lassen durch die einfachen Zahlenverhältnisse 4:3, 2:3, 1:2.

In ihren Kunstwerken leben geometrische Proportionen wie der Goldene Schnitt und die reinen Zahlenverhältnisse. Sie gelangten auf diesem Gebiet zu so tiefen Er-

kenntnissen, daß bereits die Spätantike sie nicht mehr
verstand. Sie erlebten Dinge, die wir heute abstrakt
erlernen müssen, als sinnliche Wahrnehmung. So hieß es
von den Pythagoräern, sie könnten die Harmonie des
Weltalls, die Bewegung der Gestirne als Sphärenmusik
hören.

Es gibt keinen Zweifel, daß die Griechen ihre Tempel
als eine Art Musik des Wohlklanges erlebten. Diese
Tempel tönten für ihre Erbauer.

Goethe, der ein äußerst feines Gespür für sinnliche
Wahrnehmungen besaß, schreibt zu Beginn von Faust II:
»Der Säulenschaft, auch die Triglyphe klingt, ich glaube
gar, der ganze Tempel singt.«

Wem das zu phantastisch erscheint, der möge sich vor
Augen halten, daß es auch in unserer Welt Menschen gibt,
die sich so in die Notenzeichen einer Partitur zu versenken
vermögen, daß sie die Klangfülle eines ganzen Orchesters
wirklich hören. Das ist von vielen Komponisten und
Dirigenten bezeugt. Bei den Griechen war diese sinnliche
Wahrnehmung von mathematischen Proportionen aufs
äußerste verfeinert.

Der griechische Tempel ist ein mächtiger musikalischer
Akkord aus reinen Verhältniszahlen. Die Bauglieder
durchdringen sich nach den Gesetzen der Musik. Jeder
Tempel hatte andere wohlgeordnete Maßverhältnisse, so
wie jede Gottheit eine andere Zahlenharmonie. Um das zu
erreichen, wurden nicht Form oder Aussehen der Säulen
verändert, sondern der Luftraum, der Abstand zwischen
den Säulen, so wie bei einer Flöte, bei der man durch
Zuhalten der Löcher den Luftraum vergrößert oder ver-
kleinert und dadurch einen Wohlklang erreicht. Die Ab-
stände zwischen den Säulen, die den Tempel umgeben,

verhalten sich wie die Tonabstände der Quarte, Quinte und Oktave.

Diese Bauten konnten nur von Menschen erbaut werden, die die Welt *Kosmos* nannten, das heißt »das Wohlklingende, das harmonisch Geordnete«. Nach griechischer Auffassung wird der Mensch erst zum Menschen durch die Kenntnis und Wahrnehmung dieser mathematischen Ordnung. Maßlose Menschen nannte man verächtlich »Barbaren«. *Barbaros* heißt nicht: kulturlos sein, denn sie nannten auch solche Völker Barbaren, deren Kultur sie anerkannten und bewunderten wie die Ägypter.

Sogar die Sprache wurde von der Zahl beherrscht. Die griechischen Buchstaben wurden gleichzeitig auch als Zahlen verwendet. a = 1, b = 2 und so fort entsprechend der Reihenfolge im griechischen Alphabet.

Der antike Architekt (!) Ailios Nikon schrieb in Pergamon Gedichte, bei denen die Quersumme von jeweils vier Zeilen immer genau die Zahl 15 000 ergibt. Warum tat er das? Seine Zeitgenossen nannten alle Zahlen über 1000 Unzählige. Nur wenige waren in der Lage, bis 15 000 zu zählen.

Das Ganze ergibt nur einen Sinn, wenn man davon ausgeht, daß diese Menschen ein so erstaunliches Feingefühl für Zahlenharmonien hatten, daß sie die gleichbleibenden Quersummen der Buchstaben intuitiv als schön erlebten.

Auch Johann Sebastian Bach erlebte diese Zahlensymbolik als Wohlklang. Er fühlte sich mit der Kombination von 1 und 4 im Einklang, wobei er zum Beweis die Buchstaben seines Namens nach ihrem Platz in der Reihenfolge des Alphabets addierte, was 14 ergibt. Wenn er dem Namen BACH die Anfangsbuchstaben seiner Vornamen hinzufügte, so erhielt er die Summe 41 als Spiegelbild zur 14. Daß diese Zahlensymbolik mehr als nur oberflächliche Spielerei war, erkennt man in der letzten Komposition, die er blind und schon vom Tode gezeichnet niederschrieb. Es ist der Choral »Vor Deinen Thron tret ich hiermit«. Die erste Zeile enthält 14 Noten und die vollständige Melodie 41. Es ist die Ankündigung, daß J. S. Bach bereit ist, einzugehen in die himmlischen Harmonien, von denen nur wenige Sterbliche so viel verstanden wie er.

Die gleichen mathematisch-musikalischen Gesetze herrschten in der Heilkunst. Hippokrates lehrte: »Der menschliche Leib ist ein Tempel. Krankheit ist ein Bruch in der Harmonie. Gesundheit ist Wohlklang.«

Es gab berühmte Sanatorien, wie das von Epidauros, mit einem Amphitheater als Mittelpunkt, denn man glaubte, vollendete Architektur, Musik, Dichtung, Tanz und rhythmische Gymnastik besäßen eine heilende Wirkung.

Das Wesen Griechenlands tritt am klarsten hervor, wenn man seinen Tempel mit dem ägyptischen vergleicht.

Der ägyptische Tempel war ganz nach innen gekehrt. Er war wie ein ausgehöhlter Steinblock, wie eine unterirdische Grabkammer. Er besaß keine äußere Konzeption und war nur Innenraum. Man konnte sich ihm nur von einer bestimmten Richtung her nähern, nämlich auf der heiligen Straße.

Der griechische Tempel ist die genaue Umkehrung hierzu. Er ist ganz nach außen zum Licht gewandt. Der Reichtum seiner Gestaltung wird nach außen hin verstrahlt. Das Innere ist nebensächlich. Niemand außer einem Priester betritt den Innenraum, in dem die Statue der Gottheit aufbewahrt wird. Der Tempel steht immer nach allen Seiten frei sichtbar auf einer Anhöhe. Man nähert sich diesem Bauwerk nicht aus einer vorgeschriebenen Richtung. Der Bilderfries, der zwischen Dach und Gebälk um den ganzen Tempel herumläuft, fordert den Menschen auf, den Tempel zu umschreiten und von allen Seiten zu betrachten. Dieses ausgewogene, in sich selbst ruhende Gebilde verlangt, daß man es von allen Seiten mit den Sinnen ergreift, begreift. Und begreifen, das war es, was der Grieche um jeden Preis wollte. Hier in Griechenland wurden zum ersten Mal Begriffe entwickelt, Begriffe als Grundlage der Philosophie. Vorher gab es nur den Mythos, der überwältigte und führte. Der Grieche ließ sich nicht mehr von göttlichen Urmächten überwältigen. Er stand seinen Göttern selbständig gegenüber. Er besaß einen eigenen Standpunkt. Damit gewann er unendlich viel und verlor zugleich Unendliches. Denn war auch der Ägypter weniger selbständig, so war er doch noch ein Teil der göttlichen Ordnung. Sein ganzes Leben war darauf ausgerichtet, nach dem Tod einzugehen in das lebendige und ewige Reich der Toten und der Götter.

Für den Griechen war der Tod der unerbittliche Abschied von allem, was er liebte. »Lieber ein Bettler in der Oberwelt als ein König im Reich der Schatten!« Diesen Ausruf Homers hätte ein Ägypter des alten Reiches nicht verstanden.

Ein Mensch, der sich aus der Geborgenheit der Götter gelöst hat, besitzt ein Schicksal. Vorher hatte der Mensch noch kein Schicksal, ebenso wenig wie Kleinkinder oder Tiere Schicksalsempfindungen haben.

Als der Mensch sein Schicksal bewußt auf sich nahm,

wurde er zum Erfinder der Tragödie. In den griechischen Skulpturen lebt zum erstenmal die tragische Wehmut der Vergänglichkeit. Der Mensch wird zum Maß aller Dinge. Über dem Orakel von Delphi standen die Worte: Erkenne dich selbst. Man wollte sich und die Welt begreifen. Denken aber war eine künstlerische Tat, so wie man Mathematik sinnlich als musikalische Harmonie erlebte.

Man sollte meinen, daß die Gesetze der Mathematik zu allen Zeiten und auf allen Planeten die gleichen seien. Ein mal eins ist und bleibt eins. Und trotzdem war Mathematik bei den Griechen etwas völlig anderes als das, was wir heute darunter verstehen. Erst wenn man sich über dieses andere Verhältnis zur Zahl klar wird, versteht man das Wesen Griechenlands und seine vollendeten Bauten.

Unsere Mathematik ist abstrakt und leblos. Alle größeren Berechnungen werden nicht mehr von Menschen ausgeführt, sondern von elektronischen Rechnern. Unsere Mathematik ist weder harmonisch noch maßvoll. Sie ist in ihrer computerhaften Leblosigkeit und in ihrer unfaßbaren Unendlichkeit das Verwirrendste und Maßloseste, was es gibt. Das Elektronengehirn vollzieht im Bruchteil eines Augenblicks Rechenvorgänge, für die hundert Menschen hundert Jahre benötigen würden. Nur Genies wie Albert Einstein überschauen noch das gigantische Chaos der höheren Mathematik. Nichts ist von kosmischem Wohlklang so weit entfernt wie unsere Mathematik. Woran liegt das? Besaßen die Griechen eine andere Mathematik als wir?

Nach griechischer Auffassung war der Punkt die Dimension der Einheit, die Linie – da sie zwischen zwei Punkten verläuft – die Dimension der Zweiheit. Die Fläche war die Dimension der Dreiheit, da das, was sich zwischen 3 Punkten ausspannt, immer eine Fläche ergibt. Der Körper besaß die Dimension der Vierheit.

Aus 1, 2, 3, 4 besteht die ganze materielle Welt und die ganze Zahlenwelt der Mathematik, denn $1 + 2 + 3 + 4$ ergeben 10. Alle folgenden Zahlen sind nur Wiederholungen von 1, 2, 3, 4. Die Welt besteht aus Gegensätzen wie heiß–kalt, groß–klein, gut–böse und so weiter. Das findet seinen Niederschlag in der Mathematik in geraden und ungeraden Zahlen. Die ungeraden Zahlen verkörpern das Vollkommene, Maßvolle, Gute, Schöne. Die geraden Zahlen symbolisieren das Maßlose, Barbarische, Unbegrenzte, weil man sie je nach ihrer Größe beliebig oft teilen kann. Alle ungeraden, also vollkommenen Zahlen sind Differenzen von nebeneinander liegenden Quadraten: $3 = 2^2 - 1^2$, $5 = 3^2 - 2^2$, $7 = 4^2 - 3^2$, $9 = 5^2 - 4^2$. Die Summe der aufeinander folgenden Ungeraden ergibt immer Quadrate: $1 + 3 = 2^2$, $1 + 3 + 5 = 3^2$, $1 + 3 + 5 + 7 = 4^2$. Diese durchaus richtigen Rechenoperationen galten als Beweis, daß die Ungeraden etwas Besonderes darstellen und den Geraden überlegen sind.

Quarte, Quinte und Oktave bestehen – wie schon erwähnt – aus den einfachen Zahlenverhältnissen 4:3, 2:3, 1:2, das heißt jeweils aus einer geraden und einer ungeraden Zahl. Sie sind Gegensätze. Gegensätze aber sind schöpferisch wie Mann und Frau, Tag und Nacht, Frühling und Herbst. Diese Zahlenharmonien ließen sich noch an vielen Beispielen aufzeigen, was im Rahmen dieses Buches zu weit führen würde. Vielleicht lassen sich mit dieser Mathematik keine statistischen Hochrechnungen aufstellen und keine Flugbahnen für Marssonden berechnen, aber sie ist voller Wohlklang und maßvoller Überschaubarkeit. Wir verdanken ihr die vollendetsten

Kunstwerke, die Menschen je erschaffen haben. Diese Zahlenharmonie tönt noch heute in den Bauten Griechenlands, wenn wir Ohren haben zu hören.

Wir glauben heute, gestützt auf Einsteins Relativitätstheorie, daß Raum und Zeit voneinander abhängige Größen sind. Dieses Buch versucht aufzuzeigen, daß jede Kultur ein eigenes Verhältnis zum Raum und damit zum Bauen hatte, und es wäre nichts weiter als logisch, wenn sie auch ein anderes Verhältnis zur Zeit besessen hätte. Und das hat sie auch. Das heißt aber, daß es keine konstanten, ewig geltenden Werte gibt. Selbst die Mathematik und die scheinbar zeitlosen Gesetze des Weltalls sind einem subjektiven Wandel unterworfen. Die Gestirne, die wir heute am Himmel sehen, sind etwas ganz anderes als das, was die Menschen vor zweitausend Jahren in ihnen sahen.

Die Griechen glaubten, daß der Zeit eine Gesetzmäßigkeit zugeordnet sei, die sich durch nichts beeinflussen lasse, nicht einmal durch die Götter. Dieses Gesetz nannten sie *Nomos*. Nomos bedeutet sowohl Gesetz als auch Musik. Je mehr man sich mit den Bauten des alten Griechenlands befaßt, um so mehr wird einem bewußt, welche alles beherrschende Rolle die Musik in dieser untergegangenen Welt gespielt hat.

Apollon, der griechischste aller Götter, galt als Verkörperung der Macht des Gesanges. Er ist der Gott der Musik und der Harmonie. Gleichzeitig ist er der Gott der Weissagung, der das Verborgene und Zukünftige der Zeit enthüllt. Die Musik beherrschte das Leben der Griechen in einer Intensität, die wir heute kaum noch nachempfinden können. Mindestens seit 600 v. Chr. war die Musik die führende Kunst in Hellas. Alle große Dichtung war

Musik. Ein Dichter war immer auch ein hervorragender Musiker. Für Anakreon oder Pindar hat der Text die gleiche untergeordnete Rolle gespielt wie für Richard Wagner. Wir wissen nichts von ihrer Musik und können deshalb ihre Kunst nur so beurteilen, als wenn wir von Wagner nur ein paar Texte besäßen.

»Die Empfindsamkeit der Griechen für die Macht der Töne muß nach unseren Begriffen geradezu pathologisch gewesen sein. Die Berichte über Heilungen durch musikalische Behandlung sind zu zahlreich und zu ernsthaft, als daß es sich um Legenden handeln könnte. Der zweite Messinische Krieg wurde nur durch die Lieder des Tyrtaios gewonnen. Umgekehrt galten schlechte Melodien, die lähmend, überreizt oder entsittlichend wirkten, geradezu als Landesverrat. Sogar zur Rossepaarung spielten die Griechen Musik, eine sogenannte Roßsprung-Melodie. Man glaubte, daß so schönere Fohlen entstünden.« (Friedell)

Wenn man bedenkt, daß uns kein Ton dieser Musik erhalten geblieben ist, dann erkennt man, wie falsch unser Bild von dieser Zeit ist. Genauso verhält es sich mit der Malerei. Sie führte mit Abstand unter den bildenden Künsten.

Bei allen griechischen Autoren wird mehr von der Malerei gesprochen als von der Plastik oder gar von der Architektur. Der Maler Zeuxis wurde so hoch geehrt, daß er seine Bilder verschenkte, da sie als unbezahlbar angesehen wurden. Die großen Maler wie Zeuxis, Apelles und Polygnot wurden verehrt wie Halbgötter. Dagegen besaßen die Bildhauer nur ein geringes Ansehen. Sie galten als Banausen, weil sie körperliche Schwerarbeit verrichteten. Noch Plutarch schreibt, daß kein edler junger Mann sich wünschen würde, Bildhauer zu werden. Er sagt wörtlich: »Wir schätzen Wohlgerüche und Purpur, halten aber Salbenköche und Färber für Banausen. Genauso verhält es sich mit den Baumeistern und Bildhauern.« Plutarch sah zwischen dem Hersteller eines Parfums und dem Schöpfer eines Tempels keinen großen Wesensunterschied. Nur die Musiker, Dichter, Maler und Teppichweber wurden als Künstler verehrt. Im Gegensatz zu unserer heutigen Einstellung war die Teppichweberei der Malerei gleichgesetzt. Die berühmtesten Weber waren Askesas und Helikon. Wenn man in Athen sagte »Wie von Askesas und Helikon«, so hieß das, es gibt nichts Vollkommeneres.

Nichts von alledem, was die Griechen als Kunst verehrten, ist uns erhalten geblieben. Von der ganzen Malerei besitzen wir ein paar bemalte Vasen. Das ist so, als ob von der abendländischen Malerei der letzten dreihundert Jahre nichts weiter existieren würde als ein paar angeschlagene Meißener Porzellantassen.

Praxiteles, den wir heute als den größten Bildhauer der Antike verehren, arbeitete für den Maler Nikias, der die Skulpturen bemalte und sie damit erst zu Kunstwerken machte. Dabei wurden Techniken angewandt, die heute in Vergessenheit geraten sind. Die Farben wurden aus pflanzlichen Ölen und heißem Bienenwachs gemischt. Dabei wurden Farbeffekte erreicht, bei denen die Fleischfarbe der Haut durch die Gewänder hindurchschimmerte. Das, was wir heute von diesen Skulpturen besitzen, ist nichts weiter als ein halbfertiger Kern.

Ähnlich verhält es sich mit der Architektur. Alle Tempelfassaden waren bemalt. Diese Bemalung galt als höchste Vollendung der äußeren Erscheinung. Da auch die Farben der klingenden Zahlenharmonie der Pythagoräer zugeordnet wurden, so war die Bemalung nicht nur dekorative Zutat, sondern ein gliederndes Element wie die plastischen Teile der Bauform. Ein Grieche hätte unsere klassischen weißen Bauten unfertig und langweilig gefunden wie Gerippe ohne Haut.

Wenn unsere Geschichtslehrer von Hellas sprechen, klingt alles so vertraut und heimisch. In Wirklichkeit wissen wir so wenig von dieser Zeit.

Die gesamte Landschaft Attika war nicht einmal so groß wie das heutige Luxemburg. Zur Zeit der höchsten Blüte, im 5. Jahrhundert, lebten dort so viele Menschen wie im heutigen München. Aristoteles schrieb: »Ein Staat von zehn Bürgern ist genauso undenkbar wie einer von hunderttausend. Ist er zu klein, so kann er sich nicht behaupten. Ist er zu groß, so hört er auf, ein Staat zu sein. Er muß wohlüberschaubar sein, und alle Bürger sollten sich untereinander kennen.«

Alle griechischen Staaten waren nach heutigen Maßstäben kleinbürgerliche Provinzstädte, voll von Lokalpatriotismus und fremdenfeindlich gegenüber allen Zugereisten. Das griechische Wort ἐχθρός, der Feind, bedeutete ursprünglich »der Auswärtige«.

Aber selbst die Einheimischen waren nur zu einem geringen Teil Vollbürger. Wenn heute die Schwarzen in Südafrika nach der Demokratie rufen, so können sie unmöglich die klassische Demokratie Griechenlands meinen, denn selbst die Rassenpolitik der Buren, bei der nur Weiße wählen dürfen, ist um ein Vielfaches demokratischer, als es die Demokratie Athens jemals war. In Südafrika ist das Verhältnis zwischen Farbigen und Weißen knapp 1 : 5. In Athen war das Verhältnis zwischen Vollbürgern und nicht wahlberechtigten Sklaven 1 : 15. Da

Frauen weder wählen noch Ämter bekleiden durften, war der Anteil der politisch unfreien Bürger noch sehr viel größer.

Wer nicht Bürger war, konnte keinen Boden erwerben, keine gültige Ehe schließen, keine Prozesse führen und war von fast allen Staatskulturen ausgeschlossen. Frauen standen ihr ganzes Leben unter der Vormundschaft ihres Vaters oder Ehemannes. Eine ehrbare Frau führte ein orientalisches Haremsleben. Bei der Angabe ihres Alters zählte man nur die Jahre nach ihrer Eheschließung. Eine unverheiratete Frau hatte kein Alter, sie existierte nicht.

Die vielgepriesene griechische Demokratie war in Wahrheit eine Diktatur einer privilegierten Minderheit. Es gab weder Menschenrechte noch Ansätze zur Gleichberechtigung. Sklaven galten als Sachen. Sie hießen »Menschenfüße«. Damit waren sie dem Vieh gleichgestellt, das man mit »Starkfüße« bezeichnete. Der Herr wurde zwar zur Rechenschaft gezogen, wenn er einen Sklaven tötete; das gleiche geschieht jedoch auch mit einem Bürger unserer Verfassung, der seinen Hund mißhandelt.

Winckelmann, Goethe, Hölderlin und ihre Zeitgenossen, die von Arkadiens goldenen Tagen träumten, von edler Einfalt und stiller Größe, sie alle schwelgten in Wunschträumen, die von der damaligen griechischen Wirklichkeit weit entfernt waren.

Wenn man in einer Kulturgeschichte unserer Tage liest, daß Griechenland von so überirdischer Leuchtkraft war, daß den Menschen, die sich zweitausend Jahre danach seiner wiedererinnern, nichts weiter bleibt als aufzuschluchzen, so kann man eigentlich nur den Kopf schütteln.

Die politische Situation Griechenlands erinnert in seiner Unfreiheit an stalinistische Ostblock-Praktiken. In Sparta herrschten ein paar Funktionäre über eine hundertfache Minderheit, die sie rücksichtslos unterdrückten. Das erreichten sie durch völlige Absperrung gegen das Ausland und durch eine politische Geheimpolizei, *Krypteia*, die Verdächtige ohne Rechtsverfahren folterte und ermordete. Es gab nur wertloses Eisengeld, das in der Fremde keine Kaufkraft besaß. Reisen ins Ausland waren grundsätzlich bei schwerer Strafe verboten.

In Athen war es nicht viel anders. Dort wurden zwar alle Beschlüsse von den wahlberechtigten Bürgern gefaßt, aber was besagt das schon? Aufgehetzt durch sprachgewandte Anwälte, entschied das Volk in öffentlichen Gerichtsverhandlungen über Leben und Tod. Wie wenig diese Pöbelherrschaft mit Gerechtigkeit zu tun hat, beweist das Todesurteil gegen den harmlosen alten Sokrates.

Wenn es stimmt, daß die Wahrheitsliebe das Fundament aller höheren Sittlichkeit ist, so gehören die Griechen moralisch zu den übelsten Typen der Geschichte. Sie waren das klassische Volk der Lüge und Heimtücke. Ihr Nationalheld Odysseus war solch ein Meister des Betruges, daß die Göttin Athene voller Stolz von ihm sagte: »Im Lügen übertreffen ihn nur noch die Götter.«

Was man von den griechischen Handelsgepflogenheiten zu halten hat, erkennt man aus der Tatsache, daß der Gott Hermes gleichzeitig der Schutzpatron der Kaufleute und der Diebe und Betrüger war. Der Meineid war eine so allgemein übliche Verkehrsform, daß er nicht einmal juristisch unter Strafe gestellt wurde. Die griechische Geschichte wimmelt von Verwandtenmorden. Ihre sexuelle Moral war selbst nach unseren modernen laxen Begriffen haarsträubend. Fast alle Großen ihrer Geschichte waren Päderasten. Selbst die Götter mischten mit. Zeus trieb es mit Ganymed, Poseidon mit Pelops und Apollon mit Hyakinthos. Geschlechtsverkehr mit Tieren war selbst bei den Göttern an der Tagesordnung.

Das Hauptinteresse aber galt dem Sport.

Die Liebe zum Sport überragte alles. Die hervorragendsten Dichter und Musiker verfaßten Lobeshymnen für den olympischen Sieger. Die Elite der Bildhauer und Maler verewigte ihn in Marmor und Farbe. ›Geehrt wie ein Athlet‹ war das höchste, das man sich an Ruhm vorstellen konnte.

Die Wettkämpfe in Olympia waren das wichtigste Ereignis im griechischen Alltag. Sie dienten sogar der Zeitrechnung. Die vierjährige Zeitspanne zwischen den Spielen hieß Olympiade und wurde nach dem Sieger im Wettlauf benannt. Das war der allerhöchste Ruhm, den ein Sterblicher erreichen konnte. Etwas Höheres gab es nicht. »Wer diesen Sieg erringt, hat die Säulen des Herkules erreicht«, so jubelte Pindar. Zur festlichen Gestaltung – gewissermaßen als Pausenfüller – sangen und musizierten die größten Dichter des Landes. Es ist eine fast makaber anmutende Tatsache, daß kein Kulturvolk seine Künstler – und vor allem seine Bildhauer und Baumeister – so stiefmütterlich behandelt hat wie Griechenland und daß diese Nation von Rekordläufern, Preisboxern, Super-Speerwerfern, Bodybuildern und Pferderennfanatikern nur durch seine Künstler – und vor allem durch seine Bildhauer und Baumeister – Unsterblichkeit erlangt hat.

Es ist nicht wahr, daß die Griechen im Sport in erster Linie etwas Ästhetisches sahen. Das sahen seine Künstler, die sich wünschten, es wäre so gewesen. Sport war für die

Griechen in erster Linie totaler Kampfsport. Es zählte nur der Sieger, weiter nichts. Der Sieger war ein Halbgott. Der Verlierer war fast ein Krimineller. Athleten, die nach einer Niederlage außerhalb ihrer Heimat um Asyl baten, waren keine Seltenheit. Dionys, dessen Pferdegespanne in Olympia eine Sensation für sich waren, ließ seine Wagenlenker vergiften, wenn sie verloren.

Weil es in diesem Kampf wirklich um Sein oder Nichtsein ging, war schon das Training so hart, daß man einen Wagenlenker an seinen Narben und an seinem hinkenden Gang erkannte. Der Faustkämpfer besaß als typisches Merkmal seines Berufes eine eingedrückte Nase und zerquetschte Ohren. Die meisten endeten im Schwachsinn. Die vollendeten Skulpturen der Wagenlenker und Faustkämpfer haben nichts mit ihren lebenden Vorbildern gemein.

Der griechische Künstler idealisierte. Er glaubte an die Einheit des Ethischen und des Ästhetischen. Schön und gut waren dasselbe. Es gibt im Griechischen nur ein Wort für beides. Der Künstler, der eine gute Arbeit leisten wollte, mußte sie auch schön gestalten, nur dann war sie vollendet.

Eine der bekanntesten Großskulpturen ist die Laokoongruppe, ein Vater und seine Söhne werden von Schlangen getötet. Welch vollendete, fast tänzerisch anmutende Bewegungen! Wie gelassen und voller Würde diese Menschen sterben! In Wirklichkeit gibt es kaum einen abstoßenderen Anblick als eine Schlange, die ihr Opfer würgt. Die Laokoongruppe ist schön, aber wir können von ihr keine Rückschlüsse auf Schlangenbisse im klassischen Altertum ziehen. Das gilt für alle griechischen Skulpturen. Sie sind bei allem anatomischen Realismus niemals realistisch. Die Skulpturen des Phidias sind ebenso wenig ein Beweis dafür, daß die Griechen besonders schön waren, wie die Bilder Picassos ein Beweis dafür sind, daß die Menschen des 20. Jahrhunderts Mißgeburten sind. Kein Künstler schafft die Dinge, wie sie im Alltag wirklich sind. Er würde aufhören, Künstler zu sein.

Oscar Wilde schreibt von einem Maler, der nach Japan ging, um die Japaner kennenzulernen, die er auf den Bildern des Malers Hokusai so sehr bewunderte. Er fand sie nicht und kehrte tief enttäuscht zurück. »Er wußte nicht, daß die Japaner des Hokusai einfach eine besondere Spielart, eine prachtvolle Phantasie der Kunst sind. Wenn man deshalb etwas Japanisches zu sehen wünscht, wird man nicht nach Tokio gehen. Im Gegenteil, man wird zu Hause bleiben und sich in die Arbeit bestimmter japanischer Künstler vertiefen, die mehr über das Wesen Japans aussagen als der japanische Alltag.« (Oscar Wilde)

Alles, was der griechische Künstler anfaßt, idealisiert er zu klassischer Schönheit, sogar die banalsten Dinge. So gibt es eine berühmte Skulptur, die einen jungen Sportler darstellt, der sich nach dem Wettkampf den Schweiß von den Beinen schabt. Wer von uns käme auf die Idee, einen Fußballspieler in Bronze zu gießen, der sich die Schweißfüße wäscht?

Daß diese griechischen Halbgötter Krampfadern, Pikkel oder Filzläuse hatten, erscheint uns fast undenkbar, und doch war es so. Von Aristoteles wissen wir, daß er glatzköpfig und kurzsichtig war, einen Sprachfehler hatte, den seine Schüler nachäfften, und auf dünnen kurzen Beinen einen Spitzbauch durch die Gegend schob.

Jeder Mensch trägt ein Wunschbild in sich, einen Traum, ein Ideal, wie er gerne sein möchte. Das gilt auch für Kulturen. Aus dieser Sehnsucht erwächst die künstlerische Gestaltung.

Ähnlich verhält es sich mit dem 19. Jahrhundert. Wagner beschwört mit seinen Tönen Drachen und Riesen. Böcklin, Schwind und Richter malen heile Märchenlandschaften. Der Bayernkönig Ludwig verbaut Millionenbeträge für Nymphengrotten und Nixenseen. Die Bürgerhäuser sehen aus wie Gralsburgen und Dornröschenschlösser. Börsen wirken wie Tempel und Bahnhofsfassaden wie gotische Kathedralen. Man vermag es nicht zu begreifen, daß hinter allem eine Welt von Kleinbürgern steht, die im Gaslichtdunst muffiger Büros, in spießbürgerlichen Bierkellern und kitschigen Cafés zuhause ist.

Genauso verhielt es sich in Griechenland. Auch hier war die Diskrepanz zwischen dem Alltag und der Traumwelt der künstlerischen Vision extrem groß. Es ist ein Treppenwitz der Weltgeschichte, daß Hölderlin, Wilhelm von Humboldt, Rilke, George und all jene, die sich gegen den verlogenen Stil ihres Jahrhunderts auflehnten, von Griechenland schwärmten, wo – wie sie glaubten – Alltag und Kunst sich in vollendeter Harmonie durchdrungen hätten. Winckelmanns Griechenland unterscheidet sich von dem geschichtlichen wie Wagners Nibelungen von den Neandertalern. Die Antike ist die idealistische Verwirklichung eines Wunschtraumes. »Nichts Modernes ist etwas Antikem vergleichbar.« (Wilhelm von Humboldt) »Griechenland war die Wiege der Menschheit.« (Herder)

Homer war der Sage nach blind, denn nach griechischer Auffassung ist ein großer Künstler immer ein Seher, der die Welt nicht mit den Augen des Körpers sieht, sondern mit den Augen der Seele.

Unser Leben ist ausgefüllt mit Tatsachen und wissenschaftlichen Erkenntnissen. Aber das Geheimnis der Kunst wird denen verborgen bleiben, die die Wahrheit mehr lieben als die Schönheit.

Für die Griechen war schön und gut dasselbe. »Gut« war kein moralischer Begriff als Gegenteil von »böse«. Ein Zeitgenosse des Perikles hätte es nicht verstanden, wenn wir von einem Faß Schmieröl sagen: »Das ist ein gutes Produkt.« In der verschiedenen Auffassung des Wortes gut liegt ein wesentlicher Unterschied zwischen uns und Griechenland. Dort entstanden vollendete Kunstwerke. Wir entwickelten die perfekte Technik.

Die griechischen Bauten sind die genaue Umkehrung zu den unsrigen. Die Forderung, die einer der Begründer der modernen Architektur, Le Corbusier, an unsere Baukunst stellt – »Es kommt in Zukunft nicht mehr darauf an, wie ein Bau aussieht, sondern vielmehr darauf, daß er so gut funktioniert wie eine Maschine« – diese Forderung hätte in Griechenland gelautet: »Es kommt überhaupt nicht darauf an, ob ein Bau funktionstüchtig ist, wichtig ist nur, daß er so schön wie nur eben möglich ist.« Denn wer erwartet von der Musik praktische Funktionen. Ihr Wert liegt im Wohlklang.

So schnell wie Griechenland aufleuchtete, so schnell verlosch es auch wieder. Als es zum Weltgriechentum wurde, starb es, um unsterblich zu werden.

Übrig blieb ein riesiges Ruinenfeld. Musik und Malerei sind für alle Zeiten verlorengegangen. Die Dichtung besteht aus fragwürdigen Fragmenten. Die meisten Skulpturen sind spätere Kopien, halbfertige Rohlinge, denen die Farbe fehlt. Die Tempel sind zerbrochene Musikinstrumente. Nur wem es gelingt, die Harmonien dieser Bauten nachzuempfinden, dem offenbart sich noch ein Teil des alten Griechenland.

Das Buch des Kosmos ist in mathematischen Lettern geschrieben. Mathematik aber ist sinnlich wahrnehmbarer Wohlklang. Gut ist, was schön ist.

Wir moralisierenden Intellektmenschen aber wären in den Augen der Griechen trotz unserer Computer und Weltraumraketen nichts weiter als Barbaren und Banausen.

Der Triumphbogen

Rom hat die Welt im Namen
einer Stadt zusammengefaßt
Alius Aristides

Obwohl zu keiner Zeit
mehr gebaut worden ist,
war die Weltherrschaft Roms eine
kulturelle Sonnenfinsternis ohnegleichen.
Der Römer ist der amusischste Mensch
der Geschichte und der Erfinder des Kitsches.
Rom besaß die ganze Welt,
nur nicht sich selbst.
Sadismus und Masochismus
und die Marterspiele
der Indianer.

Es ist bis in die Gegenwart nicht möglich, Medizin, Rechtswissenschaft, Theologie oder irgendeine Naturwissenschaft zu studieren, ohne Latein gelernt zu haben.

Unsere Sprache besteht zu mehr als zwei Dritteln aus Wörtern, die ihren Ursprung im Lateinischen haben. Unsere Gesetze basieren auf römischem Recht. In unseren Kirchen wird ein großer Teil der Liturgie in der Ursprache der Römer vollzogen. In unseren Gymnasien und Universitäten lebt noch immer römisches Gedankengut.

Von Petrarca bis Goethe und von Gogol bis Stendhal haben die schöpferischen Geister Europas Monate, ja selbst Jahre damit verbracht, den Geheimnissen der alten römischen Kultur nachzuspüren. Ein längerer Aufenthalt in Rom galt über Jahrhunderte als unentbehrliche Grundlage für eine humanistische Bildung. Sie alle standen vor den gigantischen Trümmern einer zerfallenen Epoche. Das Bild, das sie sich von Rom machten, war falsch. Sie sahen in den Ruinen etwas, das sie sehen wollten, weil es zu dem Bild paßte, das der Humanismus sich von Rom gemacht hatte.

Aber – so könnte man jetzt einwenden – es gibt doch wunderbar erhaltene Ruinen, aus denen man sehr wohl ablesen kann, wie diese Bauten ausgesehen haben.

Alles, was wir besitzen, sind Bauskelette, deren Fleisch und Außenhaut fehlen. Es fällt sogar Fachleuten schwer, ein Tigerskelett von einem Löwenskelett zu unterscheiden. Und was für ein Unterschied besteht zwischen den beiden Tierarten!

Bis in die Gegenwart werden römische und griechische Baukunst in einem Atemzug genannt. Griechen und Römer haben die gleichen Stilelemente benutzt, die gleichen Säulen, Kapitelle und den gleichen architektonischen Schmuck. Marmor war ihr gemeinsamer Lieblingsbaustoff. Griechische Baumeister waren in Rom tätig.

Das stimmt, und doch unterscheidet sich Rom von Griechenland wie die Gotik vom 19. Jahrhundert, das auch gotische Elemente zur Verkleidung seiner gußeisernen Bahnhofshallen verwandte.

Nicht die Materialien und die Architekturelemente sind entscheidend, sondern der Geist, der die Bauten formt. Die römischen Bauten wurden von ganz anderen Kräften geprägt als die griechischen. Rom und Griechenland sind Gegensätze wie Feuer und Wasser.

Der griechische Nationalheld Odysseus trug den Beinamen »der Listenreiche«. Nach griechischer Vorstellung war es eine hervorragende Eigenschaft, wenn man seine Gegner täuschte und überlistete, nach dem Motto: ›Knaben betrügt man mit Würfeln, Männer mit Verträgen‹.

Die Römer verabscheuten Verschlagenheit in Handel und Politik. Verschlagenheit war in ihren Augen eine Tugend der Sklaven und Dirnen. Sie besaßen sogar spezielle Gottheiten, Fides und Pietas, als Götter der Vertragstreue gegen jedermann, auch gegen Sklaven und Feinde. Der Römer glaubte an eine unverbrüchliche Ordnung von Recht, Sitte und Gesetz. Aber alles, was mit Wissenschaft und Kunst zusammenhing, verachtete er als eine Art Unfug. Alle geistigen Beschäftigungen, die nicht unmittelbar der staatlichen Praxis dienten, galten als *studia minora*, minderwertige Studien. Der Römer hatte ein Verhältnis zu diesen Dingen wie ein heutiger Oberschüler zu den Fächern Chorsingen und Handarbeiten.

Der römische Volkstypus bestand aus einem Menschenschlag, der die Gabe besaß, gute Bauern, Soldaten,

Verwaltungsbeamte, Politiker und Juristen hervorzubringen. Ihr Tugendideal war spartanisch und puritanisch. Unter diesen Voraussetzungen ist es kein Wunder, daß die Römer zu den amusischsten Menschen gerechnet werden müssen, die die Geschichte bis dahin kannte. Der römische Dichter Vergil drückte diese Geisteshaltung in einem Satz aus: »Laß andere Völker das Erz zu lebensvolleren Kunstwerken verarbeiten. Du Römer gedenke, die Völker mit erzenem Schwert zu beherrschen!«

Schon die Römer der frühen Königszeit waren bereits das Soldatenvolk, als das sie später in die Geschichte eingehen sollten. Bereits in der Frühzeit waren sie auf allen Gebieten des täglichen Lebens von geradezu phänomenaler Phantasiearmut. Die Griechen zum Beispiel benutzten in den verschiedenen Stadtstaaten nebeneinander viele Dutzend verschiedene Monatsnamen. Die Anzahl der Personennamen war fast unbegrenzt. Man erfand immer wieder neue klangvolle bildreiche Eigennamen.

Die Römer hießen vornehmlich Quintus, Sextus oder Decimus. Das heißt der Fünfte, der Sechste oder der Zehnte, je nach Reihenfolge ihrer Geburt. Ihre Monatsnamen waren auch nur Nummern. September, Oktober, November, Dezember heißen übersetzt der Siebte, der Achte, der Neunte, der Zehnte. Der Juli und der August hießen ursprünglich der Fünfte und der Sechste. Sie wurden zu Ehren der Kaiser Gaius Iulius Caesar und Augustus erst später umbenannt.

Das römische Essen war von neandertalhafter Einfallslosigkeit. Es bestand im wesentlichen aus Kohl, Zwiebeln, Hülsenfrüchten und Schweinefleisch. Es zeugt wiederum von erschreckender Phantasiearmut, daß aus diesen primitiven Bauerngerichten viele Familiennamen geboren wurden. So kommt Cicero von cicer – die Erbse, Lentulus von lens – die Linse. Fabius bedeutet der Bohnenmann. Die Adelsgeschlechter der Porcier und Suilier haben ihre Namen gar vom Schweinefleisch. Caesar, aus dem im Deutschen Kaiser wurde, leitet sich her vom Verb herausschneiden, weil Caesar mit einem Kaiserschnitt zur Welt kam. *Salve Caesar!* heißt soviel wie: Gegrüßet seist du, Herausgeschnittener! Bei dieser Art von Namensgebung kann man eigentlich nur froh sein, daß Caesars Mutter nur ein zu enges Becken hatte und nicht Schweißfüße oder Hämorrhoiden.

Heiraten hieß *in matrimonium ducere,* der Mutterschaft zuführen. In seiner so direkt zur Sache kommenden Nüchternheit erinnert es an Deckpraktiken der Viehwirtschaft. Alkoholischer Genuß war den Frauen ganz verboten. Glücksspiel, Tanz und Gesang war selbst den Männern nur an bestimmten religiösen Feiertagen erlaubt und wurde als Pflicht und nicht als Vergnügen aufgefaßt. Noch Cicero schrieb: »Keinem Nüchternen wird es einfallen zu tanzen, es sei denn, er wäre verrückt.«

Man muß schon Studienrat an einem althumanistischen Gymnasium sein, um in dieser musischen Beschränktheit tugendhafte Größe zu sehen.

Die römische Sprache ist in ihrer nüchternen Klarheit ein reiner Zweckbau. Die alten römischen Götter waren zweckbestimmte Funktionsträger. (So gab es eine Gottheit Isipago, die den Kleinkindern die Knochen festigen sollte, und einen Gott Terminus, der auf die Grenzsteine der Bauern aufpaßte.) Auch die Bautätigkeit blieb auf Zweckbauten beschränkt. Als die Römer später zu politischer Macht gelangten, wünschten sie diesen Anspruch auch nach außen hin zu demonstrieren. Da sie keine eigene

Kunstform besaßen, importierten sie sie mit der ihnen gegebenen nüchternen Art von dort, wo es sie fix und fertig gab, also von den Griechen und den hellenistischen Städten des östlichen Mittelmeers. Griechenland bot sich um so mehr an, da man es sich gerade politisch unterworfen hatte und bei dieser Gelegenheit Schiffsladungen von Kunstwerken nach Rom als Beutegut gebracht hatte. In den Römern war dadurch eine zunehmende Liebe für griechische Formen geweckt worden. Da die römische Gesellschaft städtisch war, fand man in den hellenistischen Städten die architektonischen Ideen und Lösungen, die sich auch in Rom verwenden ließen.

Wie sehr man sich an Griechenland orientierte, beweist der Rechenschaftsbericht, den der römische Kaiser Augustus über die von ihm veranlaßte Neugestaltung der Stadt Rom herausgab. Mit Stolz berichtet er, wie er die Lehmstadt in eine Marmorstadt verwandelt habe, »ebenbürtig den Städten Griechenlands«.

Keine andere Epoche hat so rücksichtslos andere Kulturen geplündert wie Rom, aber – und man mag das als grausame Gerechtigkeit des Schicksals werten – kaum eine andere ist auch so brutal von ihren Nachkommen ausgeplündert worden wie Rom. Nicht nur, daß die Vandalen und Goten alles wegschafften, was beweglich und von Wert war. Die schlimmsten Räuber waren die Kirchenfürsten der späteren christlichen Ära. Sie benutzten die noch gut erhaltenen römischen Bauten als Steinbrüche für ihre Kirchen und Paläste. So wurden die alten Bronzetüren der römischen Kurie, durch die schon Caesar gegangen war, aus den Angeln gebrochen und in die Basilika San Giovanni in Laterano eingesetzt. Urban VIII. aus dem Haus Barberini plünderte das antike Rom so rücksichtslos, daß man sagte: »*Quod non fecerunt barbari, fecerunt Barberini.*« (Was die Barbaren nicht erledigt haben, haben die Barberini besorgt.) Den Höhepunkt der Geschmacklosigkeit auf diesem Gebiet aber leisteten sich die Nachfolger Petri, als sie die ehrwürdigen Gebeine des großen Kaisers Hadrian aus seinem Marmorsarkophag entfernten und diesen in die Peterskirche schafften, wo er noch heute als Taufbecken steht.

Die Römer besaßen eine Grundeinstellung zur Kunst, die sie von den bekannten Kulturen darin unterscheidet, daß sie alle schöpferischen Elemente – also das, was Kunst eigentlich ausmacht – völlig negierten. Kunstwerke waren für sie in erster Linie Dekoration. Ob es sich dabei um Originale handelte oder um billige Kopien, war gleichgültig und nur eine Preisfrage. Wichtig war nur der dekorative Wirkungswert. Die Kunst diente der staatlichen Macht und dem privaten Gepränge wie edle Pferde, schöne Frauen und kräftige Sklaven.

Und so wie Rom keine seiner politischen Macht entsprechende Kunst hervorgebracht hat, so hat es auch keine Architektur als Ausdruck einer Idee entwickelt. Zu keiner Zeit, außer der unsrigen, wurden so viele und so gigantische Zweckbauten errichtet. Nie zuvor wurde so viel Geld ausgegeben für Straßen, Aquädukte, Brücken, Kloaken-rohre, Rennbahnen, Sportplätze, Hallenbäder, öffentli-che Toiletten, Markthallen, Gladiatorenschulen, Bordelle und viele andere Zweckprojekte. Diese technisch gelunge-nen Ingenieurbauten können trotz Bogen und Tonnenge-wölben genau wie unsere Schlachthöfe, Gasanstalten und Kläranlagen keinen künstlerischen Anspruch erheben. Wenn wir in diesen Konstruktionen aufgrund ihres ehrwürdigen Alters und wegen ihrer gewaltigen Abmessungen heute Kunstwerke sehen, so ist das eine alberne posthume Aufwertung, die den Ruinen unserer Wurstfabriken und Straßenbahndepots vermutlich auch nicht erspart bleiben wird.

Denkwürdig ist, daß man sich im alten Rom, nicht wie wir es heute tun, mit den kunstlosen Konstruktionsgerüsten und funktionswichtigen Wänden begnügte, sondern ihnen Kunstattribute aufklebte, zum Beispiel Teile des griechischen Tempels. Diese wurden damit zu funktionslosem Kitsch wie ein Eisernes Kreuz auf der Brust eines halbstarken Motorrad-Rockers oder ein barocker Engel über einer Hausbar.

Ein gutes Beispiel hierfür ist das Flavische Theater in Rom, das wir wegen einer Kolossalstatue, die wir dicht daneben fanden, das Kolosseum nennen. In den mehr als zweihundert Bögen seiner Außenfassade standen überlebensgroße Marmorskulpturen griechischer Götter und Heroen. Diese Standbilder hatte man aus griechischen Tempelanlagen geraubt oder kopiert. Verglichen mit unserer Zeit wäre das etwa so, als wenn die Deutschen nach Hitlers Sieg über Frankreich die Originale oder Kopien der Heiligenfiguren von den Westportalen in Chartres und der Notre Dame nach Deutschland deportiert hätten, um damit die Außenfassade des Fußballstadions von Schalke 04 zu verschönern. Eine größere Geschmacklosigkeit ist eigentlich kaum denkbar.

In gleicher Weise, wie sich die Macht Roms ausbreitete, verbreiteten sich auch seine Ingenieurbauten mit hellenistischen Tempeldekorationen. Welch ein Unterschied zur griechischen Architektur!

In Griechenland waren die Tempelbauten so sehr Ausdruck eines tief im Religiösen wurzelnden Geistes, daß sie über alle nationalen Feindseligkeiten der Stadtstaaten erhaben waren. Selbst in so entgegengesetzten politischen Systemen wie Athen und Sparta blieb die architektonische Form des Tempels ein gemeinsames Anliegen.

Wie haben die Römer neben ihren Funktionsbauten ihre Tempel gestaltet? Sie übernahmen die Tempelform der Etrusker und bewahrten seine Grundform während ihrer ganzen Herrschaft. Als Erklärung sagten sie: »Die Götter wollen es nicht, daß die etruskische Tempelform eine Veränderung erfahre.« Nachzulesen beim römischen Historiker Tacitus.

Zusammenfassend kann man sagen:

Die Römer degradierten alle lebendige Kunst zu Bühnendekoration und Kitsch. Sie haben sich die griechische Kunst wie einen dekorativen Mantel umgelegt, aber unter der Hülle blieben sie immer sie selbst.

Aber gerade weil die Oberflächendekoration so sehr in den Vordergrund tritt, ist fast alles, was uns von den großen Bauten überliefert worden ist, unvollständig und skeletthaft. Wenn wir vom Rokoko nur die nackten Steinruinen besäßen, wenn die Decken- und Wandmalereien, die Stuckarbeiten, die kostbaren Holztäfelungen, die Gobelins, die Seiden- und Brokattapeten und all die anderen Kostbarkeiten verloren gegangen wären, wüßten wir nichts über diese Zeit, denn sie bestand hauptsächlich aus Oberflächenkunst. Ähnlich verhält es sich in Rom. Dafür haben wir einen wunderbaren Beweis:

Im Jahre 79 nach der christlichen Zeitwende brach der Vesuv aus. Er verschüttete die Städte Herkulaneum, Pompei und Stabiae. Dabei geschah das einmalige Wunder, daß ein Stück belebte Vergangenheit urplötzlich und so, wie es war, für die Nachwelt konserviert wurde. Die feine Lava-Asche, die alles umhüllte, wurde hart und erhielt alles, sogar die Form der Menschen im Augenblick ihres Sterbens. Die Körper zerfielen dann im Laufe der Jahrhunderte zu Staub. Der italienische Archäologe Fionelli kam auf den Gedanken, diese erhaltenen Hohlformen mit Gips auszugießen. Auf diese Weise gewann man die lebensechten Figuren der Menschen zurück. Man fand Liebende in leidenschaftlicher Umarmung und einen Mann, der in einem Laden gerade mit klingenden Münzen bezahlt.

Wie sahen die Häuser dieser Menschen aus?

Das Auffallendste an diesen Räumen ist ihre Farbigkeit und ihr reiches Interieur. Wenn auch alle Textilien zerfallen sind, so leuchten doch die Mosaike und Wandmalereien wie vor zweitausend Jahren. Die vorherrschende Raumfarbe war nicht wie bei uns weiß, sondern ein warmes Ockerrot, das man auf den frischen Putz spachtelte und versiegelte, indem man Bienenwachs mit einem Bügeleisen auftrug. Die Farben wirkten dadurch feucht und satt. Man erblickt auf diesen Wänden Landschaften, die sich perspektivisch öffnen und die Räume illusionistisch erweitern. Da spielen Putten zwischen Blüten- und Obstarrangements. Geheimnisvolle kultische Szenen wechseln mit sinnenfrohen Pornographien. Wenn man bedenkt, daß Pompei neben Rom nur ein Feriendorf war, so muß die Innenausstattung in der Hauptstadt um ein Vielfaches phantastischer gewesen sein. In Pompei erkennt man bestürzt, was für armselige Knochenfossilien die heutigen Ruinen sind, deren leuchtende Oberflächen unwiederbringlich verloren gegangen sind.

Für die Griechen war der architektonische Baukörper

wichtiger als der Innenraum. Die römische Baukonzeption geht vom Innenraum aus. Dabei spielte die Farbe die dominierende Rolle. Wir wissen von einer Statue des Jupiter auf dem Kapitol, die bunt bemalt war mit schweinsrosanem Gesicht, einen goldenen Blitz in der Faust und wie eine Schaufensterpuppe mit echten kostbaren Stoffen bekleidet. Alle Säulen am Kapitol waren goldlackiert, das Dach mit vergoldeten Bronzeziegeln gedeckt und die Hartholztüren mit Goldblech überzogen. Gold scheint überhaupt die bevorzugte Farbe Roms gewesen zu sein. Alle Triumphbögen und Siegessäulen waren papageienbunt. Das Forum Romanum, dessen Ruinen wir heute in klassischem Marmorweiß bestaunen, war zu Glanzzeiten des kaiserlichen Rom eine bunte Mischung aus süditalienischem Friedhofskitsch und farbiger Rummelbuden-Romantik. Wie überhaupt Rom für sich in Anspruch nehmen kann, die Erfinderin des Kitsches zu sein.

Die römische Basilika wird in allen Baugeschichten immer besonders hervorgehoben, weil man in ihr die wichtigste Vorstufe des christlichen Kirchenbaues sieht. In Rom hatte die Basilika keinen sakralen Charakter, sondern war eine Halle zur Abwicklung der Markt- und Handelsgeschäfte. Sie ist griechischen Ursprungs und wurde in den hellenistischen Städten entwickelt, wo sie meistens der Sitzungsort des Gerichtes war. Der Name Basilika leitet sich aus dem griechischen substantivierten Adjektiv, βασιλικη ab, von der *Stoa Basilikä, der* »königlichen Halle«.

Von dem Triumphbogen glaubt man allgemein, daß er eine ureigene römische Schöpfung sei. Diese steinernen Tore sahen damals ganz anders aus als heute. Sie trugen riesige vergoldete Figuren als oberen Abschluß. Die Triumphbögen, die heute mitten in der Stadt stehen, lagen immer am Anfang oder Ende einer Straße. So begann mit dem Titusbogen die Via Sacra. Andere hatten Eingangsfunktionen, wie der Trajansbogen am gleichnamigen Forum. Wir kennen 36 Triumphbögen des alten Rom. Diese Bögen waren nicht nur Siegesdenkmäler, sondern hatten vor allem eine sehr reale juristische Funktion. Auch sie waren Zweckbauten. Wenn die römischen Legionen außerhalb Roms kämpften, so unterstanden sie nicht dem römischen Gesetz. Sie mordeten, vergewaltigten und plünderten wie alle Heerhaufen der damaligen Zeit. Das Plündern und Rauben war ein wichtiger Teil der Heeresversorgung. Es gab noch keinen generalstabsmäßig organisierten Verpflegungsnachschub. Der Legionär war Selbstversorger. Er mußte Beute machen, um satt zu werden. Wenn diese ungezügelten Horden zurückkehrten, so war ihre Einordnung unter das Gesetz der städtischen Gesellschaft immer wieder ein Problem. Der heimkehrende Legionär unterwarf sich mit dem Durchschreiten des Triumphbogens wieder dem bestehenden Recht. Aus dem »Vandalen« wurde wieder ein Bürger.

Wie sehr der Römer bei all seinen Baukonzeptionen vom Innenraum ausgeht, erkennt man vor allem im Städtebau. So wie diesen Menschen der Innenraum eines Bauwerks wichtiger war als die ihn umgebende Baumasse, so war ihm auch im Städtebau der Raum zwischen den Häusern wichtiger als die Gebäude. Deshalb sind die bedeutendsten architektonischen Schöpfungen in Rom Plätze.

Das Forum Romanum war der Mittelpunkt und das Herz des römischen Imperiums. Es gab dort einen Stein, von dem aus man alle Entfernungen in die Welt maß. Schon in den frühen Morgenstunden strömte das Volk zum Forum, sei es wegen der Geschäfte und Prozesse oder um einen bedeutenden Politiker reden zu hören oder einfach nur um Freunde zu sehen oder um gesehen zu werden. Schon zur Zeit des republikanischen Roms fanden hier alle Prozessionen, Gerichtsverhandlungen und Wahlkundgebungen statt. Unter Caesar, Augustus und Tiberius erhielt dieser Platz seinen monumentalen Charakter. Hier entschieden Männer wie Sulla, Cato, Cicero, Caesar und viele andere über das Schicksal der Welt.

Es ist eine eigenartige Tatsache, über die es sich lohnt nachzudenken, daß der Mittelpunkt des römischen Reiches nicht ein Tempel, ein Palast, eine Reichskanzlei oder sonst irgendein Gebäude war, sondern ein Platz.

Bis in die Gegenwart gibt es in keiner Stadt der Erde so viele und so vollendete Plätze wie in Rom. Der Römer war von einer fast pathologischen Platzbesessenheit. Während sich andere Mächtige in der Welt Bauten als sichtbares Symbol ihres Machtwillens errichten ließen, schufen die Kaiser des römischen Imperiums sich Plätze. So gibt es in Rom das Caesar-Forum, das Trajans-Forum, das Augustus-Forum, das Nerva-Forum, das Forum des Vespasian und viele andere. Um sein Forum zu verwirklichen, mußte Caesar so viele Privathäuser enteignen lassen, daß ihn das Projekt mehr als eine Million Sesterzen kostete. Das sind nach heutiger Kaufkraft mehr als eine Milliarde Dollar. An dem Forum des Augustus wurde noch ein ganzes Jahrhundert nach seinem Tod weitergebaut. Um diesen Platz ließ Augustus eine Mauer aus feuerfestem Material ziehen, um ihn vor den Bränden zu schützen, die regelmäßig in den übervölkerten Stadtteilen ausbrachen.

Mochten die Bauten ruhig in Schutt und Asche zerfallen, solange nur die Foren als kunstvolle Innenräume der Stadt erhalten blieben. An den Bauten, die die Plätze umgaben, waren nur die Fassaden wichtig, die man vom Platz aus sehen konnte. Die abgewandten Außenwände waren nicht einmal verputzt.

Die beliebteste Wohnhausform der Römer war das Atriumhaus. Und auch hier ist der platzartige Innenhof der wichtigste Teil des ganzen Hauses. Hier lebt man.

Letztlich sind auch die Rennbahnen, die Stadien, das Kolosseum, der Circus Maximus nichts weiter als riesige Plätze und Innenräume für das Volk von Rom.

Alle großen Plätze waren wie die Festräume der Bauten mit Edelhölzern und wertvollen Stoffen geschmückt, sonst hätte man sie nicht so sorgfältig gegen Feuer geschützt. Wer heute in der ovalen Arena des Kolosseums steht, erfährt nur noch einen schwachen Eindruck von diesem Bauwerk, denn es fehlt ihm das Wichtigste: das Dach, das *velarium*. Das Velarium war ein riesiges Segeltuch als Schutz vor der brennenden Sonne. Das Aufziehen dieses Zeltdaches oblag der kaiserlichen Flotte. Das Hissen und Reffen dieses größten Topsegels aller Zeiten war eine höchst komplizierte Operation und verlangte eine hohe technische Ausbildung. Nicht nur das Ausmessen und Plazieren der Einzelteile und die Bedienung der Hebelmaschinerie, sondern auch die richtige Verteilung der hundertfachen Arbeitskräfte und ihr gleichzeitiger Einsatz verlangten absolute Präzision und militärischen Drill. Für die Montage benötigte man 2400 Matrosen, die zweimal jährlich mit Kriegsschiffen den Tiber heraufgebracht wurden. Das Auftakeln des Velariums erforderte mehr technisches Können als das Errichten eines Gebäudes. Es wird berichtet, daß der Wind in diesen Velarien einen unbeschreiblichen Krach verursacht haben soll. Es ist mehr als wahrscheinlich, daß auch die Kaiserforen mit ähnlichen Segeldächern überspannt waren. Diese Tatsache ist deshalb so erwähnenswert, weil sie wieder einmal beweist, wie bruchstückhaft die heutigen Ruinen sind.

Es gab im Kollosseum Kampfspiele, die hundert Tage dauerten und bei denen – wie der antike Schriftsteller Dion Cassius berichtet – 9000 wilde Tiere und 2000 Gladiatoren ihr Leben ließen. Das Knattern des Windes in dem riesigen Zeltdach, das Gebrüll der Tiere und das emphatische Geschrei der Zuschauer soll man noch eine Tagesreise außerhalb Roms vernommen haben. Um seinen Sieg über die Draker zu feiern, ließ Trajan 11 000 wilde Tiere und 10 000 Gladiatoren kämpfen. Antonius Pius brachte sogar Tiger, Elefanten, Giraffen, Krokodile und Nilpferde in die Arena. Nero ließ Verbrecher, Kriegsgefangene und Christen als lebende Fackeln brennen oder warf sie als Futter den Löwen zum Fraß vor.

Wie ist es möglich, daß ein Kulturvolk mit so ausgeprägten humanen Idealen wie Recht, Sitte, Ordnung und Gesetz sich zu solchen Orgien der Brutalität hinreißen lassen kann? Es ist eine eigenartige Erscheinung, daß die Naturvölker oder sogenannten Primitiven ein völlig anderes Verhältnis zum Leid und Mitleid haben als wir. So werden bei den Ritualtötungen in Afrika vom lebenden Opfer Augen, Ohren, Nase und Zunge abgeschnitten, ohne daß einer der Anwesenden Mitleid empfindet. Das gleiche Phänomen findet man bei den nordamerikanischen Indianern, die nur deshalb Kriege führten, um Kriegsgefangene am Marterpfahl opfern zu können.

Die Gladiatoren bestätigen eigentlich nur, was uns die

Bauten bereits verraten haben: Die Römer waren im Grunde ihres Wesens noch ein Naturvolk von primitiven Wilden, deren hervorstechendste Eigenschaft es ist, daß ihnen der schöpferische Impuls fehlt, Architekturen als Ausdruck einer Idee zu errichten.

Die blinde Vertragstreue der Römer, ihre Kampfestugend, ihr Ehrgefühl, das alles sind Tugenden, die man auch bei Zulus und Irokesen antrifft. Und hier wie dort sind der Krieg und die Marterspiele ein wichtiger Bestandteil des Lebens.

Vielleicht haben manche junge Völker auf einer bestimmten Entwicklungsstufe mehr Energie, als sie ausleben können. Sie müssen sich in Kämpfen austoben oder in Aggressionen. Es ist gewiß kein Zufall, daß in dem sadistisch geprägten Bannkreis Roms eine neue Ideologie geboren wurde mit extrem masochistischer Todessehnsucht. Während es für den Römer nichts Erregenderes gab, als mit dem Schwert dreinzuschlagen, zu erobern oder sich daran zu ergötzen, wie Mensch und Bestie sich in der Arena zerfleischten, so waren die Christen beseelt von dem Wunsch, zu leiden und wie ihr gekreuzigter Heiland das Martyrium auf sich zu nehmen. Mit dem Christentum und Rom begegnen sich zwei Kräfte, die absolut entgegengesetzt sind und sich dennoch vollendet ergänzen, weil der Masochismus nichts so sehr braucht wie den Sadismus und umgekehrt. Aus dieser ergänzenden Gegensätzlichkeit wird die Kultur des christlichen Abendlandes geboren, nicht aus der Ehe des alten Rom mit dem jungen germanischen Blut. Der Unterschied zwischen den römischen Barbaren und den germanischen bestand in Wahrheit nur an der sichtbaren Oberfläche. Die Teutonen und Vandalen waren von dem gleichen militärischen Sendungsbewußtsein erfüllt wie das alte Rom und benahmen sich bei ihrem Einfall in die Ewige Stadt nicht viel anders als die Römer bei ihrem Einmarsch in Griechenland, sie plünderten und kopierten fremdes Kulturgut.

Nach der sieg- und ruhmreichen Regierungszeit Trajans kam ein Kaiser an die Macht, der unter dem völlig unrömischen Leitmotiv regierte: Frieden auf Erden! Er gab freiwillig fast alle Eroberungen Trajans auf, um zukünftige Kriege zu vermeiden. Er richtete eine soziale Fürsorge ein und besuchte höchstpersönlich Kranke und Alte. Er verabscheute jeden Luxus und trug einen Vollbart. Das war eine Revolution, denn seit einem halben Jahrtausend ging die antike Welt glattrasiert. Eine Ausnahme bildeten nur die Philosophen. Hadrian übertrug in christlicher Nächstenliebe den Begriff der *humanitas* auch auf die Sklaven und verbot mit puritanischer Prüderie, daß Frauen und Männer gemeinsam die Bäder besuchen durften. War Hadrian ein Christ?

Nein, keinesfalls, aber die Zeit war reif fürs Christentum. Die Verkörperung des neuen Welterlebens offenbart sich am deutlichsten in einem Bauwerk, dem Pantheon. Seine Kuppel ist die größte, die je aus Mauerziegeln errichtet worden ist. Dieser Tempel ist weder ein unbeseelter Zweckbau noch eine griechische oder etruskische Kopie. Solch einen Tempel hatte es noch nie gegeben. Eine neue Ära hatte begonnen. Das Pantheon sollte ein Tempel für alle Götter sein. Schon gab es einen Altar für den unsichtbaren Gott der Christen.

Zwischen dem Triumphbogen des Trajan und dem Pantheon seines Nachfolgers Hadrian vollzieht sich ein geistiger Umbruch, den wir ohne das Pantheon nicht mehr nachempfinden könnten.

Es gibt eine Skulptur als Wahrzeichen der Ewigen Stadt Rom. Das ist die kapitolinische Wölfin, die Romulus und Remus säugt. Diese Wölfin ist in Wahrheit eine etruskische Plastik, die sehr viel älter ist als Rom. Die saugenden Knaben unter der Wölfin wurden von einem christlichen Barockbildhauer sehr viel später hinzugefügt. Nichts an dem Wahrzeichen Roms ist römisch, und doch ist es ein echtes Wahrzeichen, denn Rom besaß die ganze Welt, nur nicht sich selbst. Politisch betrachtet war das *Imperium Romanum* ein gewaltiges Ereignis, das die Welt veränderte, aber vom künstlerischen Standpunkt aus war Rom eine geistige Sonnenfinsternis ohnegleichen. Über dieser Zeit stehen die Worte Vergils aus dem 6. Buch der Aeneis:

Bist du ein Römer, so sei dies deine Mission:
Regiere die Welt, denn du bist ihr Herr.
Gib dem Frieden Ordnung und Gesetz.
Begnadige, die sich gehorsam unterwerfen,
Und zerschlage, was sich dir in den Weg stellt.

Rom ist eine große Lehrmeisterin für Hoch- und Tiefbauingenieure, für Militärstrategen, Juristen, Verwaltungsbeamte und Realpolitiker. Die Zeitgenossen Petrarcas, Goethes, Gogols und Stendhals, die die besten Jahre ihres Lebens damit verbrachten, im antiken Rom die Wurzeln der abendländischen Kultur zu ergründen, hätten besser daran getan, wenn sie dort gesucht hätten, wo auch die Römer gesucht haben, nämlich in Griechenland und in den hellenistischen Stadtstaaten Kleinasiens.

Die Gottesburg

Die Gesetze der Romanik
richten sich nicht nach der Logik,
sondern nach der Vision
Ortega y Gasset

Zwischen der Romanik und der Gotik,
die häufig in einem Atemzug genannt werden,
liegen geistige Welten.
Die Romanik entstand in einer
dichten Waldlandschaft.
Die Krypta wurde als ein
geistiges Kernkraftwerk erlebt.
Warum sind die romanischen Bauten
von einem Punkt her
kollektiv organisiert?
Die Welt unserer Märchen stirbt.
Die Nationalstaaten
werden geboren.

Die Romanik und die Gotik werden häufig in einem Atemzug als die großen gemeinsamen Stilrichtungen des Mittelalters genannt. Die Romanik, das war die Zeit der Kaiser und Ritter. Die Gotik war das Zeitalter der Päpste. In unseren Schulbüchern steht noch heute der Satz:»Der gotische Stil ist aus dem romanischen hervorgegangen als Folge der Erfindung des Spitzbogens und des Kreuzrippengewölbes.« Was für ein Unsinn!

Zwischen der Romanik und der Gotik liegen geistige Welten. Zwischen beiden Epochen verläuft eine Grenze, die man zu den allerwichtigsten Einschnitten in der europäischen Geschichte überhaupt zählen muß.

Heute stehen sowohl die romanischen als auch die gotischen Kirchen mitten im Verkehr unserer Städte. Man unterscheidet sie nur durch ihren Stil. Die romanischen Kirchen aber entstanden in der unberührten Einsamkeit der riesigen Waldlandschaft, die bis zur Mitte des 12. Jahrhunderts Mitteleuropa beherrschte. Die jahrtausendealten Wälder Germaniens und Galliens waren noch vorhanden.

Die gotischen Kathedralen dagegen wurden in einer ganz anderen Welt errichtet, nämlich in der Stadt und für die Stadt als deren Herz und Mittelpunkt.

Bis zum Ende der Romanik spielte sich noch alles Leben in dichten Wäldern ab. Das raunende Dämmerdunkel der großen Wälder umhüllte alles. Diese alles beherrschende Landschaft, von der wir heute kaum noch wissen, prägte das Bewußtsein des Mitteleuropäers wie die arabische Wüste die Geisteswelt der Beduinen. Und genau so wie der Islam noch heute von der Kraft der Wüste zehrt, so leben auch wir noch heute von der Elementargewalt der Waldlandschaft, die zwar ausgerottet wurde, aber in uns weiterlebt, denn die Landschaft, in der der Mensch lebt, ist nicht nur Umgebung. So wie der Mensch in der Landschaft lebt, so lebt sie auch in ihm. Die romanische Kultur ist aber nicht nur Ausdruck eines untergegangenen Landschaftszustandes, sondern vor allem das eines verlorengegangenen Bewußtseinszustandes in den Seelen der Menschen.

Dieser Verlust des alten Waldbewußtseins ist eine gewaltige Tatsache, an der unsere kulturgeschichtliche Lehrmeinung mit erstaunlicher Nichtachtung vorübergeht. Ohne das Wissen um diese Zusammenhänge ist jede Darstellung der vormittelalterlichen Zeit falsch. Man geht heute allgemein von der unrichtigen Annahme aus, daß die Menschen vor dem 12. Jahrhundert genauso dachten und fühlten wie in der Ära der bürgerlichen Kultur, die mit der Gotik begann und in unserem Jahrhundert stirbt.

Die vorgotische Erlebniswelt unterscheidet sich so grundsätzlich von der nachfolgenden wie Griechenland von Ägypten. Ähnlich wie beim Kleinkind gingen mit dem Erwachen des Intellekts die traumhaft verwobenen Kräfte verloren.

Die Menschen erlebten die Natur noch durchdrungen von überirdischen Kräften. Zwerge, Riesen, Elfen, Alraunen, Einhörner, Drachen und Nymphen lebten in dieser Wunderwelt. Aus ihr stammen unsere Märchen und Sagen.

In der Parsivalerzählung, im alten Nibelungenlied und in den nordischen Sagen lebt dieses Landschaftserlebnis der großen Wälder. Es endet mit der Romanik.

Von allen Kulturperioden unserer Breiten ist die Romanik diejenige, von der wir am wenigsten wissen. Das, was überliefert wurde, haben spätere Jahrhunderte nicht mehr zu begreifen vermocht. Diese Zeit ist deshalb so schwer verstandesmäßig zu erfassen, weil ihre formgebenden Kräfte außerhalb unseres intellektuellen Kopfdenkens liegen. Die Romanik erlebte Wunder noch als Realität. Eine Krypta mit den Reliquien eines großen Heiligen war für diese Menschen ein geistiges Atomkraftwerk.

Wie haben diese Waldbewohner gebaut?

Wir wissen so gut wie nichts über die Bauten der vorromanischen Zeit. Es scheint so, als hätten die Menschen im mittleren Europa ein halbes Jahrtausend nicht gebaut, als hätten sie Rom und Griechenland vergessen.

Wie ist das möglich?

Es liegt an der Vergänglichkeit des Baumaterials, daß uns diese Welt für immer verlorengegangen ist. Der Bischof von Poitiers, der im sechsten Jahrhundert die Gegend zwischen Rhein und Mosel bereiste, berichtete begeistert von den kunstvollen Holzbauten. Sie müssen noch vielmehr als alle Steinbauten im Einklang mit der Natur gestanden haben, denn sie waren ja auch stofflich ein Teil der sie umrahmenden Wälder.

Bis zum Ende der Romanik war eine Kirche ausschließlich Gotteshaus. Wie in allen alten Religionen war sie Heiligtum und Wohnsitz der göttlichen Allmacht. Mit der Gotik wurde daraus allmählich der Versammlungsplatz der Gemeinde, die Predigtkirche der Reformation. Die romanische Kirche war keinesfalls für die Gemeinde bestimmt. Das Wunder der göttlichen Anwesenheit ereignete sich auf den Altären in unberührter Stille. Es wurde vom Priester für die Gläubigen vollzogen, ohne daß diese anwesend zu sein brauchten. Erst mit dem Erstarken des intellektuellen Denkens wurde der Gottesdienst als geheimnisvolle kultische Handlung immer mehr verdrängt von der Predigt, die an den Verstand appelliert.

Die Teilnahme der Gemeinde am Gottesdienst war auf wenige Tage im Jahr beschränkt. Taufe und Abendmahl waren außergewöhnliche Höhepunkte im Leben des Volkes. Da aber, wo die Menschen Zugang zum Gottesdienst hatten, standen sie so weit entfernt vom Altar, daß sie der heiligen Handlung sowieso nicht folgen konnten. Sie erlebten alles nur aus der Ferne.

Um das Wesen der romanischen Kirche zu verstehen, muß man mit dem alten östlichen Christentum in Berührung gekommen sein, das sich in bewußtem Gegensatz zum Islam vor jedem Intellektualismus verschlossen hat. Besinnung und Stille, Andacht und Verehrung sind hier wichtiger als das Verständnis der Schrift oder die Predigt des Wortes. In Istanbul und Athen findet man orthodoxe Kirchen, die so klein sind, daß nur die Priester in ihnen Platz finden. Das Volk versammelt sich um das Gotteshaus, ohne mit den fünf Sinnen an der heiligen Handlung teilnehmen zu können.

Die frühen romanischen Kirchen waren in diesem Sinn erbaut worden. Die meisten Gotteshäuser bestanden nur aus einem quadratischen Turm. Allein in Württemberg gibt es noch über hundert dieser sogenannten Ostchortürme. Sie sind so klein, daß man lange Zeit annahm, nur die Türme dieser Bauten wären aus Stein gewesen. Der übrige Bau aus Holz sei im Laufe der Zeit verfallen, abgebrannt oder umgebaut worden. In Wirklichkeit aber waren sie niemals größer, denn die Romanik benötigte für ihre Gotteswohnungen keine größeren Räume.

Wenn später die romanischen Dome größer waren, so lag das an der vielköpfigen Gemeinschaft der Priester und

Mönche und an der Repräsentationsfreudigkeit der jungen Kirche, die auch nach außen hin die Allmacht Gottes sichtbar machen wollte, besonders wenn es sich um Bischofssitze oder um den Aufbewahrungsort wertvoller Reliquien handelte.

Bei den alten germanischen und keltischen Stämmen lag das Heiligtum immer abseits der Siedlungen und Einzelgehöfte. Man traf sich dort nur an besonderen Festtagen, um Opfer darzubringen.

Genau so verhält es sich mit den frühen christlichen Kirchen, die fast alle an den Plätzen alter heidnischer Heiligtümer errichtet wurden; um den Sieg über die alten Götzen auch weithin sichtbar zu demonstrieren und aus Ehrfurcht vor der Heiligkeit des geweihten Ortes, denn die heidnischen Heiligtümer waren niemals willkürlich in die Landschaft gesetzt worden. Sie standen immer an Plätzen, die ganz besondere kosmische Brennpunkte waren. Sie waren immer auf bestimmte Gestirne bezogen und lagen auf Schnittlinien von unterirdischen Wasseradern oder orientierten sich an Erdstrahlen. Auch Ameisen und Termiten errichten ihre Bauten nicht willkürlich irgendwo, sondern stets auf dem Schnittpunkt von Wasseradern. Man kann heute mit modernem technischem Gerät nachweisen, daß sie das tun, aber man weiß nicht, warum das so ist. Genauso verhält es sich mit den alten heidnischen Heiligtümern, auf denen die ersten christlichen Kirchen erbaut wurden.

Das Christentum der vorromanischen Zeit war etwas völlig anderes als das, was wir heute darunter verstehen. Die Kräfte des Kosmos spielten eine dominierende Rolle. Der Gottesdienst hatte magischen Charakter. Der romanische Dom ist die letzte Bauform in Europa, in der Menschen Wunder noch wirklich erlebten.

Der geheimnisvollste Teil des Domes war die unterirdische Krypta, ein kellerartiges Gewölbe unter dem Altarbereich, in das niemals Tageslicht fiel. Die Krypta steht in geheimnisvollem Zusammenhang mit dem Reliquienkult. Hier erfolgte die Preisterweihe.

Für die Menschen dieser Zeit war die Reliquien-Krypta das gleiche wie für uns ein Atomkraftwerk, nämlich eine ungeheure Energiequelle. Reliquien sind Körperteile von Märtyrern, die für Christus ihr Leben gaben. Durch sie geschehen göttliche Wunder.

Bei der Weihe von St. Michael, dem Hildesheimer Dom, im Jahre 1015 wurden 66 Reliquien beigesetzt. Als der Körper des Heiligen Vitus von Franken nach Sachsen gebracht wurde, »begann das Reich der Franken zu zerfallen, und das der Sachsen nahm an Macht und Wohlstand zu«. Dieser Bericht stammt von einem Zeitgenossen Widukinds und beweist, welchen Wert die Sachsen den Reliquien beimaßen. Thietmar berichtet, daß im Jahre 960 der Leib des Heiligen Mauritius nach Regensburg gebracht und Otto dem Großen überreicht worden sei »zum Heile des ganzen Landes«.

Eine Kirche wurde nur dann zum Gotteshaus, wenn sie mindestens eine Reliquie enthielt. Bernhard von Hildesheim nahm in Rom aus dem geöffneten Sarg des Heiligen Timotheus den linken Arm an sich. Für den Kaiser brachte er den ganzen Körper des Märtyrers Exuperatius mit, ein ungeheurer Besitz, wenn man bedenkt, daß schon dem kleinen Finger gewaltige Wunderkräfte innewohnten. Die Gräber der Märtyrer wurden so bewacht wie heute die Tresore unserer Banken. Es gibt Hunderte von Berichten aus dieser Zeit, die von Wundern berichten. Bei der Feuersbrunst von Hamburg im Jahre 983 sahen Tausende von Augenzeugen – so sagt der zeitgenössische Bericht – wie sich eine Hand aus der Höhe herabsenkte und die Reliquien der Heiligen vor den Flammen rettete. Man kann solche Berichte nicht nur als platte Lügenberichte belächeln. Sie beweisen einen Glauben – und damit eine seelische Kraft –, die für diese Zeit wirklich und gültig war. Das Übersinnliche wurde konkret erlebt. Josef Grantner nennt die Romanik eine »Kunst der Visionäre« und ihre Werke »Gespräche mit Gott«.

Der romanische Dom ist eine Art Überraum. Er wurde nicht für Menschen konzipiert und erbaut. Im Inneren der Kirchen war es so dämmrigdunkel, daß man nur die Umrisse der Gegenstände zu erblicken vermochte. Die schießschartenhaften kleinen Fenster waren mit dickem trübem Glas besetzt, das selbst bei Sonnenschein nur einen schwachen Lichtschimmer durchließ. Glas war kostbarer als Silber. Die Maler und Steinmetzen malten und formten in diesen Räumen nicht für menschliche Zuschauer. Ihr Schaffen war Gottesdienst und ihre Werke Opfergaben für die Gottheit. Die Malereien waren meistens so hoch oben an den Wänden der dunklen Längsschiffe angebracht, daß man sie nur zu erahnen vermochte.

Die romanischen Plastiken stehen in scheinbarem Gegensatz zur erhabenen Schlichtheit und dem tiefen Ernst der Architektur. Da wimmelt es von Kobolden und phantastischen Fabeltieren. Wie vereinbaren sich diese Affen, Drachen, Schlangen, ekelhaften Fratzen, Monster, Gnome, Krüppel und nacktärschigen Exhibitionisten mit dem feierlichen Ernst des Hauses? Es gibt zahllose Versuche, diese Fabelgestalten zu deuten. Die meisten sehen in diesem Fieberspuk Allegorien, die die menschlichen Triebe symbolisieren sollen. Das ist falsch. So wie es in der romanischen Kirche noch keine Predigt gibt, so gibt es auch keine gemalte oder geformte Belehrung, die über den Intellekt Einfluß auf die Gemeinde ausüben will und kann.

Es gibt nur eine Welt, in der diese Spukgestalten zuhause sind. Das ist unsere dem Unterbewußtsein verhaftete Welt der Träume, des Rausches, des Fieberdeliriums, der Märchen und der Sagen, die wir alle schon erlebt haben, aber von der wir glauben, daß das Ganze nur eine Einbildung von Kindern, Betrunkenen und Verrückten sei. Vielleicht aber werden einmal spätere Generationen über uns den Kopf schütteln, weil wir Lichtwellen, Atomkerne und schwarze Löcher für Realitäten gehalten haben. Es gibt nichts Verfänglicheres als Tatsachen oder das, was wir dafür halten. Fast alle exakten Erkenntnisse, die frühere Zeiten gemacht haben, sind irgendwann einmal von nachfolgenden Generationen widerlegt worden. Es wird uns auch nicht anders ergehen. Alle Wahrheiten – auch wenn sie auf scharfer Beobachtung und wissenschaftlicher Beweiskraft beruhen – sind vergänglich. Das ändert aber nichts an der Tatsache, daß sie für die Menschen einer bestimmten Zeit einmal wahr gewesen sind. Erst heute, wo die fortschrittsgläubige Epoche des bürgerlichen Individualismus zu Ende geht, erahnt man wieder die Größe der Romanik. Denn so wie man aus einem Bauwerk Rückschlüsse auf seine Zeit ziehen kann, so lassen sich auch Erkenntnisse daraus gewinnen, wie die nachfolgenden Generationen zu der Architektur einer bestimmten Zeit stehen. Noch bis zum Ersten Weltkrieg begeisterten sich die Menschen vor allem an den gotischen Bauten. Sie sahen in ihnen vor allem ihre eignen Ideale, die emporstrebende »Sehnsucht nach Licht und Klarheit«. Im 19. Jahrhundert schlugen die Wogen der Begeisterung für die Gotik so hoch, daß man sie nicht nur überall kopierte, sondern sogar die bestehenden alten unvollendeten Kathedralen mit Millionen-Aufwand vollendete, wie den Kölner Dom.

Dagegen fand man die romanischen Bauten primitiv, dumpf und der Erde verhaftet. Selbst ein Mann wie Goethe, der die Gotik vergötterte, besaß keinen Blick für die romanischen Bauwerke.

Die Gotik verkörperte den Intellekt, die Stadt, den erstarkenden Individualismus und den Fortschritt. Die Romanik dagegen galt als Ausdrucksform des Mythos, der Waldlandschaft als krassen Gegensatzes zur Stadt und des Kollektivs. Man empfand sie als fortschrittsfeindlich, und das war sie auch. Aus dem Gesagten wird klar, warum die Regenten des 18. und 19. Jahrhunderts sich in gotischen Kathedralen krönen ließen und der Nationalsozialismus die romanischen Dome, wie den Braunschweiger, zu Reichsweihestätten erklärten.

Man macht sich überhaupt ein falsches Bild von der Romanik. Es gab weder einen allgemein verbreiteten Reichsgedanken noch irgendein großes Zusammengehörigkeitsgefühl. Das heutige Deutschland bestand aus vielen verschiedenen Stämmen. An ihrer Spitze standen Stammeshäuptlinge, die sich Herzöge nannten. Die Stämme waren viel älter als Kaiser und Reich oder König und Volk. Daß die Stämme überhaupt zu einem losen Verband wurden, lag einzig und allein an der Kirche. Die Bischöfe und Äbte waren am Reich interessiert, weil sie außerhalb der Stämme standen. Sie waren die Träger aller geistigen Bildung. Der altdeutsche König war kein unumschränkter Herrscher. Er brauchte für alle Entscheidungen die Zustimmung der Adligen. Die ganze Staatsmacht beruhte auf freiwilligem Gehorsam. Niemand konnte gezwungen werden. Der König besaß weder eine Polizei noch ein Heer. Deshalb appellierte er an die Treue. Aus diesem Grund ist auch die Treue das Fundament aller Tugenden. Das Nibelungenlied, das um 1200 entstand, ist das Hohelied der Vasallentreue, Freundestreue und Gattentreue.

Man lehrt immer noch allgemein, daß Kaiser und Ritterschaft Träger der weltlichen Macht gewesen seien. Aber selbst auf weltlichem Gebiet war die Kirche mit Abstand überlegen. Bistümer und Klöster waren die Hauptträger des Heeresbudgets. Die Kirche war unermeßlich reich. Fast unübersehbar waren die Besitztümer der großen Klöster wie Lorsch, Fulda, Reichenau und St. Gallen.

Als Kaiser Otto II. im Jahre 982 zum Kampf gegen die Araber in Unteritalien aufrief, stellten die Bischöfe und Äbte mehr als doppelt so viel Gepanzerte als alle weltlichen Großen zusammen. Sowohl an materiellen als an ideellen Kräften war die Kirche der größte Machtfaktor in Mitteleuropa.

Als Reich und Kirche zu Feinden wurden, war das deutsche Kaisertum zum Untergang verdammt, weil ihm das vereinigende Element fehlte. Nach dem Tode Friedrichs II. im Jahre 1250 gab es ein halbes Jahrhundert lang überhaupt keinen Kaiser mehr. Das deutsche Kaisertum war überflüssig geworden und als politische Macht erloschen.

Kaiser und Papst waren keine wirklichen Gegner. Die Kirche vermochte sehr wohl ohne die Kaiser auszukommen, was man umgekehrt nicht behaupten kann. Die Bischöfe waren sowohl weltliche als auch geistliche Machthaber. Sie bauten nicht nur Kirchen und Klöster, sondern vor allem Burgen. Sie waren Politiker und Feldherren.

Bischof Ulrich von Augsburg verteidigte mit eignen Truppen seine Stadt gegen die Ungarn. Und Bischof Bernhard von Hildesheim schlug sich im Jahre 1001 in blutigen Straßenschlachten quer durch Rom vom Aventin bis zur Engelsburg durch. Die Kirchenmänner jener Tage waren Realpolitiker. Träger aller Kultur waren die Domschulen und die Klöster. Sie formten das geistige Leben. Nur die Bischöfe und Äbte errichteten Bauwerke, denn nur sie waren seßhaft. Könige und Kaiser hatten nicht einmal ständige Residenzen. Sie zogen wie die Nomaden durchs Land und waren mit ihrem Gefolge mal in einer Reichsabtei, mal bei einem Bischof zu Gast. Es ist nicht richtig, wenn wir heute die großen Kirchen dieser Zeit als Kaiserdome bezeichnen.

Adel und Klerus durchdrangen sich gegenseitig. Beide waren aristokratisch, denn auf beiden Seiten waren alle wichtigen Ämter dem Adel vorbehalten. Beide waren sowohl weltliche als auch geistliche Machthaber. Für diese Herrenmenschen war selbst der Gekreuzigte kein gequälter und gedemütigter Heiland, sondern ein Held. Deshalb hängt er nicht leidend und halbnackt am Kreuz, sondern steht stolz mit offenen Augen und ausgebreiteten Armen wie ein Herrscher vor dem Kreuz.

Kulturell war die ganze Welt der Romanik noch eine große heilige Einheit. Sie war im Gleichgewicht. Mythos und Intellekt, Diesseits und Jenseits, Individuum und Kollektiv hielten sich für einen historischen Augenblick die Waage.

Zu keiner Zeit hat es im Herzen von Europa je eine so vollkommene Architektur gegeben, von außen und von innen gleichermaßen so harmonisch und vollendet.

Der ägyptische Tempel war nur ein ausgehöhlter Block. Er besaß nur eine Innenkonzeption. Der griechische Tempel war nur nach außen gewandt. Im romanischen Dom aber ordnen sich Räume kraftvoll zueinander, innen und außen voller Wohlklang und Gleichgewicht. Türme, Langhaus und Seitenschiffe sind ein Kollektiv wie das Heilige Römische Reich Deutscher Nation. Der Kaiser war kein Gottkönig wie der Pharao, und das Reich war keine Demokratie im Geiste Athens. Der Kaiser war unter seinen Fürsten Gleicher unter Gleichen. Er wurde getragen von ihrem guten Willen. Alle lebten aus diesem feinen Zusammenspiel. Die Romanik endet genau dort, wo dieses Gleichgewicht gestört wird. Die vertikalen Kräfte dominieren über die horizontalen, die inneren über die äußeren. Der Intellekt siegt über den Glauben, das Individuum über das Kollektiv.

Mit dem romanischen Dom glühen noch einmal die Kräfte auf, die ihre Wurzeln nicht in der Logik haben, sondern im Wunder. In diesem Bau leben Kräfte, von denen unsere derzeitige Schulwissenschaft nicht einmal zu träumen vermag. Wenn es uns gelingen sollte, sie wieder zu entdecken, so würden sie unsere Zeit mehr verändern als der Flug in den Weltraum.

Die romanischen Dome sind die letzten Bauwerke in Europa, die nicht für Menschen gebaut wurden, sondern für eine Gottheit, die als kosmische Kraft erlebt wurde und sichtbare Wunder vollbrachte. Mit der Romanik enden die übermenschlichen Architekturen.

Zum Fortschritt besaß die Romanik kein Verhältnis. Wichtig war nur das Überlieferte, Zeitlose. Die Bekräftigung der bekannten Wahrheiten war wichtiger als Originalität. Alle höheren Werte standen unumstößlich fest.

In der Erziehung wurde nur wenig Wert auf die Ausbildung der Verstandesgaben gelegt. Selbst die Aristokratie erlernte weder Lesen noch Schreiben. Die Erziehung galt dem Körper und der Seele. Das Tugendideal war eine verhaltene, zurückgestaute Kraft, die den Menschen von innen her verwandelt. Die gleiche raumbildende Kraft lebt in den Bauten.

Das Alltagsleben war für unsere Begriffe unglaublich primitiv. Fast die gesamte Bevölkerung war in der Landwirtschaft tätig. Gepflügt wurde nicht mit Pferden, sondern mit Ochsen. Zum Eggen wurde ein Baum umgehackt und übers Feld geschleift. Weizen und Roggen wurden in mühseliger Handarbeit mit der Sichel geschnitten. Das Rechtsdenken wurde ganz vom altgermanischen Gottesurteil bestimmt. Man überließ es Gott, die Schuld eines Angeklagten darzulegen. Dabei unterwarfen sich die Wehrfähigen dem Zweikampf. Für alle anderen gab es die Feuerprobe. Dabei mußte der Beschuldigte einen Ring oder einen Stein aus einem Kessel mit siedendem Wasser herausholen. In manchen Gegenden hatte er ein glühendes Stück Eisen mit bloßer Hand eine bestimmte Strecke weit zu tragen. Wenn er sich nicht verbrannte, so galt das als Beweis seiner Unschuld.

Kein einigermaßen normaler Mensch hätte sich solch einem Urteil unterworfen, wenn von vornherein und grundsätzlich festgestanden hätte, daß man sich dabei immer verbrennt. Die Chancen müssen wie beim Zweikampf wenigstens eins zu eins gewesen sein. Wenn aber die Hälfte aller Menschen in der Lage war, glühendes Eisen anzufassen, ohne sich zu verbrennen, so verstößt das gegen alle Gesetze der Logik und ist in unseren Augen ein Wunder.

Im Jahre 1241 erscheinen die mongolischen Reiterhorden nach ihrem Siegeszug durch Rußland und Polen an der böhmischen Ostgrenze. Das zahlenmäßig weit überlegene deutsche Ritterheer, das sich ihnen entgegenstellt, wird vollständig vernichtet. Im Halbdunkel der Kirchen flehen die Menschen um den Beistand der Heiligen. Die Mongolen ziehen sich ohne erkennbaren Grund zurück und machen Peking zur Hauptstadt ihres Reiches. Hätten sie ihren Weg fortgesetzt, wäre Europa eine chinesische Provinz geworden. Wer hinderte sie daran? Für die Menschen der Romanik gab es auf diese Frage nur eine Antwort.

Gegen Ende der Romanik werden plötzlich keine Krypten mehr gebaut. Die Kirche verbietet die Gottesurteile. Die Kraft des Wunders ist erloschen.

Die Kathedrale

Fängt nicht überall das Beste
mit Krankheit an?
Novalis

Mit der Gotik beginnt
die Verstädterung Mitteleuropas.
Die gotische Kathedrale ist
ein städtischer Bau.
Die himmelstürmende Gotik ist
kein Monument des Glaubens,
sondern des Intellekts.
Sie steht dem Islam näher
als der Romanik.
Diese Bauten sind in Wahrheit
pubertäre Phallussymbole
und Grabsteine für
einen gestorbenen
Glauben.

Für die meisten Menschen ist die Gotik das goldene Zeitalter unseres Jahrtausends. Man denkt an Könige, Kreuzritter, fahrende Scholaren, an mittelalterliche Städte mit malerischen Gassen. Und im Mittelpunkt über allem steht der gotische Dom als erhabenes Denkmal eines unerschütterlichen Glaubens.

Mit dem Wort Gotik verbinden wir sittliche Ordnung, traditionelle Kultur und Harmonie der Künste, echte Religiosität, mit anderen Worten: eine heile Welt. Das genaue Gegenteil ist richtig.

Die Märchengotik ist eine schöne Lüge, von Romantikern wie Goethe und Herder erdichtet, ein halbes Jahrtausend nach der Gotik.

Die gotischen Bauten sind keine Denkmäler einer heilen Welt, sondern Zeugen einer todkranken Epoche. Mit der Gotik beginnt eines der dunkelsten Kapitel europäischer Kulturgeschichte. Keine andere Zeit ist so voll von Perversionen und selbstzerfleischenden Widersprüchen wie die Gotik.

Eine rätselhafte Weltangst ergriff die Menschen. In Scharen zogen Flagellanten von Ort zu Ort. Wenn sie sich singend einem Dorf näherten, läuteten die Glocken. Die Geißler rissen sich die Kleider vom Leib und peitschten sich bis aufs Blut. Dabei mahnten sie die Herbeigelaufenen zur Buße, sangen und tanzten, bis ihnen der Schaum vor dem Mund stand. In fiebriger Ekstase verkündeten sie, daß die Geißelung das wahre Abendmahl sei, da sich ihr Blut mit dem Blut des Gekreuzigten vermische. Die Geißler hatten solchen Zulauf, daß sich ganze Lawinen, Heuschreckenschwärme von masochistischen Fanatikern und religiösen Irren durchs Land wälzten. Zeitgenossen berichten, es seien doppelt so viele Männer wie Frauen unter den Flagellanten gewesen. Diese Veitstanzseuche verbreitete sich wie eine Epidemie über ganz Europa. Sogar Kinder wurden von dieser selbstmörderischen Hypnose erfaßt. Sie ballten sich wie die Lemminge zu Kinderkreuzzügen zusammen. Berühmt-berüchtigt wurde der Kinderkreuzzug zu Schwäbisch-Hall. Kinder, die man mit Gewalt zurückhielt, erkrankten an so schwerem Nervenfieber, daß viele von ihnen starben.

Die alte Welt zerbrach. Der neue Zeitgeist erzeugte in den Menschen eine Art pubertäre Entwicklungskrankheit, die sich am fürchterlichsten in der Pest manifestierte. Ein rätselhaftes Massensterben erfaßte ganz Europa. Die Zeitgenossen glaubten, die Pest sei ein Strafgericht Gottes. Moderne Historiker glauben, sie sei mit den Kreuzrittern und der Wanderratte eingeschleppt worden. Dagegen spricht, daß es bei den Arabern niemals große Pestepidemien gab und daß das Sterben nach völlig unlogischer Gesetzmäßigkeit verlief. Es war plötzlich da und hauste fürchterlich. In Europa waren es nach neueren Schätzungen 25 Millionen. Der kleine Ort Elbing verlor 13 000 Einwohner. Warum aber wurden manche Städte und sogar ganze Landschaften, wie Ostfranken, verschont? Ist es Zufall, daß es in Ostfranken auch keine Geißler gab? Und ist es Zufall, daß genau wie bei den Flagellanten doppelt so viele Männer wie Frauen der Seuche zum Opfer fielen?

Was war geschehen?

Die Gotik begann mit dem Sieg der Nominalisten über die Realisten. Die Realisten behaupteten, daß erst die Begriffe und Ideen dagewesen seien. Sie wären wichtiger als die sichtbaren Gegenstände. Die Nominalisten aber erklärten, nur die sichtbaren Gegenstände seien wirklich.

Die Menschen hätten den Gegenständen erst später abstrakte Begriffe und Ideen angehängt wie Namen.

Die Realisten erlebten die Welt der Ideen noch als etwas Objektives, Wirkliches, die Nominalisten als ein Produkt des menschlichen Verstandes. Unsere Schulwissenschaft übergeht diese Auseinandersetzung als Philosophengezänk und alberne Haarspalterei. In Wirklichkeit bedeutete der Sieg der Nominalisten das Ende für die Welt, über die sich der romanische Dom wölbte. Unser modernes Zeitalter des Intellekts wurde geboren.

Das heißt nicht, daß die Menschen der Gotik auf Gott verzichten wollten oder konnten. Sie hatten den Glauben verloren. Sie besaßen nicht mehr die Glaubenskräfte, mit denen man Berge versetzt und glühendes Eisen anfassen kann. Sie bemühten sich, Gott mit ihren Gehirnen zu begreifen. Die Scholastiker zerbrachen sich den Kopf darüber, ob Adam und Eva Bauchnabel gehabt hätten, ob Gott sich auch in einem Esel anstatt in Jesus von Nazareth hätte offenbaren können und wieviele Engel auf einer Nadelspitze Platz hätten. Der Glaube wurde zerdacht.

Und genau das ist das Wesen der gotischen Dome. Man hat ihre Materie zerdacht. Die Wände wurden aufgelöst in statisch berechenbare Kraftlinien. Man versuchte mit dem Intellekt den Himmel zu stürmen. Die Gotik interessierte sich vor allem für den Innenraum. Das Äußere wurde zur Rückseite des Innenraums degradiert. Wichtig war nur die Außenwand, durch die man hindurch mußte, um den Raum zu betreten. Diese Westportale wurden architektonisch geschmückt. Bei den anderen Seitenansichten machte man sich nicht die geringste Mühe, die abstützenden Hilfskonstruktionen zu verkleiden.

Versucht man den gotischen Dom nachzuempfinden,

so erkennt man, daß er völlig aus dem Gleichgewicht ist. Es gibt keine Harmonie zwischen innen und außen oder zwischen tragenden und lastenden Kräften. Es gibt nicht einmal in sich selbst ruhende Räume. Die emporschießenden Vertikalen sprengen den Innenraum. Er ist so hoch, daß man ihn nicht mehr als Raum empfindet. Man wäre nicht überrascht, wenn Wolken unter seiner Decke hingen.

Wollte man die Gotik mit einem Wort ausdrücken, so wäre das: Überwindung, Überwindung der Materie, der Angst, der Sünde. Mit der gleichen maßlosen Sehnsucht, mit der die Dome aufgetürmt wurden, zerfleischten sich die Geißler ihre Leiber. Der Sieg der Nominalisten veränderte das bestehende Weltbild mehr als die Erfindungen des Schießpulvers und der Buchdruckerkunst. Die Menschen verloren ihren seelischen Halt. Sie vermochten nicht mehr zu glauben, aber sie hatten auch noch kein so selbstverständliches Verhältnis zum Intellekt wie wir Heutigen.

Die Folge dieser inneren Zerrissenheit war ein tiefer Pessimismus. Jeder Psychologe weiß heute, daß Menschen in solchen Situationen von Neurosen befallen werden.

Alle alten Werte zerbrachen. Kaisertum und Papsttum, die beiden wichtigsten Pole des Lebens, verfielen. Im Jahre 1410 gab es drei deutsche Kaiser und drei Päpste. Für die Menschen war das so, als hätte es nicht einen Jesus, sondern drei gegeben, von denen jeder behauptet hätte, er sei der richtige und die beiden anderen seien gottlose Betrüger. Da man nicht wußte, wer der richtige war, zweifelte man an allen dreien und an Gott, der das zuließ. Der Klerus erfuhr eine ungeheure Abwertung. Nonne und Hure war im damaligen Sprachgebrauch dasselbe. Wenn jemand besonders ausschweifend lebte, sagte man: »Er hurt wie ein Karmelitermönch.« Es galt allgemein die Auffassung, ein Bischof käme grundsätzlich nicht in den Himmel und ein Pfarrer brauche so lange nicht zu heiraten, wie die jungen Weiber der Bauern regelmäßig zur Beichte gingen. Während des Konzils zu Konstanz zählte man 860 registrierte Nutten in der Stadt, die schon damals organisiert waren und sich über den unlauteren Wettbewerb der Nonnen beklagten.

Überhaupt offenbart sich das wahre Wesen der Gotik vor allem in ihrer Einstellung zur Sexualität.

Das frühe Mittelalter war eine ausgesprochen männliche Zeit. Die Frau hatte keinen Platz im öffentlichen Leben. Während der Romanik vollzog sich ein ungeheurer kultureller Wandel. Das Gestirn der Frau stieg am historischen Firmament empor. Durch eine seltsame Verwandlung von höchster innerer Verfeinerung entstand beim Mann der Wunsch, die Beute möge sich aus eigenem Antrieb ergeben. Er wollte den Besitz erwerben und nicht erbeuten. Der Beherrscher machte sich freiwillig zum Gefangenen. Der Stärkere unterwarf sich aus Liebe.

Diese Epoche nahm ihren strahlenden Ausgang in der Provence. Die Provence war eine der reichsten und blühendsten Landschaften Europas. Die Menschen unterschieden sich in Sitten, Kleidung und Sprache noch von der Bevölkerung des übrigen Frankreich. Ihre Kultur galt für lange Zeit als Vorbild verfeinerter Lebensart in ganz Europa. Die Frau nahm nicht nur teil an dieser Gesellschaft, sie wurde ihr Mittelpunkt. Das war etwas unerhört Neues. Bis dahin gab es nur Männergesellschaften, Jagd, Gelage und Kriegshandwerk. Da geschah es in einer der vollkommensten Landschaften Europas, daß die irdische Liebe wie eine zarte Melodie das gesamte Leben erfaßte. Sie war keine Liebe im heutigen Sinn, sondern eine übersteigerte Form geistiger Erotik. Sie war fast frei von aller Stofflichkeit, sie war Sehnsucht und Anbetung.

Damit aber geriet die Kultur der Provence in scharfen Gegensatz zur Lehre der Kirche, denn die Bibel stammt aus einer ausgesprochen männlichen Epoche. Eva ist nur ein Stück von Adams Rippe. Das Weib ist die Urheberin der Sünde. Es gab Kirchenkonzile, auf denen allen Ernstes die Frage erörtert wurde, ob die Frau eine unsterbliche Seele hätte. Nach damaliger Auffassung hieß das, ob sie ein Mensch oder ein Stück Vieh sei.

Als Papst Innozenz III. 1198 zum Papst gesalbt wurde, machte er es sich zur Hauptaufgabe, die bedrohlich anwachsende Ketzerei in der Provence zu zerschlagen. Da es die Inquisition noch nicht gab, wandte er sich an die Herzöge der Provence und forderte, daß die Anführer der Albigenser, die besonders tolerant und fortschrittlich waren, verbrannt und ihre Anhänger des Landes verwiesen werden sollten. Den Herzögen muß diese Aufforderung des Papstes, ihre tüchtigsten Untertanen zu verbrennen oder fortzujagen, vorgekommen sein wie die Aufforderung Kaiser Wilhelms an die Fabrikanten, alle Sozialisten zu erschießen. Die Forderung des Vatikans war eine Ungeheuerlichkeit, denn Ketzerverbrennungen waren dem frühen Mittelalter völlig fremd gewesen.

Der Papst verkündete den Kreuzzug gegen die Provence, dem die Abenteurer aller Länder begeistert folgten, denn die Provence versprach reiche Beute, den Ablaß aller Sünden eingeschlossen. Die Greuel waren unvorstellbar. Sie lieferten das Vorbild für alle späteren Hexenverfolgungen. Als unmittelbare Folge dieses Kreuzzuges erfolgte die Einrichtung der Inquisition als einer ständigen, nur dem Papst unterstellten Behörde. Obwohl sich der Albigenser Kreuzzug offiziell gegen alle Ketzer wandte, war er von Anfang an ein Kampf gegen die Frau.

Im Jahre 1486 erschien in Köln »Der Hexenhammer«, nach der Bibel das meistgedruckte Buch seiner Zeit. Ein krankhafter Frauenhaß beherrscht jede Seite. Er richtet sich gegen alle Frauen. Eine Frau, die selten zur Kirche geht, ist so verdächtig wie eine Frau, die es häufig tut, denn sie will sich verstellen. Die flotte alte Witwe ist genauso verdächtig wie die fromme junge Nonne, denn an ihr hat Satan seine besondere Freude. Der Haß richtet sich nicht nur gegen Teufel und böse Magie, sondern gegen alle Frauen. Von männlichen Zauberern spricht der Hexenhammer nur nebenbei. Er bedroht nur den Mann, der einer angeklagten Hexe beisteht. Hexenmeister wie Doktor Faustus waren sogar hoch angesehen.

Der Hexenwahn der Gotik ist die äußere Projektion eines fürchterlichen Machtkampfes, der sich außerhalb unserer Vernunft zwischen dem männlichen und weiblichen Gestaltungsprinzip, den stärksten Polen der belebten Natur, ereignete. Gewiß haben die Menschen das nicht verstandesmäßig erfaßt, aber sie haben es als etwas Ungeheuerliches erlebt, das sie in namenlose Angst versetzte.

Viele Menschen halten die Hexenverfolgung für einen Aberglauben aus finsterer Vergangenheit. In Wahrheit jedoch ist sie eine Erfindung der Neuzeit. Sie wurde mit der Gotik geboren und ist ein Teil von ihr wie ihre Dome. Mehr als zwei Millionen Frauen starben auf den Scheiterhaufen der Inquisition. Im frühen Mittelalter wäre das ganz unmöglich gewesen. Die Synode von Paderborn, die

Karl der Große im Jahre 785 einberufen hatte, forderte die Todesstrafe für alle, die nach Art der Heiden glaubten, eine Frau könne eine Hexe sein.

Es ist durchaus nicht so, daß der Aberglaube des Pöbels oder die Dummheit der Massen diesen Wahn erschaffen hätten. Taufpate war die intellektuelle Elite ihrer Zeit. Selbst der aufgeklärte Reformator Luther zweifelte keinen Augenblick an der Existenz von Hexen. Paracelsus, der bedeutendste Arzt und Gelehrte des 16. Jahrhunderts, war davon überzeugt, daß die meisten Krankheiten von Hexen verursacht würden. Die führenden Köpfe der Wissenschaft glaubten dem großen Trithenius, der verkündete: »Verabscheuungswürdig ist das Geschlecht der Hexen, die durch Hilfe böser Geister den Menschen unabsehbaren Schaden zufügen. Leider ist ihre Zahl sehr groß. Selbst im kleinsten Ort findet man noch eine Hexe.«

Im Mittelpunkt der gotischen Liebesdichtung steht nicht mehr wie in der ritterlichen Lyrik die verheiratete Dame, sondern das junge Mädchen. Sie war nicht mehr unerfüllte Sehnsucht, sondern der Bettschatz, nicht unerreichbares Ideal, sondern Genußmittel.

Es herrschte eine unglaubliche Freiheit im Verkehr zwischen den Geschlechtern. Überall schossen Badehäuser aus dem Boden. Männer und Frauen badeten gemeinsam nackt in einer Wanne. Dabei wurde getafelt und getrunken. Daß diese Häuser vor allem Bordelle waren, erkennt man an der Tatsache, daß der Bader so gering geachtet war wie der Henker und die Hure. Ein Badespruch aus dieser Zeit lautet: »Für unfruchtbare Frauen ist das Bad das beste. Was das Bad nicht schafft, das schaffen die Gäste.«

Der Florentiner Poggio, der als Sekretär des Papstes

nach Deutschland kam, schrieb in einem Brief: »Alle, die lieben wollen, strömen in die Bäder, wo sie finden, was sie wollen.«

»Das Helbing Büchlein« berichtet, daß auf ein Horn-zeichen des Baders hin alles zur Badestube ströme. Die meisten Bürger und Bürgerinnen eilten fast nackt durch die Straßen. Aus Furcht vor Diebstahl ließen die meisten ihre Kleider zu Hause. »Mancher verbringt den größten Teil des Tages mit Baden, Trinken und Herzen.«

Die Bordellbäder waren so beliebt, daß sie an der Zerstörung der großen Waldlandschaft stark beteiligt waren. Nicht nur in Bruchsal wurde 1430 über die Ver-wüstung der Wälder durch die Bader geklagt. In Stutt-gart mußten die Badetage von sechs auf zwei herab-gesetzt werden. In Frankfurt wurden die achtzehn öffent-lichen Bordellbäder auf zwei dezimiert wegen Holzman-gels.

Das 19. Jahrhundert verschloß seine Augen vor diesen Tatsachen, weil sie nicht in das hehre Bild paßten, das man sich von der Gotik gemacht hatte. 1890 versuchte der Verfasser des vielgelesenen Geschichtswerkes »Deutsches Leben in der Vergangenheit«, in den Badehäusern einen Beweis für »germanische Reinlichkeit« zu sehen.

Die Sexualität der Gotik ist voller Widersprüche. Wäh-rend in den Klöstern Orgien gefeiert werden, zerfleischen sich die Geißler ihr sündiges Fleisch. Hohe Geistliche vertreten öffentlich die Meinung, das Zölibat sei so aufzu-fassen, daß Priester zwar nicht heiraten dürften, aber es gäbe kein Verbot, sich Mätressen zu halten. Der Marien-kult erreicht seinen Höhepunkt. Die vollendetesten Do-me, wie die Notre Dame, werden der unbefleckten Jung-frau geweiht, und im Schatten der Kathedralen werden junge, unbescholtene Mädchen als Hexen sadistisch zu Tode gequält.

Es gibt eine Phase im Leben eines jeden Menschen, in dem all diese Widersprüche im Kampf miteinander liegen können, und das ist die Pubertät. Die Gotik ist die Pubertät des Abendlandes.

Die gotischen Kathedralen wurden nicht errichtet im blinden Vertrauen auf die göttliche Vernunft, sondern in tiefer Verzweiflung an der menschlichen Unvernunft. Der Mensch hatte seinen Glauben, den unmittelbaren Zugang zu Gott verloren. Diese Entfremdung äußerte sich in der Umwandlung der Altäre. Bis zur Gotik gab es nur den Baldachinaltar. Der Priester stand auf der anderen Seite des Altars, das Gesicht der Gemeinde zugewandt. In den gotischen Kirchen entstand der Retabelaltar mit einer festen Rückwand. Jetzt stand der Priester auf der Seite der Gemeinde und schaute mit ihr in eine Richtung. Wenn eine so konservative Institution wie die katholische Kirche am Altar, dem Mittelpunkt ihrer Liturgie, eine so einschneidende Veränderung vornimmt, so hat das ganz gewiß einen tieferen Sinn. Es bedeutet eine klare Trennung von Diesseits und Jenseits. Bis jetzt stand wenigstens noch der Priester auf der »anderen Seite«. Es gab noch Eingeweihte, die eine überirdische Sonderstellung als Mittler zwischen Gott und den Menschen innehatten.

Das war jetzt vorbei. Der Priester war kein Magier mehr, der im Dunkel der Krypta mit überirdischen Kräften operierte, sondern ein Alltagsmensch, dem man zutraute, daß er sich im Beichtstuhl an den Eheweibern der Bauern verging. Wenn er dennoch über der Gemeinde stand, so nur deshalb, weil er ein studierter Intellektueller war wie ein Rechtsgelehrter. Die Religion verlor ihre

Sonderstellung. Aus diesem Grund haben die Dome so himmelstürmende Ausmaße, nicht weil ihre Erbauer so stark im Glauben waren, sondern weil sie ihren Glauben verloren hatten.

Die sterbenden Monarchien bauen sich stets die größten und prächtigsten Schlösser.

Die Gotik ist die Geburtsstunde der Stadt. Vereinzelt gab es schon immer Städte, aber mit einemmal werden sie zum Mittelpunkt eines neuen Lebensgefühls. Eine Stadt ist ja nicht nur eine große Ansammlung bewohnbarer Häuser. Mit der Stadt entsteht ein ganz neuer, von der Natur losgelöster Lebensraum, eine neue, selbst geschaffene Umwelt. In der Stadt löst sich der Mensch von der Natur. In der engen Begrenzung hinter den Mauern entsteht eine neue Gemeinschaft, ein neuer Menschentyp: der Städter. Von Anfang an beherrscht die Stadt das Land. Die umgebende Natur ist nur dienendes Zubehör. Mit der Stadt wird der moderne Mensch der Gegenwart geboren. Intellektualismus und Materialismus sind seine Grundzüge. Das Zusammenleben auf engstem Raum zwingt zu rationalistischem und fortschrittlichem Denken. ›Stadtluft macht frei‹, so lautete das Schlagwort der Zeit. Die gotische Stadt war ein selbständiger Organismus. Innerhalb der Mauern wurde alles hergestellt, was man zum Leben brauchte. Hier wurde geschlachtet, gesiedet, gehämmert und gestampft. Ein unerträglicher Lärm und Gestank lag über dem dicht zusammengepferchten Gemäuer. In der Gerbergasse, wo die frischen Häute in Erdgruben faulten, wimmelte es so von Maden, daß die Passanten auf ihnen ausrutschten. Unsere romantische Vorstellung von der gotischen Stadt ist falsch. Es gab dort auch nicht ein Mindestmaß an Hygiene. Die engen Gassen waren dunkel und luftarm. Sie waren ungepflastert, und man versank so tief im stinkenden Morast, daß man die Straßen nur an bestimmten Stellen überqueren konnte. Es gab keine Kanalisation. Kot, Abfall und Regenwasser flossen durch die Gassen. Vor allen Häusern türmten sich Dunghaufen, auf die man selbst tote Tiere warf. Es gab nicht einmal Schornsteine. Ruß und Qualm suchten sich ihren Weg durch Fenster und Türen. Es gab keine Toiletten. Man hockte sich ungeniert irgendwo auf der Straße nieder. Nachtgeschirre wurden aus dem Fenster entleert. Hinzu kamen ganze Scharen von lebenden Tieren. Hühner, Gänse, Schweine, Schafe und sogar Kühe verunreinigten die Straßen. Die wenigen Patrizierhäuser, die aus jener Zeit uns erhalten blieben, geben ein falsches Bild wieder. Die Dächer waren meistens noch aus Stroh. Die Fenster waren noch nicht verglast, ließen den Rauch heraus oder waren mit Fellen verhängt. Es wimmelte überall infernalisch von Ratten, Mäusen, Wanzen, Flöhen und anderem Ungeziefer, und an Markttagen konnte man die feilgebotenen Eßwaren vor Fliegen kaum erkennen. Wie ist es möglich, daß zivilisierte Menschen unter solch unwürdigen, schmutzigen Umständen zu leben vermögen? Diese Frage werden sich dereinst auch unsere Enkel stellen, im Hinblick auf die verschmutzte Umwelt, in der wir heute leben.

Erst vor dem Hintergrund dieser Zustände vermag man die gewaltige Wirkung des gotischen Stadtdomes richtig zu erfassen. Er war der einzige Platz in der ganzen Stadt, wo man nicht knöcheltief im Schlamm watete, wo es nicht stank und lärmte, wo man nicht von der Enge erdrückt wurde. Er war das gute Zimmer, der Salon für eine ganze Stadt. Er war gleichzeitig Theater, Opernhaus, Kino,

Kulturzentrum, Gemäldegalerie und Volkshochschule. Er war alles außerhalb der Wohn- und Arbeitswelt. Hier wohnten nicht nur Gott und die Heiligen, sondern auch alle Künste, denn außerhalb des Domes gab es keine Malerei, keine Plastik, Musik oder Dichtung. Der Dom war das Herz der Stadt, die Keimzelle einer neuen Zeit. Er wurde ohne Zweifel von seiner Zeit als viel, viel größer erlebt als heute von uns. Die Kathedralen von Ulm und Beauvais standen nicht wie heute in Großstädten, sondern in Dörfern von fünftausend Seelen und überragten die niedrigen Fachwerkhäuser bis in den Himmel.

Hand in Hand mit den Städtegründungen geschah eine der größten Landschaftsumgestaltungen unserer Geschichte. Die Versorgung der Städte war nur möglich durch Rodung großer Waldgebiete. Im Umkreis der Städte entwickelte sich ein mächtiger Bauernstand zur Versorgung der Menschenmassen.

Erst mit der Gotik wurde in Europa die Antike tatsächlich überwunden. Der gotische Baustil war etwas völlig Neues. Die Jahrhunderte nach der Gotik waren in dieser Hinsicht eigentlich ein Rückfall, denn sie knüpften wieder an die Antike an. Über ein halbes Jahrtausend lang sind in Europa keine Bauten mehr errichtet worden, die im wahrsten Sinne des Wortes so modern waren. Deshalb hat die Nachwelt die Gotik auch nicht mehr begriffen. So schrieb Vasari, der nur eine Generation nach der Gotik lebte: »Wir kommen nun zu einer Stilrichtung, die man die deutsche nennt. Sie ist in Ornament und Proportion völlig anders als die Antike. Sie wird von allen hervorragenden modernen (Renaissance-)Architekten nicht angewandt, sondern als monströs und barbarisch abgelehnt, denn es fehlt ihr jede Ordnung. Dieser Stil sollte Verwirrung und Unordnung heißen. Leider gibt es so viele Bauwerke dieser Art, daß sie die Welt anekeln. Der ganze Aufbau wirkt so unsicher, daß man fürchten muß, die einzelnen Teile fallen jeden Augenblick herunter. Diese Bauten haben so viele Durchbrüche, Vorsprünge, Nischen und endlosen Zierat, daß sie keine Proportionen mehr besitzen. Diese primitive Manier ist die Erfindung der Goten, die in diesem Stil bauten, nachdem sie die guten alten antiken Bauwerke zerstört und die Architekten getötet hatten. Sie zerlegten den wohlproportionierten klassischen Bogen in Spitzbögen und verunstalteten mit dieser Geschmacklosigkeit ganz Italien. Gott schütze jedes Land vor solchen Ideen und Baustilen. Sie sind so häßlich, verglichen mit der Schönheit unserer Bauwerke, daß sie es nicht wert sind, mehr Worte darüber zu verlieren.«

Die Deutschen des 19. Jahrhunderts sahen im Kölner Dom das erhabenste Bauwerk der Nation, das sie mit Millionenaufwand vervollständigten.

Es ist eine Ironie des Schicksals, daß die gleichen Deutschen in Frankreich ihren Erbfeind sahen und daß der Kölner Dom von allen gotischen Bauten der französischste ist.

Bis in die Gegenwart hinein ist das Urteil über die Gotik so voller Widersprüche wie die Gotik selbst. Die Baukonstruktionen stehen im Detail und in ihrer intellektbetonten Gesamtkonzeption dem Islam näher als der Romanik. Das ist gar nicht so ungeheuerlich, wie es uns heute auf den ersten Blick erscheinen mag, denn noch bis zum Ende der Renaissance sah man im Islam eine abtrünnige christliche Sekte. Dante verbannte Mohammed in die unterste Höllenregion, in die Hölle für die Abtrünnigen.

Zu keiner Zeit außer der unsrigen waren so viele Menschen ständig unterwegs. Ritter unternahmen Kreuzzüge, Gläubige Pilgerfahrten, Händler zogen von Stadt zu Stadt, Handwerker und Scholaren zogen auf Wanderschaft, Vaganten, Spielleute, Geißler und Wanderprediger bevölkerten die Straßen.

Die Macht des Geldes begann eine historische Rolle zu spielen. Die romanischen Bauten waren noch von Leibeigenen und Freiwilligen erbaut worden, die gotischen wurden von selbständigen Arbeitskräften gegen Bezahlung errichtet. Umfang und Tempo hingen nun von finanziellen Erwägungen ab. Bauarbeiter und Künstler brachten keine persönlichen Opfer dar, sondern verdienten Geld. Damit veränderte sich auch die geistige Einstellung zu den Bauten. Sie wurden mehr und mehr Vermögensobjekte. Nur die großen Städte waren in der Lage, Kathedralen zu finanzieren. Ihre Financiers waren nicht Herrscher, sondern Steuerzahler. Die Gotik ist von viel modernerem Geist, als wir allgemein glauben. In einem französischen Mysterienspiel aus dem 14. Jahrhundert, das vor dem Dom aufgeführt wurde, weckt ein Engel den lieben Gott mit den Worten: »Euer Sohn wurde soeben gekreuzigt, und Ihr schlaft hier wie ein Betrunkener.« Gott erwidert schlaftrunken: »Ist er schon tot?« Engel: »Allerdings.« Gott Vater: »Hol mich der Teufel. Davon wußte ich nichts.«

Eine so freie Sprache vor dem Dom wäre bis heute in vielen Ländern undenkbar.

Die Gotik an ihren Hexenprozessen zu messen, wäre so falsch, als würde man unser Jahrhundert nach Auschwitz beurteilen. Obwohl die gotischen Kathedralen noch mitten unter uns stehen, sind sie falsch gedeutet worden. Der

Geist, der ihnen Form gab, ist nicht von der Art, die Klassizismus, Romantik und das 19. Jahrhundert ihnen andichteten. Diese Türme zu Babel sind Phallussymbole, himmelstürmende Wolkenkratzer und Grabsteine eines verlorengegangenen Glaubens.

Die Moschee

*Geschichte ist eine Funktion
des Glaubens*
Harun al Raschid

Der Weg des Islam ist
der Weg vom Wüstenzelt zur Stadt,
von der klassenlosen Gesellschaft
der Beduinen zum Monopolkapitalismus
der Großgrundbesitzer.
Das Haus des Glaubens übertraf an Ausdehnung
die Reiche Alexanders des Großen
und Roms.
Die Moschee ist kein Gotteshaus.
Wer lernt, betet.

Der Islam ist ein Produkt der Wüste und ohne diese nicht denkbar. Wir glauben, die Wüste sei etwas Totes, Leeres, Ödes. Es gibt im Arabischen mehrere hundert Namen für die Wüste, aber es gibt nicht einen darunter, der Verlassenheit oder Leere ausdrückt. So heißt sie zum Beispiel *al mataha*, »Landschaft ohne Wege«, oder *al mafaze*, »der Ort, wo man siegt«. So tot wie die Wüste äußerlich erscheint, so lebendig und schöpferisch ist die geheimnisvolle Ausstrahlung, die von ihr ausgeht. Dieses Hochland aus Fels und Sand zwischen Euphrat und Nil, das wir die Arabische Wüste nennen, ist so etwas wie eine Keimzelle oder ein magischer Strahlungskern für Hochkulturen. Der Einfluß dieser Wüste auf unsere Geschichte ist gewaltiger als der aller Meere zusammen. In ihrem Strahlungsbereich entstanden die größten Kulturen der Menschheit: Die Assyrer, Babylonier, Akkader, Sabäer, Minäer, Ammoniter, Phönizier, Israeliten und Ägypter.

Drei Weltreligionen wurden in dieser Wüste geboren: die jüdische Religion, das Christentum und der Islam. Der Berg Sinai, wo Moses die zehn Gebote empfing, der Berg der Versuchung, wo Jesus vierzig Tage fastete, und der Berg Hira, wo Allah mit Mohammed sprach, sie alle liegen in dieser Wüste. Diese Landschaft ist wie keine andere dazu geeignet, die Idee des Monotheismus zu gebären, die Lehre von dem einen Gott, der nichts neben sich gelten läßt als sein eigenes unerbittliches Gesetz.

Die Wüste hat ihre eigenen Gesetze wie das Meer und das Hochgebirge. Diese Gesetze sind von totaler Allmacht. Ein Wüstchen ist ebenso undenkbar wie ein Meerchen. Es geht um alles oder nichts, um Tod und Leben.

Die Nomadenstämme unterlagen seit Jahrhunderten

dem unerbittlichen Gesetz der Wüste. Wenn der Regen ausblieb, so fanden sie auf ihren Wanderungen von Wasserloch zu Wasserloch kein Weideland mehr. Das Gesetz des Überlebens zwang sie dann, sich die Grasflächen eines gesegneteren Stammes zu erobern. Der Verlierer ging unter, oder er mußte sich ebenfalls anderswo neuen Lebensraum erkämpfen. In diesem Kampf gab es keine Polizei. Das Gesetz diktierte die Wüste. Die Blutrache stammt aus dieser Geisteshaltung. Ein Stamm ist so lebensfähig wie die Anzahl seiner Krieger. Verliert er einen wehrfähigen Mann, so ist das Gleichgewicht der Kräfte gestört. Der Stamm des Mörders muß um einen Mann dezimiert werden.

In diesem Kampf gab es jedoch ungeschriebene Gesetze von unverbrüchlicher Treue und Menschlichkeit wie das Gastrecht. Wenn es einem Verfolgten gelang, die Zelte eines Stammes zu erreichen, so stand er unter dem Gastrecht dieses Stammes. Kein Beduine konnte die erbetene Hilfe verweigern. Diese Schutzpflicht galt bedingungslos, und der Schutzherr stand mit seinem Leben dafür ein. Bis zum Jahre 622 n. Chr. war die eigentliche Wüste nur die geschichtslose Heimat umherziehender Nomaden. In diesem Jahr floh Mohammed von Mekka zur Oase Yathrib, die später den Namen *Medina* erhielt, das heißt »Stadt«.

In diesem Augenblick beginnt die neue Zeitrechnung des Islam. Das Jahr 622 ist ihr Jahr Null.

Warum beginnt die Zeitrechnung mit der Flucht des Propheten von Mekka nach Medina? Ist der Tag, an dem Gott zum erstenmal zu Mohammed sprach, nicht viel wichtiger? Mit Mohammeds Flucht nach Medina enden die Urgesetze der arabischen Wüste. Der Prophet legte in Medina die Gesetze der neuen Gemeinschaft der Gläubigen fest. Aus den blutsmäßigen Bindungen an den Stamm entstand die übergeordnete Gemeinschaft der Gläubigen.

Der Weg des Islam ist der Weg von der Wüste zur Stadt, und das im wahrsten Sinne des Wortes, denn Medina heißt ja Stadt. Es ist der Weg vom Zelt zum Haus, denn in dieser Beduinenwelt ohne Häuser taucht mit einemmal der Begriff »das Haus des Islam« auf. So nennt sich die neue Gemeinschaft der Gläubigen.

Innerhalb von zehn Jahren gelang es Mohammed, die ganze arabische Halbinsel religionspolitisch zu vereinigen. »Über Nacht gleichsam wird aus den Beduinenstämmen, die sich in endlosen Fehden um Weideplätze sinnlos erschöpften, eine handlungsfähige Einheit, die ein klares geistiges Ziel hat, durchglüht und getrieben von einem gemeinsamen Glauben, zusammengeschweißt durch die uralten Stammesgesetze, die nun die ganze Gemeinschaft der Gläubigen umfassen, befeuert von der sicheren Verheißung des Paradieses für den Tod im Heiligen Krieg. Aus quirlendem Chaos wird geballte Macht. Und diese Macht hat ein Ziel: eine einzige Welt des Glaubens an den einen einzigen Gott zu schaffen. Nun erst zeigt sich, welche Kraft so viele Jahrhunderte in der Wüste geschlafen hat. Eine Kraft, die Weltreiche umstößt wie tönerne Götzen und die Reserven genug hat, das Gewonnene über Jahrhunderte hindurch zu bewahren. Ihr Triumph ist – wann wäre das in Wahrheit je anders gewesen – der Triumph einer Idee.« (Anselm Heyer)

Das mächtigste Reich der damaligen Zeit war das Perserreich der Sassaniden. Es reichte von Kleinasien bis zum Indus. Sein Herrscher trug den Titel »König der Könige«. Im September 634 erschienen am Hof des mächtigsten Herrschers der Welt ein Dutzend barfüßige

Beduinen. Ihre mündliche Botschaft lautete: »Im Namen des Kalifen aller Gläubigen sollst du wählen zwischen drei Dingen: Entweder du bekehrst dich und dein Volk zum rechten Glauben, dann behältst du deine Herrschaft und bist frei von Tribut. Oder du und dein Volk verharren im Unglauben, dann mußt du Tribut zahlen. Oder du verweigerst den rechten Glauben und den Tribut, dann werden dich unsere Säbel vernichten. Wähle!«

Drei Tage und drei Nächte dauerte die Schlacht.

7000 Araber schlugen 20 000 Perser. Die Hauptstadt des Perserreiches, die selbst die Römer nie erobert hatten, wurde islamisch.

Die Söhne Allahs waren so überzeugt von ihrem Sieg, daß sie ihr zahlenmäßig weit unterlegenes Heer aufgeteilt hatten, um gleichzeitig Ostrom anzugreifen. Sie eroberten Damaskus und ganz Syrien, das zum oströmischen Reich gehörte. Der Herr von Byzanz hatte an einem Nebenfluß des Jordan ein Heer von 80 000 Kriegern aufgestellt. Die Schlacht dauerte nicht einmal drei Stunden.

Wir lernen in unseren Schulen so unbedeutende und so weit zurückliegende Gefechte wie die Schlacht im Teutoburger Wald. Wer von uns kennt schon Amr Ibn al As oder Kalid Ibn al Walid, das Schwert Gottes? Beide sind die erfolgreichsten Feldherren der Weltgeschichte. Unabhängig voneinander und gleichzeitig eroberten sie innerhalb von nicht einmal zwanzig Jahren ein Gebiet, das größer war als das gesamte Reich Alexanders des Großen oder das römische Reich zur Zeit seiner größten Ausdehnung. Der neue Gottesstaat reichte vom Atlantik bis zum Indus und von Aden bis zum Aralsee, um sich bald auch noch über Spanien bis Mittelfranken auszudehnen.

Das Erstaunliche aber war, mit welcher Humanität und

Toleranz die Sieger den Besiegten begegneten. Der Krieg trat immer nur in Kraft, wenn alle anderen Mittel versagt hatten. Jeder Gegner wurde erst gefragt: »Du kannst wählen zwischen drei Dingen...«

Alle unterworfenen Länder erlebten eine Blüte, die viele von ihnen bis in die Gegenwart nicht wieder erreicht haben. Wer seine Steuern entrichtete, genoß volle Bürgerrechte. Der Koran sagte: »Seien sie gläubige Christen oder Juden, wenn sie nur an Gott und an das Jüngste Gericht glauben und recht tun, so wird sie Allah belohnen.«

Wie errichteten die Araber ihre Gotteshäuser?

Welche Idee formte ihre Bauten?

Die Bewohner der Wüste bauten nicht. Sie kamen erst sehr spät zu einer eigenen Schrift, die auch bis zu Mohammed keine Rolle spielte, denn die Beduinen besaßen keine Bücher und konnten weder lesen noch schreiben. Selbst Mohammed war der Legende nach ein Analphabet bis zu dem Tag, an dem der Erzengel Allahs zu ihm sprach: Schreib!

Ein Volk ohne eigene Schrift und ohne Bautrieb ist ein Naturvolk. Kulturgeschichtlich standen die Beduinen auf der gleichen Stufe wie die Negervölker Afrikas, und wie bei allen Naturvölkern waren Sprache und Musik zu höchster Virtuosität entwickelt. Goethe war fasziniert von der vorislamischen Dichtung der Wüste. »Herrliche Schätze sind die Gedichte, entsprungen vor Mohammeds Zeiten«, so schwärmte er und verglich sie mit der Edda und der Ilias.

Die alten Beduinenstämme waren »aristokratische Kommunisten«. Außer dem Pferd, dem Weib, der Kleidung und den Waffen gab es keinen Privatbesitz. Die Weideplätze, die Herden, die Vorräte, ja sogar die Zelte mit allem Inventar gehörten der Stammesgemeinschaft. Die Ältesten wählten den fähigsten Mann zum Scheich. Er war ein auf Zeit gewählter Führer unter seinesgleichen. Es gab weder Könige noch Oberpriester. Vergleicht man dieses Regierungssystem mit den griechischen Stadtstaaten, so war es nach unserer heutigen Auffassung demokratischer als alle griechischen Demokratien. Es scheint so, als ob auch die älteste Demokratie aus der Wüste stammt.

Das alles ändert sich mit dem Tag, an dem Mohammed den göttlichen Befehl erhält: Schreib! Jetzt gilt nicht mehr das ungeschriebene Gesetz der Wüste, sondern die Heilige Schrift. Aus den Zeltnomaden wird das »Haus des Islam«. Der Weg aus der Wüste nach Medina ist der Weg vom nomadenhaften Naturvolk zum seßhaften Kulturvolk.

Der Islam ist der einzige Fall in der uns bekannten Geschichte, daß ein nicht bauendes Naturvolk diesen Weg schlagartig aus eigener Kraft geht und nicht gezwungenermaßen und nachahmend wie die schwarzen Stämme Afrikas.

Dieser blitzschnelle, sprunghafte Wechsel von einem Zustand in den anderen und die enorme Energie, die dabei frei wurde, war wie eine Atomreaktion. Und in der Tat war der Islam für Europa kulturgeschichtlich so etwas wie eine Atombombenexplosion.

Alle frühen Eroberungen des Islam lagen am Rand der Wüste. Die Araber führten ihre Kriege wie Seeräuber. Sie stießen aus der Wüste hervor, schlugen die »Landmächte« und zogen sich im Notfall in die Wüste zurück. Das galt für Syrien, Ägypten, Palästina, Algerien und Marokko. Alle diese Gebiete wurden nicht nur islamisch, sondern auch arabisch. Persien oder der alte Iran, das kein Randgebiet der arabischen Wüste war, übernahm zwar den Islam, blieb aber in Sprache und Kultur persisch. Noch bis in die Gegenwart liegt keine arabische Großstadt mehr als einen Tagesmarsch von der Wüste entfernt.

Im Jahre 655 n. Chr., nach dem Sieg über die byzantinische Flotte und nach der Eroberung von Zypern und Sizilien, besaß Arabien auch die Seeherrschaft über das östliche Mittelmeer. In diesem Jahr endet die Geschichte des arabischen Islam.

Seit dem Beginn in Medina sind nur dreiunddreißig Jahre vergangen. Das Volk der Wüste beginnt zu verstädtern. Typisch für diesen folgenschweren Vorgang ist ein Gesetz des Kalifen Othman, das noch vor einer Generation undenkbar gewesen wäre. Bis dahin war es einem Araber nicht erlaubt gewesen, Land zu besitzen. Othman hob das Verbot auf. Die Folgen waren katastrophal. Die besitzlose und klassenlose Gemeinschaft der Beduinen wurde zur städtischen Gesellschaft von Grundbesitzern und Proletariern.

Das Haus des Islam zerbrach.

Im Juni des Jahres 656 rotteten sich im ganzen Reich die Unzufriedenen zusammen, marschierten nach Medina und erschlugen den Kalifen Othman.

Der Bürgerkrieg, der im Gottesstaat nichts anderes sein kann als ein Glaubenskrieg, begann und zerstörte die Einheit der noch jungen Kräfte mitten in ihrer Entfaltung. Es kam zur ersten offenen Schlacht: Moslems gegen Moslems. Der Bau des »Haus des Islam« wurde noch vor seinem Richtfest unterbrochen und niemals vollendet. Ein neues Wort wurde geboren, *tamaddun,* das heißt »Verstädterung«. Die ungebrochene Idee der Wüste erkrankt, beginnt zu altern.

Bezeichnenderweise wird die Hauptstadt des Islam von

Medina nach Damaskus verlegt, von der Oase zur Großstadt, die damals schon hunderttausend Einwohner
zählte. Aus der Demokratie der aristokratischen Kommunisten wird die Kalifendynastie der Umayaden mit monar-
chistischem Erbfolgeanspruch.

Alles, was nun folgt, ist letztlich nichts weiter als eine
große Euphorie. Die gesamte Glaubens- und Gesetzesleh-
re, alle großen Eroberungen, das geniale Verwaltungs-
system, alles war in der kurzen Zeitspanne von einer
Generation entstanden. Daß die Kultur des Islam noch so
lange danach blühte, ist nur ein Beweis dafür, welch
ungeheure Urkraft ihren Anfängen innewohnte. Es ist
überhaupt eine eigenartige Tatsache, daß die größten
kulturellen Leistungen von kleinen Völkern in kürzester
Zeit vollbracht werden. Auch Griechenland war nur klein
an Raum und Menschen, und seine eigentliche Blüte, das
Zeitalter des Perikles, dauerte nicht viel länger als eine
Generation.

So wie die Götter Griechenlands in Rom weiterlebten,
so lebte auch Allah weiter in Damaskus, Bagdad und
Istanbul. Aber der Islam Bagdads war von der kraftvollen
Idee der Wüste so weit entfernt wie Rom von Athen.
Harun al Raschid hatte mit der Lehre Mohammeds so viel
gemeinsam wie Ludwig XIV. mit der Lehre Christi.

Im Koran steht: »Die ganze Erde ist Allahs Moschee.
Darum, wohin ihr Euch auch wendet, dort ist Gottes
Antlitz.« Dem Moslem ist es nicht vorgeschrieben, einen
Tempel zu besuchen. Er kann überall unter freiem Him-
mel beten. Es gibt keine islamischen Pfarrer oder Priester.
Jeder Gläubige darf aus dem Koran vorlesen. Am Anfang
verrichteten die Moslems in den Städten ihre Gebete auf
der Straße, wie sie es heute noch häufig tun.

Erst auf europäischem Boden, in Andalusien, entstanden die ersten Bauten als Ausdruck der islamischen Idee.

Dabei waren von Anfang an Kirchen und Moscheen etwas völlig anderes. Die Moschee ist kein geweihtes Gotteshaus, mit Altären, auf denen sich göttliche Wunder vollziehen wie in den christlichen Kirchen. Es gibt keine Chorgesänge, keine Opfer, kein Schaugepränge, kein Orgelspiel, keine Weihrauchdüfte, keine Heiligenbilder oder Reliquien. Die Moschee ist kein mythischer Ort, sondern ein Versammlungsraum. Von außen sieht die ungeschmückte Fassade häufig so belanglos aus wie eine Markthalle oder eine Karawanserei. Nur das Innere ist geschmückt.

Die großen Moscheen Spaniens haben keine Haupt- oder Nebenschiffe, keine verschiedenen Raumhöhen, nicht einmal eine bauliche Raumrichtung. Nur eine flache Wandnische gibt die Richtung an, in die man sich gemeinsam vor Allah verneigt. Es gibt keine Geistlichen, nur Gläubige. Dieser demokratische Grundzug der alten Beduinengesellschaft spiegelt sich in der gleichwertigen Folge der Säulen und Raumabschnitte wider. Diese Bauten könnte man ohne weiteres in jeder Richtung erweitern oder verkleinern, ohne ihre Harmonie zu stören. Ihr Reiz liegt in der Wiederholung.

Die christliche Kirche versucht das Überirdische sichtbar zu machen. Um Gott zu preisen, ist ihr nur das Beste gut genug. Alle Künste werden aufgeboten.

Der Innenraum der Moschee hat als einzigen Schmuck Wandornamente von abstrakter, mathematischer Gestalt, die nichts Gegenständliches oder gar Lebendiges darstellen. Man nennt diese ureigene arabische Schöpfung Arabesken. Ihre Muster umspannen spinnennetzartig den

Raum und lösen die Wände auf wie eine kostbare Sticke-
rei. Die abstrakte Monotonie dieser Arabeskenwände
erinnert an die Wüste, deren Thema die unendliche Wiederholung des Gleichen ist. Die Arabeske ist ohne Anfang
und ohne Ende. Goethe sagte von ihr: »Daß du nicht
enden kannst, das macht dich groß, und daß du nie
beginnst, das ist dein Los.«

Die Arabeske ist so abstrakt wie der Islam. Allah ist ein
reines Geistwesen, unvorstellbar und unkörperlich. Da er
niemals wie im Christentum als Gottessohn körperliche
Gestalt angenommen hat, so gibt es nichts, was man von
ihm darstellen könnte, keine Geburt, Wunderheilung
oder Kreuzigung, keine Gottesmutter und keinen Lieb-
lingsjünger. Die Bibel besteht aus handlungsstarken Geschichten, wie Adam und Eva oder die Arche Noah. Der
Koran jedoch besteht aus Gesetzen, Gebeten und Beleh-
rungen, abstrakt wie Arabesken. Bis in die Gegenwart
steht in allen Kulturgeschichten, daß das Bilderverbot des
Korans jede bildhafte Abbildung verbiete. Das ist falsch.
Der Prophet hat nie eine so kunstfeindliche Forderung
aufgestellt. Es steht im Koran: »Wein und Glücksspiel,
Götzenbilder und Loswerfen sind ein Abscheu und ein
Greuel.«

Erst spätere Generationen haben die »Götzenbilder« so
ausgelegt, daß Allah grundsätzlich etwas gegen Abbildungen habe. Die Wahrheit offenbart sich jedoch in den
Moscheen. Die Verehrung eines völlig abstrakten Gottes
schließt Abbildungen – Abbildungen von wem? – von
selbst aus. Die Arabesken der Moscheen sind der sichtbarste Ausdruck dieser Geisteshaltung.

Nähme man diesen Räumen ihren Oberflächen-
schmuck, so würde ihr Zauber verschwinden wie eine Fata

Morgana. Diese Wände sind eigentlich steingewordene Teppiche, geknüpft aus Mosaiksteinen.

Seit Jahrhunderten besitzt der Nomade nur Dinge, die er wirklich benötigt. Jedes überflüssige Pfund belastet die Tragtiere und vermindert die Beweglichkeit von Wasserloch zu Wasserloch. Kunstgegenstände sind deshalb vor allem Ballast. Das gilt jedoch nicht für Teppiche. Sie sind Bestandteil des lebenswichtigen Zeltes, Fußboden und Wand. Der Teppich ist im Nomadenzelt nicht nur wie bei uns eine luxuriöse Zutat, er ist ein echter Bauteil.

Obwohl die ersten Moscheen fern von der arabischen Wüste auf europäischem Boden erbaut wurden, zu einer Zeit, als aus den Wüstennomaden längst seßhafte Städter geworden waren, sind die Kräfte, die diese Bauten formten, absolut der Wüste verhaftet. Hier zeigt sich, daß die Araber ihren Namen zu Recht tragen, denn *Arab* heißt ja bekanntlich »Volk der Wüste«. Wir glauben heute, daß ein Bau das Produkt der Funktionen ist, die er zu erfüllen hat. Die Moschee ist ein sichtbarer Beweis dafür, daß Bauten auch und vor allem von Kräften geformt werden, die jenseits unserer Verstandeskräfte liegen.

Verglichen mit dem Orient war das mittelalterliche Europa ein unterentwickelter Landstrich. Selbst die regierenden Häupter konnten weder lesen noch schreiben. Karl der Große lernte es erst als Greis, und Kaiser Otto, der Begründer des Heiligen Römischen Reiches Deutscher Nation, erlernte es nie. Zur gleichen Zeit gab es in der islamischen Welt eine allgemeine Schulpflicht für Reiche und Arme, denn der Unterricht wurde kostenlos erteilt.

Allein in Cordoba gab es zwanzig öffentliche Bibliotheken, eine davon mit fast einer halben Million Bänden. In

Canterbury, der so ziemlich einzigen größeren Bibliothek Englands, war man stolz auf 690 Bücher.

Während es im christlichen Abendland nördlich der Alpen nicht eine einzige Stadt mit mehr als 30 000 Einwohnern gab und keine davon mit einer Kanalisation, lebten in Cordoba zur gleichen Zeit fast eine Million Menschen, in Bagdad waren es schon im 10. Jahrhundert über drei Millionen. Es gab dort 27 000 Moscheen, 24 Fachuniversitäten, 52 Krankenhäuser und mehr als 50 000 Bäder. Alle städtischen Straßen waren gepflastert und nachts mit Tausenden von Öllampen beleuchtet. Sie wurden zweimal täglich mit Wasser gereinigt. Es gab regelmäßige Müllabfuhr und unterirdische Kanalisation.

Während man im Abendland die Kranken den Quacksalbern, Jahrmarktschreiern und Teufelsaustreibern überließ, wurde in den vorbildlichen Krankenhäusern des Orients bereits unter Vollnarkose operiert. Die Medizin besaß einen so hohen Stand, daß einige Lehrbücher aus dieser Zeit, wie das Werk des großen Arztes ar Rasi über Blattern und Masern, noch heute zur klassischen Fachliteratur der Medizin gehören.

Erst die Araber haben die Welt gelehrt, was exakte Wissenschaft ist. Chemie ist ein arabisches Wort, und die meisten Namen unserer heutigen Chemie stammen aus dem Arabischen: Alkali, Anilin, Alkohol, Kalium und viele andere.

Die Söhne Allahs entwickelten die trigonometrischen Funktionen und die Grundlagen für die moderne Astronomie. Zenit, Nadir, Azimut, Theodolit, Algebra und Ziffer sind arabische Wörter.

In der Physik haben sie die Gesetze der Schwerkraft entdeckt und die Grundlagen der Optik.

Die größte Leistung aber bestand in der Einführung der arabischen Zahlen. Alle Kulturvölker der Erde kannten bis dahin keine wirklich abstrakten Zahlen.

Die Ägypter stellten den Zahlenwert 3 recht simpel durch drei aneinandergereihte Striche dar. Selbst die technisch so begabten Römer reihten nur aneinander. Die Zahl 488 schrieben sie: Hundert-hundert-hundert-hundert-fünfzig-zehn-zehn-zehn-fünf-eins-eins-eins. Das sah dann in römischer Schreibweise so aus: CCCCLXXXVIII. Ein schriftliches Rechnen selbst einfachster Art war mit dieser Schreibweise nicht möglich.

Das geniale Neue an den arabischen Zahlen war die Einführung der Zahl Null. Dieses rätselhafte Zeichen, das eigentlich gar keine Zahl ist, kann sowohl gar nichts bedeuten als auch unendlich viel, nämlich wenn sie in unendlicher Wiederholung hinter einer Zahl steht. In der Null lebt das Wesen der Arabeske und des abstrakten Gottes aus der Wüste.

Aber nicht nur auf dem Gebiet der Wissenschaften hat der islamische Orient unsere Welt verändert. Die meisten unserer heutigen Gemüse lernten wir erst über die Araber kennen. Sie tragen zum großen Teil noch heute ihren arabischen Namen: Aprikosen, Artischocken, Bananen, Kaffee, Orangen, Spinat und Spargel. Das gleiche gilt für Aloe, Estragon, Ingwer, Kapern, Kümmel, Muskat, Safran und Zimt. Nicht ohne Grund tragen fast alle edlen Stoffe und Gewebe arabische Namen wie Atlas, Barchent, Chiffon, Musselin, Mohair, Taft und Satin.

Aus Augsburg, Köln und Lübeck zogen die deutschen Kaufleute nach Venedig, dem größten Stapelplatz orientalischer Kostbarkeiten. Die arabischen Spezereien wurden mehr und mehr zum Fundament wirtschaftlicher Macht und bürgerlichen Wohlstands. Mit dem neuen Reichtum erblühen die Städte des Abendlands. Ein bis dahin ungekannter Umlauf des Geldes verursacht eine unblutige soziale Revolution und leitet ein neues Zeitalter ein.

Man kann ohne Übertreibung sagen, daß der Islam das einschneidendste Ereignis der gesamten europäischen Geschichte überhaupt war. Der Islam hat die kulturelle Einheit des Mittelmeerraumes gesprengt und damit die Antike beendet. Die Folge davon war, daß Europa byzantinisch wurde. Damit aber begann das Mittelalter. Der Einfluß, den die Hochkultur des Islam auf das unterentwickelte Europa ausübte, war gigantisch. Der Orient veränderte die Stämme des Abendlandes wie die europäische Zivilisation gegenwärtig die schwarzen Stämme Afrikas.

Ist dieser Vergleich nicht maßlos übertrieben?

So rückständig das Abendland auch gewesen sein mag, immerhin waren Rom und Athen seine geistigen Väter. Unsere Kinder lernen heute nicht Arabisch in islamischen Koranschulen, sondern Latein. Im christlichen Abendland lebt das Erbe der Antike.

Das stimmt. Aber auch das verdanken wir, wie so vieles andere, den Arabern. Jahrhundertelang war die Einstellung der Kirche zu den Schriften und Kunstwerken der Antike ausgesprochen feindlich. Alles, was der Kirche an alten Kulturschätzen in die Hände fiel, wurde als Teufelswerk verbrannt und zerschlagen. Die beiden bedeutendsten Bibliotheken der Antike, das Serapeion und das Caesarum von Alexandria, wurden in der zweiten Hälfte des 4. Jahrhunderts durch christliche Bücherverbrennungen vollständig vernichtet. Noch im Jahre 600 ließ Papst Gregor der Große die gesamte von Augustus gegründete

Bibliothek auf dem Palatin verbrennen. Bei schwerer Heilsstrafe verbot er die Lektüre von nicht-christlichen Autoren. Und sogar noch die Synode zu Paris im Jahr 1209 hielt es für eine schwere Sünde, wenn Mönche die alten naturwissenschaftlichen Schriften lasen.

Die Araber dagegen waren von nahezu manischer Buchbesessenheit. Nichts war ihnen so wertvoll wie Bücher. So wie wir heute den gesellschaftlichen Status eines Menschen an seinem Auto erkennen, so wurde das Niveau eines vermögenden Arabers zwischen dem 9. und 13. Jahrhundert am Besitz seiner Bücher gemessen. Riesige Bibliotheken entstanden. Der Beruf des Buchhändlers wurde geboren.

Harun al Raschid machte nach seiner Eroberung von Ankara die Unterzeichnung des Friedensvertrages von der Auslieferung aller altgriechischen Manuskripte abhängig, und al Mamun verlangte nach seinem Sieg über den Kaiser von Byzanz als Kriegsreparation alle Werke der alten Philosophen. Kalifen, Wesire und Großkaufleute gaben ungeheure Summen aus, um in Griechenland und in Kleinasien antike Manuskripte ausfindig zu machen.

Diese Buchleidenschaft wurde zu einem kulturellen Rettungswerk von weltgeschichtlicher Bedeutung, denn die letzten schriftlich festgehaltenen Zeugnisse der Antike vermoderten unbeachtet von der übrigen Nachwelt in Kellerverliesen oder wurden mit fanatischem Eifer öffentlich verbrannt. Alles, was die Araber bargen, wurde nicht nur in Museen konserviert und restauriert, es wurde vor allem ins Arabische übersetzt, um es für jedermann verständlich zu machen, denn »Wer nach Wissen strebt, betet Gott an«, so steht es im Koran.

Die großen antiken Schriften wurden zum großen Teil

nur durch diese Übersetzungen vor dem unwiederbringlichen Verlust gerettet. So mancher griechische und lateinische Autor, den wir heute zwar in seiner Originalsprache lesen, ist in Wirklichkeit nur durch Rückübersetzung aus dem Arabischen zu uns gelangt.

Nietzsche hat einmal geschrieben: »Das Christentum hat uns um die Früchte der Antike betrogen.« Dem kann man ohne Übertreibung hinzufügen: Der Islam hat uns die Früchte der Antike bewahrt.

Ungeheure Kräfte gehen von dieser rätselhaften Landschaft aus, die wir die arabische Wüste nennen, in der nichts feste Gestalt besitzt, in der alles fließt und verweht und in der die grausamste Gefährdung des Lebens, der Durst, zur hellwachen intellektbezogenen Selbstzucht zwingt. Landschaft ist nicht nur Umgebung. So wie der Mensch in der Landschaft lebt, so lebt sie auch in ihm und in den Bauten, die diese Menschen als Ausdruck ihres Welterlebens errichten.

Die Grashütte

*Nur Termiten, Erdferkel und Weiße
leben in Bauten*
Zuluhäuptling Chaka

In dieser Grashütte
wohnen mehr Menschen als
in einem modernen Wohnblock.
Warum haben die Naturvölker Afrikas
weder eine eigene Schrift
noch eine eigene Architektur entwickelt?
Fortschritt ist Sünde.
Die Magie des Blutes.
Der Fluch der Stadt.
Das Böse haust in Höhlen
von Stein.

Die Bewohner des afrikanischen Kontinents südlich der Sahara haben Sprachen entwickelt, die an Klangfarbe, Rhythmus und Ausdrucksreichtum nicht zu überbieten sind.

Der grammatikalische Aufbau dieser Sprachen ist wesentlich nuancierter und komplizierter als irgendeine europäische Sprache. Aber trotz – oder wegen? – dieser hohen Sprachbegabung haben die Schwarzen niemals eine eigene Schrift entwickelt.

Die unmittelbare Ausdruckskraft der afrikanischen Holzskulpturen und Felsenbilder hat unser zeitgenössisches Kunsterleben tief beeinflußt und mitgeprägt. Das gilt in noch stärkerem Maße für die Musik, aber erstaunlicherweise haben die Negervölker Afrikas niemals auch nur Ansätze einer eigenen Architektur entwickelt.

Schrift und Architektur stehen in geheimnisvoller Beziehung zueinander. Kulturen ohne Schrift entwickeln auch keine Architekturen. Buchstaben und Bauten sind Träger einer Idee. Alle Literatur besteht letztlich nur aus Buchstaben und Schriftzeichen. Aber je nachdem wie man das Ganze zusammenfügt, wird daraus ein homerisches Gedicht oder ein mittelalterliches Mysterienspiel.

Alle alten Bauten bestehen aus Steinen und Mörtel. Aber je nachdem wie man sie zusammenfügt, wird daraus ein griechischer Tempel oder eine gotische Kathedrale.

Menschen, die nicht schreiben, besitzen ein ausgeprägtes Bilderbewußtsein. Sie vermögen nicht analytisch abstrakt zu denken und zu ordnen. Ein so stark ausgeprägtes Bilderbewußtsein auf Kosten des logischen Denkens trifft man außer bei den Naturvölkern nur noch bei Kindern an. Es ist kein Zufall, daß die meisten Naturvölker etwas von Naturkindern an sich haben. Sie haben ein anderes Verhältnis zur Zeit und zum Raum. Für die schwarzen Naturvölker Afrikas gibt es nicht den Begriff der Zukunft. Es gibt in ihrer Sprache auch kein Futurum. Es gibt keinen Zukunftsglauben an ein besseres Jenseits oder einen Weltuntergang. Es gibt nicht einmal einen Kalender.

Es ist bezeichnend, daß in Ägypten, Mesopotamien und Mittelamerika sehr früh ein eigener Kalender und eine Schrift entwickelt wurden und daß diese Kulturen dann auch zu außergewöhnlichen Architekturformen gelangten.

Für die schwarzen Naturvölker Afrikas ist die Zukunft ein leerer Raum, der erst durch Ereignisse angefüllt wird. Die Gegenwart produziert ununterbrochen Vergangenheit. Deshalb ist eigentlich auch nur die Vergangenheit von Bedeutung. Sie ist die einzig wirkliche, beständige Zeit. Alles andere ist nur Übergang und Vorstufe. Der Ahnenkult ist der wichtigste Lebensinhalt des Menschen, denn die Lebenden sind nichts weiter als das erste Glied in der rückwärts verlaufenden langen Kette der Vorfahren. Das Leben ist eine ständige Beziehung zwischen den Lebendigen und den Toten, die dauernd anwesend sind. Wenn ein Zulu sich eine Hütte baut, so wird in tagelangem Zeremoniell erst der Einzug der Ahnen in die neue Hütte vorbereitet. Erst wenn sie eingezogen sind, betreten die Lebenden die neue Wohnstatt. Das gilt bis in die Gegenwart. In solch einer Einraumhütte leben mehr Personen als in einem mehrgeschossigen modernen Wohnblock. Denn für diese Menschen sind die Toten wirklich anwesend. Deshalb ist der Tod auch gar kein so einschneidendes Ereignis wie für uns. Der Mensch stirbt im Laufe seines Lebens mehrmals und wird mehrmals neu geboren. Mit der Beschneidung stirbt die Kindheit. Ein neuer

Mensch wird geboren. Der Beschnittene erhält sogar einen neuen Namen. Mit der Geburt des ersten Sohnes beginnt ein neues Leben. Man wird in den Ahnenkult aufgenommen, denn ohne Sohn zerreißt das ewige Band zwischen den Lebendigen und den Toten. Der Vater erhält einen neuen Namen. Im Gegensatz zu uns wird er nach dem Sohn benannt. Deshalb sind Sexualität, Zeugung und Gebären wichtige Bestandteile der Religion, sehr zum Greuel aller puritanischen Missionare.

Der klinische Tod ist ein Ereignis wie die Beschneidung und die Zeugung des Erstgeborenen, denn man lebt ja weiter, nicht in einem fernen Paradies über den Wolken, sondern mitten unter den Seinen, in derselben Grashütte.

Das ganze Leben ist praktizierte Religion. Mensch-sein heißt einem Stamm angehören. Die Religion ist unlösbar an den Stamm gebunden, an die Lebenden und an die Toten. Man kann nicht den Stamm wechseln oder von einer Religion zur anderen übertreten, denn Mensch, Stamm und Religion sind eine untrennbare Einheit.

Fortschritt heißt den natürlichen Ablauf dieser lebenswichtigen Einheit zerstören. Fortschritt ist Sünde. Der Mensch ist nicht handelndes Subjekt, sondern passives Objekt. Er hat nicht Gewalt über den Baum oder das Wasser. Die Geister der Natur haben Gewalt über den Menschen. Der einzelne ist nur insofern existent, wie er Anteil hat an dem Stamm. »Ich bin, weil wir sind. Damit wir sind, darum bin ich«, sagen die Zulus.

Der Stamm ist fest an das Land der Väter gebunden, wo die Seelen der Ahnen wohnen. Entfernung vom heimatlichen Boden ist fürchterlichste Entwurzelung. Deshalb werden die Schwarzen bis in die Gegenwart mit der Stadt nicht fertig. Credo Mutwa, einer der großen geistigen

Führer in Südafrika, klagt: »Unser schlimmster Feind ist die Stadt. Warum zwingt man uns, dort zu leben? Nichts ist unserem Wesen fremder. Unsere Liebe gehört dem Kraal und der Stammesgemeinschaft der Lebenden und der Toten. Die Stadt der Tausend Häuser zerstört unsere Seelen. Die Zivilisation der europäischen Städte erstickt unsere eigenen Traditionen.« Echte Naturvölker errichten ihren Gottheiten weder Tempel noch Altäre, denn die ganze Welt ist für sie ein Tempel, in dem alles von geheimnisvollen Kräften beseelt ist. Diese guten und bösen Geister lassen sich durch magische Praktiken beeinflussen. Dabei gibt es zwei Wege: Die Magie und das Tabu. Magie ist aktiv. Tabu ist passiv und heißt Verbot.

Im Mittelpunkt dieser Kulte steht die Magie des Blutes. Das Blut enthält Macht und Tapferkeit. Je nach seiner Verwendung im magischen Ritual können Eigenschaften von einem Individuum auf ein anderes übertragen werden. Die Vorstellung, daß Blut Macht verleiht, spielte in der halbpolitischen Mau-Mau-Bewegung Kenias eine große Rolle.

Bei diesen Ritualen werden bis in die Gegenwart Teile des menschlichen Körpers und dessen Blut zu einer Medizin verarbeitet. Die damit verbundene Opferung eines Menschen steht in engem Zusammenhang mit dem magischen Kannibalismus und läßt sich in Afrika nicht ausrotten. Im ganzen südlichen Afrika geschehen noch heute regelmäßig solche Tötungen. Selbst in den Städten werden verstümmelte Leichen gefunden, die einwandfrei zur Medizingewinnung mißbraucht wurden. Zwischen 1960 und 1970 wurden in Basutoland über hundert Fälle von Ritualmorden abgeurteilt. Da in dem unerschlossenen Bergland nur ein ganz geringer Prozentsatz dieser Blutopfer an die Öffentlichkeit dringt, wird die wirkliche Zahl wohl um ein Vielfaches größer sein; und sie nimmt von Jahr zu Jahr stetig zu.

Die Medizin kann nur wirken, wenn sie vom lebenden Opfer genommen wird. Manchmal wird die Kopfhaut verwendet, bisweilen die Augen, Ohren, Nase, Zunge oder das Blut. Nach den Aussagen der Gerichtsakten ist immer eine größere Anzahl von Personen an diesem *Seretlo* beteiligt, aber seltsamerweise empfindet niemand der Anwesenden Mitleid mit dem Opfer. Der eigene Wille wird völlig ausgeschaltet. Hierbei sind Religion und Politik auf das engste miteinander verwoben. Politische Macht ist in Afrika immer ein Element der Religion, da eine Person die zu Lebzeiten errungene Macht auch nach dem Tod als Ahnengeist behält. Dieser Glaube verstärkt den Ehrgeiz, an die Macht zu kommen. Hierin liegt die totale Machtbesessenheit der neuen afrikanischen Führer wie Idi Amin begründet. Es wäre unrichtig, die blutigen Metzeleien, die sich heute überall in Afrika ereignen, nur als Auswirkungen sozialer Mißstände zu erklären. Die Ursache sitzt sehr viel tiefer. Es scheint so, als hätten die architekturlosen Naturvölker nicht nur ein völlig anderes Verhältnis zur Zeit und zum Tod, sondern auch zum Leiden.

Die rothäutigen Stämme Nordamerikas, die ebenfalls weder Schrift noch Architektur kannten, lebten nach hohen ethischen Grundsätzen. Ihren Freunden begegneten sie mit Liebe und Treue. Ihre Gesänge waren voller Poesie aufrichtigen Gefühls. Wenn die Irokesen aber Gefangene machten, so wurden diese bestialisch zu Tode gefoltert. Dabei waren keine persönlichen Haßgefühle im Spiel. Man behandelte den Gefangenen mit Hochachtung, und er gab sein Bestes, um die tapfere Haltung seines Stammes zu beweisen. Das Ertragen von Schmerzen wurde als ein göttliches Opfer für den großen Geist der Sonne aufgefaßt. Die dabei angewandten Martern wurden mit entsetzlicher Erfindungskraft ausgeführt. Man ließ dem Opfer zwischendurch Zeit, sich zu erholen. In der Nacht vor dem Opfertod gab man ihm sogar ein Mädchen zur Braut. Wir besitzen einen Originalbericht des Historikers Parkmann, der berichtet, wie die Huronen ihre Gefangenen stundenlang quälten. Jede neue Marter wurde in feierlichem Ton angekündigt. Wenn das Opfer nicht mindestens 24 Stunden mit dem Tod rang, empfand das jeder als Schande. Besaß der Gefangene auch nur ein Mindestmaß an Selbstachtung, so benahm er sich, als sei sein Los eine hohe Ehre. Wenn der Mann tot war, so wurde er aufgeschnitten, und seine Peiniger aßen von seinem Körper mit Andacht, nicht aus Gefallen an blutigem Menschenfleisch, sondern um die Tapferkeit eines edlen Kriegers in sich aufzunehmen.

Was hat das alles mit dem Bautrieb des Menschen zu tun? Wir leben in einer Zeit, die uns weismachen will, daß unsere Geschichte ein Klassenkampf ist und von sozialen Impulsen gesteuert wird. In den nordamerikanischen Indianerterritorien gab es Stämme mit Sippen und Mutterfolge, andere mit Sippen und Vaterfolge, andere ohne Sippen. Es gab seßhafte Bauern und jagende Nomaden. Es gab viele sehr unterschiedliche soziale Ordnungen. So lange diese Menschen nicht den Trieb in sich spürten, zu bauen und zu schreiben, so lange gehörten sie der großen Familie der Naturvölker an. Sie besaßen mehr Gemeinsamkeit mit afrikanischen, polynesischen und australischen Urstämmen als mit der gleichen Rasse ihres Kontinents, die ihre Ideen in Bauten manifestierte wie die Mayas, die Azteken oder Pueblos.

Der Spanier Coronado stieß 1540 auf Indianerstämme, die er Pueblos nannte. *Pueblo* bedeutet »Dorf« oder »Stadt«. Diese Menschen lebten in Städten, deren Häuser so dicht beieinander standen wie in einer mittelalterlichen Stadt Europas. »Seltsamerweise«, schrieb Coronado, »kennen die Pueblos keine Marterspiele.«

Als die ersten Europäer in Nordamerika landeten, stießen sie dort nicht auf Wilde, sondern auf Naturvölker, deren Bildungsgrad und Kulturstufe den Weißen nicht nur gleichgestellt, sondern in mancher Hinsicht sogar überlegen waren. Die europäischen Entdecker des 15. und 16. Jahrhunderts waren ungebildete, skrupellose Räuber. Ihr Handwerkszeug war primitiv, sie kochten über offenem Feuer und schliefen auf Stroh. Selbst ein Aristokrat wusch sich seltener und roch stärker als eine »Rothaut«. Der Indianer war ein Mann von guten Manieren und hohem Ehrgefühl. Er konnte zwar weder lesen noch schreiben, aber er trug in sich eine ganze Bibliothek von Traditionen. Er war ein scharfsinniger Beobachter und ein beachtlicher Philosoph.

Was die vielgeschmähte Grausamkeit und Kriegslust der Indianer angeht, so herrschte zur Zeit der großen Entdeckungsreisen in Europa ein mindestens ebenso grausames und kriegerisches Zeitalter. Der Pöbel, der – obwohl in christlichem Glauben erzogen – in den Städten zusammenlief, um sich daran zu ergötzen, wie unschuldige Opfer gefoltert und verbrannt wurden, war viel grausamer als die rothäutigen Krieger, die einen tapferen Feind einer Gottheit opferten und bereit waren, bei Gefangennahme das gleiche Schmerzensopfer auf sich zu nehmen.

Allen Naturvölkern ist der Krieg in unserem Sinne unbekannt. Auf diesem Gebiet sind die sogenannten Kulturvölker die wirklichen Barbaren. Naturvölker kämpfen nicht, um zu vernichten. Krieg ist ein ritterliches Kampfspiel. Als die Engländer den Irokesen ein Waffenbündnis anboten, um einen feindlichen Stamm vernichtend zu schlagen, lehnten die Irokesen mit der Begründung ab: »Wir lassen uns den Krieg nicht dadurch verderben, daß wir ihn gewinnen und damit beenden müssen.«

Die nicht-bauenden Naturvölker besaßen bei der ersten Berührung mit den bauenden Kulturvölkern eine hohe Eigenkultur, die der unseren so fremd war, daß bis in die Gegenwart den meisten Menschen die fundamentalen Unterschiede nicht klar geworden sind.

In allen Fällen, in denen bauende Kulturen auf nicht-bauende stießen, wurden die letzteren zerstört, und zwar nicht durch kriegerische Ausrottung, sondern allein durch den Kontakt mit uns. Es ist fast so, als wirke unser rational abstrahierendes Bewußtsein wie eine unheilvolle radio-aktive Strahlung, die den »Primitiven« das Selbstbewußtsein raubt.

Laurens van der Post, der im Auftrag der südafrikanischen Regierung mehrere Expeditionen in die Kalahari-wüste unternahm, erlebte immer wieder mit Erstaunen, wie der hauslose Mensch durch den Kontakt mit intellektuell bewußteren Individuen seines Ichgefühls beraubt wird: »Wir stießen mitten in der Kalahari auf eine Gruppe von Buschmännern. Sie hatten noch nie Weiße zu Gesicht bekommen. Als sie sich in unserem Lager unter meine Gefährten mischten, bemerkte ich eine sonderbare Tatsache. Die Buschmänner schienen unter einer Art hypnotischen Zwangs alles nachzumachen, was wir taten. Wenn einer von uns eine Bewegung ausführte, bewegte sich der ihn beobachtende Buschmann auf dieselbe Weise. Wenn einer von uns seinen Hut in die Stirn schob, hob der Buschmann ihm gegenüber die Hand an seinen Kopf und schob einen imaginären Hut in seine Stirn. Sie identifizierten sich so erschreckend mit uns, daß sie über keine eigenen Bewegungen mehr zu verfügen schienen. Dabei lag ein merkwürdiger, fast einer Trance ähnelnder Ausdruck auf ihren Gesichtern.«

Unsere materialistische Zeit hat den Blick für diese Zusammenhänge verloren. Politiker und Wissenschaftler, die in höchsten Positionen die Geschicke der Menschheit lenken, glauben bis heute, daß ein Afrikaner sich von einem Europäer unterscheidet wie ein Norddeutscher von einem Süditaliener. Der eine ist halt dunkler pigmentiert als der andere. Verschiedene Temperamente und Traditionen werden angeführt. In Wirklichkeit liegen Welten zwischen uns und den Bewohnern der Grashütte. Sie unterscheiden sich voneinander wie die Erlebniswelt des Kleinkindes von der des Erwachsenen.

Noch zu Beginn unseres Jahrhunderts sah man im Kind nichts weiter als einen unreifen Erwachsenen. Die gegenwärtige Psychologie versucht das Kind aus seiner eigenen seelischen Struktur heraus zu verstehen. Wer glaubt, Kinder seien unterentwickelte Erwachsene, hat die elementarsten Zusammenhänge des Lebens nicht begriffen. Es ist wahr, daß sie nicht logisch in kausalen Zusammenhängen denken. Aber was für ein reiches Bilderbewußtsein lebt in ihnen. Genauso wie ein Kind nicht ohne die Welt der Erwachsenen zu leben vermag, genauso ist ein Erwachsener nicht lebensfähig ohne die bildhaften Kräfte, die er sich aus dem verlorenen Paradies seiner Kindheit bewahrt hat. Freud wies als einer der ersten nach, wie unterschiedlich und lebenswichtig die Kindheit für unser Erwachsenenleben ist. Kinder und Naturkinder haben ein völlig anderes Verhältnis zu Zeit und Raum, zu Tod und Leben. Wer in Afrika unter Schwarzen gelebt hat, weiß, wie sehr der Afrikaner von der ganz realen Furcht beherrscht wird, seine reiche, dem Kindsein verwandte Seelenwelt durch den Weißen zu verlieren. So klagt Credo Mutwa: »Für alles Geld der Welt möchte ich nicht das Leben des weißen Mannes führen. Ich möchte nicht, daß man mich in einen weißen Schwarzen verwandelt oder in einen schwarzen Weißen. Ich habe nicht den Wunsch, meine menschlichen Gefühle und meine unsterbliche Seele zu verlieren. Wir können nicht mehr zu den alten Lebensformen zurückkehren, die wir besaßen, bevor der weiße Mann kam. Wir haben unsere Wurzeln verloren. Blickt man in die Zukunft, so sieht man nur Entwurzelung, Zweifel und Blutvergießen. Oh, mein Afrika, was wird aus dir!«

Unsere Medien überbewerten die politischen und wirtschaftlichen Aspekte in diesem Überlebenskampf eines ganzen Erdteils. Wirtschaftlich gesehen befindet sich der Schwarze in einer besseren Lage, als er jemals vorher war. Die Wissenschaft hat seine Lebensdauer verdoppelt und verdreifacht. Die Erkenntnisse des weißen Mannes überwinden Hungersnöte, Epidemien und Wasserarmut, die bisher immer vernichtend gehaust haben. Der Afrikaner verfügt über einen größeren Anteil an materiellen Gütern dieser Welt als je zuvor. Er besitzt zwar weniger als der Europäer, doch ist die steigende Tendenz seines materiellen Lebens unverkennbar. Wenn die Wirtschaft im Mittelpunkt seiner Probleme stünde, so müßte er eigentlich zufrieden sein. Wer die brutalen Diktaturen der alten und der neuen Stammeshäuptlinge kennt und die grausamen Tabus der magischen Religionen, muß zugeben, daß, verglichen mit früher, der Schwarze auch niemals so viel persönliche Freiheit besessen hat. Die Ursachen der blutigen Auseinandersetzungen auf dem afrikanischen Kontinent liegen tiefer. Der Kampf der Schwarzen gegen die Weißen entspringt der Angst, sich selbst zu verlieren.

Mit Afrika stirbt der letzte Kontinent der nicht-bauenden Naturvölker. Bis auf wenige Sippen in entlegenen Regenwäldern und Wüsten ist diese so reiche menschliche Kulturform schon heute unwiederbringlich ausgerottet worden. Alle diejenigen, die ihren ganzen Ehrgeiz darein setzen, daß auch der letzte Nomade bald lesen und schreiben kann und vor seinem Fernsehgerät seßhaft wird, sollten nicht vergessen, um wieviel ärmer unsere Erde geworden ist.

In Nordamerika waren die ersten Kolonisten nicht nur von der Würde der Stammeskönige beeindruckt, sondern auch von der demokratischen Gesinnung dieser Menschen. Berichte über Demokratien mit Häuptlingen, die durch den Willen des Volkes regierten und nicht von Gottes Gnaden, gelangten vor allem durch die Franzosen nach Europa. Sie fanden ihren Niederschlag in den philosophischen Gedankengängen vom Naturkind und dem edlen Wilden. Hieraus entwickelte der englische Philosoph Locke die Theorie einer Regierung durch die Einwilligung der Regierten. Thomas Jefferson übernahm Lockes Formulierungen in die amerikanische Unabhängigkeitserklärung. Die Entwicklung der Demokratie im 17. und 18. Jahrhundert in Amerika und Europa wurde durch die Berührung mit den Indianern entscheidend gefördert. Die

Künstler verherrlichten die bildhaften Phantasiekräfte der »Primitiven« und erkannten ihren ungeheuren Eigenwert. Die Kunst der Gegenwart ist ohne diese Impulse gar nicht zu begreifen.

Als ein paar Buren im vorigen Jahrhundert einer Hinrichtung unter dem Zuluhäuptling Chaka beiwohnten, der seine zum Tode verurteilten Untertanen mit Holzkeulen erschlagen ließ, äußerte ein Weißer, daß er diese Hinrichtungsart für unmenschlich halte. Auf die Frage des Zulukönigs, was denn die Weißen mit ihren Gesetzesbrechern machten, antwortete der Bure, daß sie ihre Verbrecher einsperren würden, für Monate, Jahre oder für immer. Chaka wandte sich daraufhin angewidert ab und sagte: »Nur Weiße können so grausam sein, lebendige Wesen in Steinhütten einzuschließen.« Als man in den siebziger Jahren in Botswana, im südlichen Afrika, reiche Diamantenfelder entdeckte, entwickelte sich unter den Buschmännern ein reger Schmuggel mit diesen Steinen. Um das zu unterbinden, sah sich die Regierung genötigt, empfindliche Strafen zu verhängen. Alle Buschmänner, die ins Gefängnis von Francistown eingeliefert wurden, starben innerhalb weniger Tage ohne ersichtlichen Grund. Sie brauchten die Freiheit wie Wasser und Luft.

Ganze Naturvölker sind zugrunde gegangen, weil man sie in ihrer Bewegungsfreiheit beschnitten hat. Das gilt genauso für die Ureinwohner Nordamerikas wie auch für die Ureinwohner Australiens, deren freies Umherschweifen von der Zivilisation abrupt unterbrochen wurde. Für diese Menschen ist der Wandertrieb so lebenswichtig wie für uns der Bautrieb.

Die Buschmänner der Kalahariwüste leben nach unserem Dafürhalten auf unglaublich primitiver Existenzstufe.

Sie ernähren sich von Würmern, Insekten und Wurzeln. Wasser ist so kostbar, daß sie sogar das Fruchtwasser aus der Gebärmutter erlegter Tiere trinken und sich mit ihrem eigenen Urin waschen. Diese Wilden, die nicht einmal die Andeutung einer Hütte kennen, vermögen mit dem bloßen Auge die Jupitermonde zu erkennen. Sie erleben mit ihren hochentwickelten Sinnen Geschehnisse, für die wir blind und taub sind. Ihr ganzes Leben ist eine ununterbrochene Wanderung. In ihren Märchen lebt das Gute in der Weite, hinter dem Horizont. Das Böse aber lauert bewegungslos in Höhlen aus Stein.

Ein größerer Gegensatz zu unserer Kultur ist nicht denkbar. Wo das eine ist, kann das andere nicht sein.

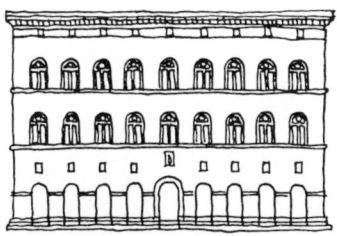

Der Palazzo

Die Renaissance ist die Geburtsstunde
der Individualität
Jacob Burckhardt

Die Renaissance ist nicht
die Wiedergeburt der Antike,
sondern der Individualität.
Noch niemals gab es so viele
in sich selbst ruhende Persönlichkeiten
und so vollkommene Innenräume.
Die Kirche verdankt ihre vollendetsten Bauten
den moralisch übelsten Papstkreaturen.
Die mächtigste Kirche
der Christenheit ist zutiefst
heidnisch.

Vergleicht man das Zeitalter des Perikles in Griechenland mit dem Italien des 15. Jahrhunderts, so fallen eine große Anzahl von Gemeinsamkeiten auf. Ist das Zufall?

In Florenz und Athen war die Kunst eine alles umfassende lebenswichtige Funktion des Alltags. Sowohl um die Griechen als auch um die italienischen Renaissancemenschen lag eine rätselhafte Aura von Genialität, die jeden begabten Menschen zu höchster schöpferischer Leistung anspornte. Zu keiner Zeit gab es so viele Genies. Ein Gebildeter war mindestens Wissenschaftler, Musiker, Kunstsachverständiger, Philosoph, geschulter Redner und fast immer auch ein hervorragender Sportler. Leonardo da Vinci bot dem Mailänder Herzog Sforza seine Dienste an und zählte in einem Bewerbungsbrief seine Fähigkeiten in dieser Reihenfolge auf: Er könne transportable Brücken, Belagerungsmaschinen und Schleudergeschütze konstruieren. Er sei in der Lage, Kriegsschiffe und Minen zu bauen. Außerdem hätte er neue Kampfwagen und Kanonen erfunden. In Friedenszeiten sei er fähig, jede gewünschte Architektur zu entwerfen, Wasserleitungen zu legen und Tunnel zu bohren. Er könne auch Skulpturen in Marmor, Bronze und Ton herstellen und verstünde zu malen.

Verrocchio war Maler, Bildhauer, Goldschmied, Möbelschreiner und Dekorateur. Er lieferte auf Wunsch Heiligenbilder, Möbel, silbernes Geschirr, Modeentwürfe und kunstvolle Kaltbuffets.

Der Spezialist galt bei den Griechen als Banause und in Oberitalien als Prolet. Es ist überhaupt eine bemerkenswerte Tatsache, daß man in Zeiten hoher künstlerischer Aktivität eine große Vielseitigkeit bei allen begabten Men-

schen antrifft, während der Spezialist immer nur in kultur-
armen Perioden auftaucht. Ähnliche Abhängigkeiten gibt
es zur politischen Einheit. Sowohl im Italien des 15.
Jahrhunderts als auch im Griechenland des Perikles war
das Land politisch uneinig und zerrissen. Es gab eine
Vielzahl von kleinen Stadtwesen, die sich alle untereinander in offenen Fehden oder durch diplomatische Intrigen
bekämpften. Es wird häufig übersehen, daß politisch
uneinige Kleinstaaten größere schöpferische Impulse entwickeln als Weltreiche. Das gilt nicht nur für Athen,
Florenz und Weimar. Das antike Rom war zur Zeit seiner
Weltherrschaft eine kulturelle Sonnenfinsternis, das spa-
nische Weltreich Philipp II. eine bigotte Totengruft und
das Empire der Queen Victoria eine spießbürgerliche
Plüschkultur. Man könnte das bunte Bild der griechischen
und oberitalienischen Stadtstaaten mit dem heutigen Europa vergleichen. Nirgendwo sonst auf der Erde gibt es so
viele eigenständige Nationen, so eng zusammengedrängt
wie auf dem halbinselähnlichen Zipfel des asiatischen
Kontinents, den wir Europa nennen. Auf einer Fläche so
groß wie die arabische Wüste liegen an die dreißig Länder.
Trotz ihrer Kleinheit haben diese Zwergstaaten die Welt
verändert wie keine Macht vor ihnen. Kulturhistorisch
betrachtet wäre ein Vereintes Europa nach amerikani-
schem Vorbild eine Katastrophe, die man um jeden Preis
verhindern sollte, wenn sich so etwas überhaupt verhindern ließe.

Die Ähnlichkeit der italienischen Stadtstaaten mit den
griechischen erstreckt sich auch auf die politische Lebensform. Sowohl die Medici als auch Perikles haben nicht von
Gottes Gnaden regiert, sondern aus eigener Kraft. Die
mächtigen italienischen Stadtstaaten übten über die klei-

neren eine ebenso rücksichtslose Hegemonie aus wie Athen und Sparta über die schwächeren »Bundesgenossen«. Sie bekämpften sich gegenseitig mit der gleichen Heimtücke und Grausamkeit, besaßen keinen Sinn für politische Einheit und empfanden sich dennoch in allen künstlerischen und geistigen Fragen als kulturelle Einheit. Eine auffallende Ähnlichkeit zwischen beiden Zeitabschnitten besteht in ihrem Verhältnis zur Stadt. Die empfindlichste Strafe nach der Hinrichtung war die Verbannung aus der Heimatstadt. Und davon wurde sowohl in Griechenland als auch in Italien reichlich Gebrauch gemacht. Phidias hat genauso darunter gelitten wie Dante.

Es gibt so viele Übereinstimmungen zwischen den beiden zeitlich so weit voneinander entfernten Kulturformen, daß man nicht mehr von Zufall sprechen kann. Woran liegt das?

Renaissance heißt so viel wie Wiedergeburt. Aber warum wurde die Antike wiedergeboren und weshalb ausgerechnet in Oberitalien?

In den meisten Kunstgeschichtsbüchern liest man, daß es daran gelegen habe, daß die Menschen in Italien durch die römischen Bauten immer in engem Kontakt mit der Antike gestanden hätten. Das mag stimmen, aber diesen Kontakt hatten sie auch in Griechenland und an der Westküste Kleinasiens, wo es zu keiner Renaissance kam.

Man verwendete in Oberitalien zwar griechische Säulen und Dachprofile sowie römische Rundbögen und Kassettendecken, aber was besagt das schon? Diese Stilelemente wurden benutzt wie Buchstaben, die man zu einer völlig neuen Sprache zusammenfügte.

Enea Silvio und Poggio, die bedeutendsten Humanisten des 15. Jahrhunderts, verabscheuten im Grunde ihres

Herzens die Antike. Der Erstgenannte behauptete, Alexander der Große sei ein elender Räuber gewesen, und nannte die Römer »eine blutige Geißel der Menschheit«. Poggio beschimpfte die Griechen als tugendlose Rowdies, bei denen es weder Treue noch Humanität oder gar echte Frömmigkeit gegeben hätte. Man liebte die Antike nicht; man war mit ihr durch Geburt verwandt, durch die Wiedergeburt der Individualität.

Die Geschichte der Menschheit ist die Geschichte des menschlichen Kollektivs, des Stammes, der Religionsgemeinschaft oder der Nation. Der einzelne lebte in dieser Gemeinschaft wie eine namenlose Biene für ihr Volk. Selbst die alten Stammeshäuptlinge und Pharaonen waren nur ein Teil der Gruppe. Ihr Wert lag ausschließlich in der Gemeinschaft, die sie trug. Wurden sie gestürzt, so verloren sie ihren Rang und verschwanden in der Anonymität. Ramses ist kein Eigenname für eine Persönlichkeit. Ramses steht für einen bestimmten Zeitabschnitt der ägyptischen Geschichte. Wenn es heißt: »Ramses errichtete dem Osiris einen Tempel«, so heißt das nicht, daß er das vollbrachte, sondern daß die Ägypter zu seiner Amtszeit das Werk ausführten.

Bis zu Beginn der Antike kennen wir von allen alten Völkern nur die Namen ihrer Herrscher und Führer. Wir wissen weder, wer den Palast von Knossos erbaute, noch, wer Babylon plante. Das ändert sich schlagartig mit der Antike. Mit einemmal ist die Erde angefüllt mit Privatpersonen. Wir kennen die Namen von Künstlern, Philosophen, Gladiatoren, Politikern, Sportlern, Lebemännern und ihren Geliebten. Wir kennen selbst die Namen ihrer Pferde und Hunde.

Mit der Antike stirbt auch das kurzlebige Phänomen der

Individualität. Die Gemeinschaft dominiert wieder über den Privatmann als eigene Lebensform.

Bis zur Renaissance kennen wir kaum den Namen einer Privatperson. »Unbekannter Meister« oder »Maler der Rheinischen Schule« ist meist alles, was wir über die Schöpfer der Kunstwerke aus dieser Zeit sagen können. Wir wissen, daß die Hetäre Phryne den aufregendsten Busen von Athen besaß und der Playboy Lucullus die leckerste Schlemmertafel im alten Rom führte, aber wir wissen von keinem romanischen Dom, wer ihn erbaut hat.

Das ändert sich erst wieder mit der Renaissance, mit der Wiedergeburt des Individuums. Warum geschah das gerade in Italien?

Viele Wissenschaftler haben sich mit der Frage beschäftigt, ob das Leben, wie es auf der Erde entstanden ist, sich auch auf einem anderen Planeten unter ähnlichen Voraussetzungen entwickeln würde.

Die meisten sind davon überzeugt. Vielleicht gilt das auch für unsere Kulturgeschichte.

Die italienischen Städte besaßen aufgrund ihrer antiken Vergangenheit viel mehr städtischen Charakter als die jungen Stadtsiedlungen des Nordens. In Italien hatte sich seit etruskischer Zeit alle Kultur in Städten abgespielt. Rom nannte man während des ganzen Altertums *urbs*, »die Stadt«. Deshalb waren die italienischen Städte der Renaissance auch etwas anderes als die Städte des Nordens. In Lübeck, Köln und Nürnberg lebten die Bürger noch in mittelalterlichem Kollektivempfinden. Die große Architektur der nördlichen Städte beschränkte sich noch auf Kirchen, Rathäuser und Zunftbauten. Ganz anders verhielt es sich in Italien. In Venedig, Mailand und Florenz entstanden zur gleichen Zeit bürgerliche Paläste von gewaltigem Machtanspruch und erlesenem Geschmack. Im übrigen Europa war das wichtigste Bauwerk nach wie vor der Dom. Der Paradebau der oberitalienischen Stadtrepubliken aber war der Palazzo, der sichtbarste Ausdruck einer emporgekommenen Person. Die Palazzi waren aber nicht nur Denkmäler, sondern vor allem Festungen. Denn nur die Stärksten überlebten in den wölfischen Duellen der größenwahnsinnigen Individuen.

Von 1350 bis 1450 herrschte in Italien permanenter Kleinkrieg, und doch entstanden gerade in diesem Jahrhundert alle blühenden Stadtstaaten: Venedig, Mailand, Florenz und Neapel, Genua, Siena, Urbino und all die anderen. Innerhalb dieser Städte wüteten permanente Fehden und Straßenkämpfe zwischen den verschiedenen Geschlechtern, die auf dem Weg zur Macht über Leichen gingen. 1402 wurden alle Männer des Herrscherhauses von Lodi auf einem öffentlichen Platz bei lebendigem Leibe verbrannt. 1445 wurden in Bologna nach der Ermordung einiger Familienmitglieder der Bentivoglio alle Feinde dieses Hauses zusammengetrieben und geschlachtet. Ihre dampfenden Herzen nagelte man an die Eichentore des Palazzo di Bentivoglio. In Mantua hingen eiserne Käfige hoch über der Straße an den Palästen der Mächtigen. In ihnen ließ man gefangene Gegner vor aller Augen verhungern. In Perugia lieferten sich die beiden verfeindeten Familien der Baglioni und der Oddi so fürchterliche Gemetzel, daß die Pflastersteine der Piazza ständig rot von Blut waren und die Kathedrale zweimal mit Wein gewaschen und neu geweiht werden mußte. In der gleichen Stadt und zur selben Zeit malte Raffael seine gütigen Heiligen und zarten Madonnen. Licht und Schatten standen in unglaublich hartem Kontrast nebeneinander.

Beschäftigt man sich mit den Menschen dieser Zeit, so vermag man es nicht zu fassen, daß diese Halbgötter und Werwölfe wirklich gelebt haben. Genau so verhält es sich mit ihren Bauten. Die Palazzi sind von so maßlosem Machtanspruch, daß man es kaum für möglich hält, daß hier Menschen gewohnt haben. Diese Bauten sind steinerne Panzer der Individualität. Ihr Geist veränderte die ganze mittelalterliche Welt. Rittertum und Feudalismus verschwanden. An Stelle der ritterlichen Vasallen mit ihren Idealen von Ehre und Treue traten geschäftstüchtige Kriegsspezialisten, die sich an den Meistbietenden verkauften. Die alten Standesunterschiede zerbrachen. Bürgerliche Familien wie die Medici, Sforza und Gonzaga übernahmen die Führung. In der mittelalterlichen Gesellschaft gaben Ritter und Klerus den Ton an, jetzt waren es bürgerliche Emporkömmlinge und Handwerker. Ein Handwerker aber war etwas völlig anderes als das, was wir heute darunter verstehen. Handwerk war vor allem Kunstwerk und nicht Produktionsform. Aus den Zünften gingen die Künstler hervor. Wenn man heute auf sozialistischen Schulen lehrt, daß die Zünfte »klassenkämpferische Verbände der Werktätigen gegen den Feudalismus« waren, so ist das Unsinn. Die Zünfte waren patriarchalische Lebensgemeinschaften. Moralische Führung war wichtiger als alles andere. Meisterlich gute Arbeit war Ehrensache und stand über allen wirtschaftlichen Belangen. Die kapitalistische These »Zeit ist Geld« hätte man in diesen Kreisen nicht verstanden. Man muß von diesen Dingen wissen, um zu begreifen, warum diese Zeit vom Türschloß bis zur Ofenplatte, für jedes noch so belanglose Detail, selbst für flüchtige Tischdekorationen so unglaublich viel Liebe und handwerkliche Treue aufbrachte. Es war die Blütezeit der kunstvollen Verschönerung aller Stoffe.

Eine Fülle von einmaligen Charakteren bevölkerte die oberitalienischen Städte, skurriler, genialer und lasterhafter, als irgendein Dichter sie sich auszudenken vermag, gewaltige Persönlichkeiten wie Papst Julius II. mit dem Beinamen »der Schreckliche«. Er war Stellvertreter Christi, Despot und Heerführer. Er lag in ständigem Krieg gegen alle, belagerte Städte und plünderte ganze Landschaften für seine ehrgeizigen Ziele. Den Petersdom ließ er abreißen, weil er ihm nicht mehr gefiel. Zügellos und von Geschlechtskrankheiten zerfressen, machte dieser Rasputin auf dem Thron Petri die Vatikanstadt zum kulturellen Mittelpunkt der Erde. Er rief den jungen Raffael nach Rom und gewann Bramante, den größten Baumeister seiner Zeit, für den Neubau von Sankt Peter. Als erster erkannte er Michelangelos Genie. Papst Sixtus IV., nach dem die Sixtinische Kapelle benannt wurde, war ein rachsüchtiger, hemmungsloser Emporkömmling. Er veranstaltete Orgien, wie sie Rom nur unter den Caesaren erlebt hatte. Konkurrenten ließ er durch bezahlte Killer beseitigen. Als am Ostermontag 1478 der zelebrierende Kardinal im Dom von Florenz die Hostie hob und jedermann mit gesenktem Haupt niederkniete, schlugen die päpstlichen Attentäter so brutal mit ihren Schwertern auf die regierenden Medici ein, daß sie sich dabei selber schwer verwundeten. Der gleiche Sixtus begründete die Lukas-Akademie und zog die hervorragendsten Künstler seiner Zeit nach Rom.

Papst Leo X., den man schon als Kind zum Kardinal machte und dessen Regierung mit Recht »die goldene« genannt wurde, war ein maßloser Fresser. Er war so pathologisch verfettet, daß er seinen schweren Leib nur mit Hilfe von zwei Dienern vorwärts schleppen konnte. Er pflegte bei Tisch seine Gäste mit Bratenresten zu bewerfen und befahl seinem Hofnarren, ständig so viele rohe Eier zu verschlingen, bis der Zwerg zu platzen drohte.

Papst Alexander VI., der sich aus Versehen selbst ermordete, als er bei einem Festessen das Gift für einen Gast verwechselte, war berühmt für seine häufig wechselnden Liebschaften. Sein Sohn Cesare Borgia war ein Ausbund an Falschheit und Brutalität. Er hatte nicht nur seinen Bruder und Schwager gemordet, sondern fast das ganze Geschlecht Orsini ausgerottet. Machiavelli hat ihm in seinem Traktat über die Staatskunst der Fürsten ein Denkmal gesetzt. Dort heißt es: Ein Fürst darf niemals zu seinem gegebenen Wort stehen. Er muß ein geschickter Heuchler und Betrüger sein. Es ist vorteilhafter, gefürchtet als geliebt zu werden. Güte ist Schwäche. Ein Mensch vergißt leichter die Hinrichtung seines Vaters als den Verlust des väterlichen Erbteils.

Es ist überhaupt eine seltsame Tatsache, die des Nachdenkens durchaus wert ist, daß die Kirche – und nicht nur die Kirche, sondern das ganze Abendland – ihre bedeutendsten Kunstschätze und vollendetsten Bauten ihren moralisch übelsten Papstkreaturen verdankt. Trotz aller Brutalität und Machtbesessenheit waren diese Menschen hochintelligente, kultivierte Persönlichkeiten, die von sich und ihrer geschichtlichen Mission maßlos überzeugt waren.

Als die Mailänder Bürgerschaft dem Francesco Sforza einen Triumphbogen errichten wollte, sagte er: »Triumphbögen sind etwas für Caesaren, ich aber bin ein Sforza.«

Als Michelangelo einen Medici zweimal porträtierte und man ihm vorwarf, daß zwischen den beiden Abbildern keine Ähnlichkeit bestünde, erwiderte er: »Wem wird das in tausend Jahren schon auffallen.« Das Porträt als realistisches Abbild einer Persönlichkeit ist ebenfalls ein Novum. Selbst in der griechischen Antike war es den Künstlern nicht gestattet, Personen geringen Standes zu porträtieren, es sei denn für Grabmale. Nun konnte sich jeder noch so ehrlose Bürger malen lassen.

Man versuchte, die Geheimnisse der Schöpfung visuell zu erfassen. Ein Wissenschaftler war kein abstrahierender Denker, er war immer und vor allem Künstler, der Erkenntnisse sammelt, indem er die Dinge anschaute und visuell aufnahm und verarbeitete. Das Studium der Anatomie faszinierte alle Gebildeten so sehr, daß Signorelli sogar den Leichnam seines Sohnes zerlegte und zeichnete.

Leonardo da Vinci beobachtete fliegende Vögel so gründlich, daß er lange vor der Einführung der modernen Aerodynamik Flugmaschinen entwickelte. Im Hintergrund seiner Mona Lisa sind Effekte erkennbar, die auf sehr sorgfältigen Studien der Luftströmung basieren. Ähnlich verhält es sich mit den Bauten aus dieser Zeit. Die vollkommenen Kuppelkonstruktionen beruhen nicht so sehr auf statischen Berechnungen als vielmehr auf dem visuellen Studium der Natur, der Kraftlinien in Knochen und in Pflanzenhalmen und dem rechten Gefühl für die natürlichen Grenzen des verwendeten Materials.

Es ist deshalb nicht richtig, wenn man in der Renaissance den Beginn der modernen Naturwissenschaften sieht. Das Wissen der Gegenwart, das mit Hilfe von elektronischen Rechnern ermittelt wird, ist das genaue Gegenteil hierzu.

Die Wiedergeburt der Individualität war für die Menschen Gewinn und Verlust. Naturvölker und Glaubensgemeinschaften fühlen sich in ihrem Kollektiv geborgen. Die Menschen der Renaissance waren sich ihrer Einsamkeit bewußt. Die Machthaber und Geistesheroen waren introvertierte Einzelgänger. Michelangelo und Leonardo da Vinci waren abgeschlossene Welten für sich. Sie hätten zu jeder anderen Zeit leben können und passen doch in keine Zeit. Michelangelo war ein menschenfeindlicher, mißtrauischer Eigenbrötler, häßlich und launisch. Die Mächtigen lebten isoliert, in ständiger Angst um ihr Leben und um ihre illegitime Macht wie der Mailänder Tyrann Gian Maria, der eine hundertköpfige Rotte von Bluthunden mit rohem Menschenfleisch füttern ließ, um sich vor Attentätern zu schützen, und trotzdem von drei Edelleuten zerhackt wurde.

Auf die Dauer vermag kein Mensch als isoliertes Einzelwesen zu existieren. Die Gemeinschaft der Renaissancedespoten war ihre Familie. Alle wichtigen Positionen wurden mit Verwandten besetzt. Der Nepotismus der Päpste und Machthaber wurde bis zum Extrem gesteigert. Der Familienkult ersetzte das Nationalgefühl, das es in unserem Sinn noch nicht gab. Die Nation war nichts weiter als ein gemeinsames loses Band, ähnlich wie für uns Heutige der europäische Gedanke. Obwohl »Italien« wie auch »Deutschland« aus einer Vielzahl selbständiger Staaten bestanden, gab es doch schon typisch nationale Eigenschaften. So gab es in Italien nie wirklich eine Gotik. Zur Errichtung der wenigen gotischen Bauten holte man sich Baumeister aus dem Norden. Dagegen war die Renaissance typisch italienisch. Nördlich der Alpen vermochte sie sich erst eineinhalb Jahrhunderte später zu entfalten.

Zwischen Petrarca und Dürer liegen so viele Jahre wie zwischen uns und Goethe. Als die Renaissance Deutschland erreichte, hatte sie ihren Vorrat an lebendiger Energie verbraucht. Neben den kraftstrotzenden Individuen Oberitaliens wirken die deutschen Renaissancevertreter wie antiquierte Buchhalter einer abgeschlossenen Bilanz.

Moralisch gesehen ist die ganze Welt der italienischen Individualität nicht höher zu bewerten als die griechische. Sowohl in Athen als auch in Florenz wurde Schönheit höher bewertet als Güte. Die Schönheit existiert immer um ihrer selbst willen. Sie ist egoistisch. Güte will sich aufopfern. Die Welt der Palazzi war nicht gut im Sinne von gottgefällig, aber sie bejahte die Welt mit aller Kraft. Deshalb hatte auch die Kirche kaum Anteil an den schöpferischen Impulsen dieser Zeit, und wenn doch, so lag das nur an den brutal kraftvollen päpstlichen Individuen. Das gleiche gilt auch für die Reformation, von der Goethe sagte: »Das einzige, was uns an der Reformation interessiert, ist Luthers Charakter, und er ist auch das einzige, was der Menge wirklich imponiert hat. Alles übrige ist ein verworrener Quark, wie er uns täglich zur Last fällt.« Nietzsche, der die Meinung vertrat, das Christentum habe uns um die Früchte der Antike betrogen, sah in der italienischen Renaissance nicht nur die Geburtsstunde der Individualität, sondern vor allem den Tod des kranken Christentums. So klagt er: »Luther war ein Verhängnis für die Menschheit, denn er kam, als die Renaissance das Papsttum erobert hatte und das Leben dabei war, mit dem Christentum stillschweigend aufzuräumen. Und da kommt dieser Luther und stellt die Kirche wieder her. Oh, diese Deutschen!«

Diese Zeit fand ihre höchste Vollendung im Bauen als

sichtbarem Sinnbild eigener Größe. Das Haus des besiegten Gegners wurde geschleift. Erst dann war der andere wirklich besiegt. Wie hoch diese Zeit das Bauen bewertete, erkennt man an der Behauptung Albertis, der in seinem Lehrbuch der Literatur behauptete, das römische Imperium verdanke seinen unsterblichen Glanz einzig und allein seinen Bauten.

Eine manische Baubesessenheit ergriff alle Menschen. In Siena wurde der Stillstand des Dombaues als öffentliche Schande empfunden. In Florenz beschäftigte der Bau des Domes die gesamte Stadt. Nach zehnjährigem Streit um den endgültigen Entwurf errichtete man auf einem Platz ein maßstäbliches Holzmodell so groß wie ein Omnibus, vor dem die Volksmassen tagelang debattierten. Nach einem Mehrheitsentscheid wurde der endgültige Entwurf zum Gesetz erklärt, und alle Abweichungen vom Modell wurden unter schwere Strafe gestellt. In der Architektur herrschte eine seltsame Leidenschaft für den Innenraum. Das ist um so unbegreiflicher, als alles Leben sich zum größten Teil auf der Straße, unter freiem Himmel abspielte. Hochzeit, Taufe und sogar das Sterben waren öffentliche Angelegenheiten. Vor versammelten Nachbarn als Zeugen verkündete der Sterbende mündlich sein Testament.

Man verherrlichte den Innenraum nicht, weil man ihn brauchte, sondern als Ausdruck seines Lebensgefühls. Man fühlte sich nicht als Baustein eines Kollektivs, sondern als agierende Mitte. Die Menschen dieser Zeit erlebten sich drinnen, als Mittelpunkt ihrer Architekturen. Palazzi und Stadtvillen umschlossen immer einen Innenhof, der architektonisch besonders sorgfältig geplant wurde. Hier genoß man nicht nur seinen privaten Palast, sondern sogar seinen eigenen Platz mit eigenem Brunnen.

In der mittelalterlichen Stadt mit ihrer engbrüstigen, dicht gedrängten Bauweise gab es nur Platz und unbebauten Freiraum für das Bürgerkollektiv. In den oberitalienischen Städten weitete sich die Privatsphäre. Jeder versuchte sich seine eigene Welt zu errichten, die unverwechselbar seine Wesenszüge trug.

Im gotischen Dom war der Innenraum fast ganz aufgelöst worden. Er besaß keine richtige Decke mehr. Das Kreuzrippengewölbe ragte bis in den Himmel. Es war kein Abschluß, sondern wies über sich hinaus in eine andere überirdische Welt. Die Wände wurden durch gigantische Fensterfiligrane entmaterialisiert. Jetzt lastete die waagrechte Kassettendecke oder die Kuppel als Krönung auf dem in sich selbst ruhenden wohlproportionierten Raum.

Selbst die Malerei als raumloseste aller darstellenden Künste wurde von der Raumleidenschaft ergriffen. Bis zum Ende des Mittelalters war die Malerei reine Flächenkunst gewesen. Die Gestalten standen flächig auf goldenem Grund. In der Renaissance wurden die Bilder plastisch. Man malte mit Vorliebe Innenräume, durch deren geöffnete Fenster man nach draußen blickt. Der Beschauer aber ist drinnen.

Nur Menschen, die sich als individuellen Mittelpunkt der Welt erlebten, vermochten so vollkommene Kuppeln zu errichten wie die von Florenz und Sankt Peter in Rom. Versucht man unvoreingenommen einen Raum wie die Peterskirche nachzuempfinden, so gelangt man zu der Erkenntnis, daß der mächtigste Kirchenbau der Welt, der Mittelpunkt der katholischen Christenheit, zutiefst heidnisch ist. Er atmete den Geist seiner Erbauer, denen Macht mehr bedeutete als christliche Tugenden.

Das Theater

Der König ist der von der Vernunft
eingesetzte Mittelpunkt des weltlichen
Koordinatensystems
Spinoza

Gott ist eine mathematische Größe.
Der Alltag wird zum Theater,
die Kunst zur Droge.
Ein vom Tode Gezeichneter spielt
den unsterblichen Helden.
Originalität ist Taktlosigkeit.
Selbst die Natur wird
kartesianisch.

Die meisten Menschen denken bei dem Wort Barock an Frankreich und an Ludwig XIV. Dabei entstand der Barock vor allem in Holland und in Spanien. Holland hatte gerade seine Unabhängigkeit und wirtschaftliche Vormacht erreicht. Spanien hatte seine politische Führung verloren und stand vor dem Ruin. In Holland blühten Kunst und Wissenschaften. Die Universitäten waren weltweit führend. Holländische Bildung war so hoch geschätzt, daß es als besondere Auszeichnung galt, in Holland erzogen worden zu sein.

Spanien dagegen war so rückständig und seine Bewohner so verarmt, daß selbst die Häuser in den Städten fast nur aus verlausten Lehmhütten bestanden. Die Mehrzahl der Bewohner konnte weder lesen noch schreiben. Auf den Bildern der holländischen Meister regiert die Lebensfreude. Da wird gepraßt und gekotzt. Prächtige Weiber locken mit prallen Brüsten und Schenkeln. In Spanien dagegen verdeckt eine dicke Schminkschicht jede Gefühlsregung der Frauengesichter. Der Busen wird weggeschnürt, steife Reifröcke, sogenannte Tugendwächter, umhüllen den Leib bis auf die Erde.

An diesem Beispiel zeigt sich, daß die heute allgemein verbreitete Auffassung, wonach wirtschaftlich-politische Faktoren über die kulturelle Entwicklung entscheiden, falsch ist.

Spanien ist es noch nie so schlecht gegangen wie im 17. Jahrhundert und Holland nie wieder so gut. Und trotzdem bezeichnen beide diese Zeit als ihr goldenes künstlerisches Jahrhundert.

Ein neuer Zeitgeist betrat die Bühne des Weltgeschehens, und der durchdrang alle Gegensätze.

Das Zeitalter der Naturwissenschaften hatte begonnen.

Spinozas wissenschaftliche Arbeit über Gott liest sich wie ein mathematisches Lehrbuch: Weil Gott vollkommen und unendlich ist, kann er auch keine Persönlichkeit und kein Selbstbewußtsein besitzen, keinen Verstand, keinen Willen und kein Gefühl. Gott ist eine gesichtslose mathematische Ziffer wie Null oder Unendlich. Der Rationalismus wird zum Erbfeind der Kirche. Da die Kirche ihn nicht zu beseitigen vermag, versucht sie ihn mit großem Theater an die Wand zu spielen. Sie übernimmt die Rolle der herrschenden und triumphierenden Kirche, die in rauschenden Jubelakkorden ihren Sieg feiert. Damit aber wird die Kunst zur Droge, mit der man die Wirklichkeit verdrängt. Nie zuvor gab es in der Kirche so viel Pomp und Dekoration. Die Architektur wird zur Theaterkulisse, kostbar und spektakulär. Die Fassaden überragen wie Reklameflächen die dahinter liegenden Bauten. Die Innenräume schwelgen in Spiegeln, Goldleisten, Blumengirlanden, Kristalleuchtern und erlesenen Wandmalereien. Es herrscht die gleiche verzauberte Illusion wie beim Theater. Man malt Säulen und Kuppelgewölbe so täuschend echt auf glatte Wände und Decken, daß sie wie wirkliche große Architekturen aussehen. Diese Räume sind die vollendetste Propaganda, die man je erschaffen hat. Der Mensch, der spürt, daß die Kräfte des Glaubens von den aufkommenden Kräften des Intellekts für immer verdrängt werden, beschwört sie noch einmal in einem grandiosen Theater.

Der Barock ist ein verzweifelter Versuch, mit der Wirklichkeit fertig zu werden. Ein vom Tode Gezeichneter spielt den Unsterblichen. Wem das verlogen erscheint, der möge sich vor Augen halten, daß es keine höhere Kultur ohne Fiktionen gibt. Wir Menschen tun so, als ob mit dem Tod nicht alles vorbei sei. Selbst die Mathematik als logischste aller Disziplinen vermag ohne diese »als-ob-Fiktion« nicht auszukommen. Sie rechnet mit unendlich kleinen Größen und mit Punkten ohne Ausdehnung, obwohl jeder weiß, daß es so etwas in Wirklichkeit gar nicht gibt.

Mit Ludwig XIV. beginnt der Hochbarock. Mit seinem Tod endet die ganze Epoche. Der Sonnenkönig war ihr hervorragendster Repräsentant. Ihr geistiger Vater aber war Descartes. In ihm liegt der Schlüssel zum Barock.

Descartes begründete die analytische Geometrie. Mit ihr läßt sich jede Kurve und Fläche in einer Gleichung ausdrücken. Das war etwas sensationell Neues. Das abstrakte Denken, die Algebra, ließ sich auf wirklich vorhandene Formen anwenden. Jedes Ding existierte bereits in mathematischer Form, bevor es selbst da war. Es gab für jeden Kirschbaum und für jede Katze, für jedes Gebirge und selbst für jede Person eine mathematische Formel. Aus dieser Erkenntnis heraus machte Descartes aus dem Intellekt eine Religion und aus dem Denken eine heilige Handlung. Nur wer denkt, hat eine Seele, denn die Seele besteht aus reinem Denken. Es gibt kein Unterbewußtsein, keine Triebe, Ahnungen oder Empfindungen, da sie nicht Ausdruck klarer Gedanken sind, denn nur, was man denkt, ist wirklich.

Die Architektur, die Musik, das Drama, der Staat, alles wird kartesianisch. Die Künstler des Barock hielten ihre Werke für einen Siegeszug der Natur. Das erscheint uns heute unfaßbar. Denn wenn wir die quadratkilometergroßen Gartenanlagen der Schlösser betrachten, so erscheinen sie uns eher wie eine Vergewaltigung der Natur. Alle Bäume, Hecken, Büsche, Beete wurden mit Zirkel und

Lineal zu geometrischen Formen gestutzt. Nach Descartes war Vernunft gleich Natur. Folglich waren alle Kunstwerke um so natürlicher, je mehr sie mit den mathematischen Gesetzen der Logik übereinstimmten.

Aber nicht nur die Künste unterlagen der strengen Geistesetikette der analytischen Geometrie, selbst der König unterstand ihr. Seine Tagesordnung war so festgefügt wie eine mathematische Gleichung. Der Sonnenkönig war in Wirklichkeit eine große Marionette, die nach strengem Zeremoniell angekleidet, gefüttert und umsorgt wurde. Nur der Vorsteher der Taschentücherabteilung durfte ihm ein Schnupftuch reichen. Vier Personen waren nötig, um ihm ein Glas Wasser zu bringen, acht, um ihn auszukleiden. Es gab einen Hofbeamten, der nichts weiter zu tun hatte, als sich um den königlichen Stuhlgang zu kümmern.

Der König war der von der Vernunft eingesetzte Mittelpunkt des weltlichen Koordinatensystems. Wer gegen den König handelte, war kein Staatsfeind, sondern ein Idiot, der nicht logisch zu denken vermochte. Wenn heute auf sozialistischen Schulen gelehrt wird, der Sonnenkönig sei ein größenwahnsinniger Ausbeuter gewesen, so ist das Unsinn. Der König hatte eine genau vorgeschriebene Rolle auszufüllen. Man kann das Gefühl, das die Menschen ihrem kulturellen Mittelpunkt entgegenbrachten, heute nicht mehr nachempfinden. Das Finanzgenie Colbert und der Festungsbauer Vauban starben, nach einer königlichen Rüge, am Nervenfieber, Racine endete im Trübsinn. Des Königs Leibkoch, Vatel, stürzte sich ins Küchenmesser. Dabei war Ludwig XIV. ein äußerst höflicher Mensch, der vor jedem Dienstmädchen den Hut zog und dauernd in der Angst lebte, jemandem weh zu tun oder gegen die Formen des Anstandes zu verstoßen.

Das Militär wurde zum Lieblingsspielzeug der Könige. Es wurde im Barock zum erstenmal exakt. Während der Soldat bis dahin anzog, was ihm gerade paßte, wurde er nun uniformiert. Er wurde gedrillt, in Rechteckquadern im Gleichschritt zu marschieren und in schnurgeraden Reihen strammzustehen. Der Soldat besaß keine Individualität. Er war eine Nummer für geometrische Operationen. Er wurde nicht für den Kampf erzogen, sondern für das große exakte Schauspiel der königlichen Parade. Überhaupt spielte die Kleidung wie beim Theater eine ungeheure Rolle. Ganze Heerscharen von Schneiderinnen arbeiteten monatelang an einer Robe aus edelsten Materialien. Höchste Vollendung für die Herren war die große Staatsperücke. Der weibliche Kopfputz erreichte bisweilen die Höhe von anderthalb Metern. Perücken und Stöckelschuhe, die von Männern und Frauen getragen wurden, zwangen ihre Träger, sich bedächtig und etikettiert zu bewegen. Impulsive Bewegungen waren mit ihnen nicht möglich. Das gleiche galt für die Fettleibigkeit, die zum Schönheitsideal erhoben wurde, denn schwergewichtige Menschen bewegen sich mit mehr Gravität und Würde als dünne.

Diese Zeit verachtete alles Spontane und Improvisierte, weil es nicht durchdacht und damit nicht natürlich war. Man gebrauchte zu bestimmten Anlässen genau vorgeschriebene Worte und bewegte sich beim Hofzeremoniell ständig mit genau festgelegten Schritten und Gebärden. Andere zu verwenden, hätte man nicht als Originalität, sondern als Taktlosigkeit ausgelegt. Nur wer die vorgeschriebenen Regeln erfüllte, galt als geistreich, denn er verhalf der vollkommenen Form zu ihrem natürlichen Sieg.

Auch die Bauten unterlagen diesem strengen Reglement. Man begnügte sich nicht damit, nur die Bauten den Formgesetzen zu unterwerfen, sondern übertrug diese Gesetze auch auf die umgebende Natur. Dabei verstand der Barockmensch unter Natur etwas völlig anderes als wir Heutigen. Das Meer oder ein Gebirge wurde als häßlich und abstoßend empfunden. Wasser war nur schön, wenn es in wohlgestalteten Brunnen plätscherte. Und Felsen waren nur betrachtenswert in Form von künstlichen Grotten. Man hielt künstliche Blumen und Früchte für schöner als ihre Originale. Denn nur was Menschengeist gestaltet hatte, war schön und natürlich.

Es ist kein Zufall, daß der Barock für die Antike schwärmte. In allen repräsentativen Räumen und in den Parkanlagen, in der Dichtung und in der Malerei wimmelt es von griechischen Göttern. Sowohl die Künstler Griechenlands als auch des Barocks erlebten ihre Umwelt nicht als Realität, sondern als schöne, idealisierte Scheinwelt.

Wenn wir heute von einem Menschen sagen »er spielt Theater«, so meinen wir, er ist nicht aufrichtig. Der Barock hatte ein anderes Verhältnis zum Theater. Es war der wichtigste Teil seines Lebens.

»Wenn der Mensch die Bühne der Welt betritt, so weint er«, sagte Racine. Die letzten Worte Ludwig XIV. lauteten: »Applaudiert mir. Ich habe meine Rolle gut gespielt.«

Kein Wunder, daß das Theater zur höchsten Blüte gelangte. Unter allen Bühnenkünsten aber führte die Oper, denn sie verband das Theatralische mit der Musik. Der äußere Prunk der frühbarocken Opernaufführungen muß gewaltig gewesen sein. Friedell beschreibt ihn: »Pferde,

Büffel, Elefanten und Kamele zogen über die Bühne. Truppen von oft vielen hundert Menschen lieferten sich Gefechte. Bernini zeigte einmal auf der Bühne die Engelsburg und davor den rauschenden Tiber mit Kähnen und Menschen. Plötzlich riß der Damm, der den Fluß vom Zuschauerraum trennte, und die Wellen stürzten dem Publikum mit solcher Wucht entgegen, daß es entsetzt die Flucht ergriff. Aber Bernini hatte alles so genau berechnet, daß das Wasser vor der ersten Reihe halt machte. Ein andermal brachte er einen Karnevalszug auf die Bühne mit brennenden Fackeln. Ein Teil der Bühne geriet in Brand. Alles begann davonzulaufen. Aber auf ein Zeichen verloschen die Flammen, und die Bühne verwandelte sich in einen blühenden Garten, in dem ein feister Esel ruhig graste.«

Wie kein anderes Jahrhundert hatte das barocke einen seltsamen theatralischen Zug zur Übertreibung. Jeder wollte mehr scheinen, als er war. Aus der einfachen Anrede »Bruder« wurde »der hoch- und wohlgeborene Herr«. Man versicherte sich in endlosen, auswendiggelernten Phrasen, daß man der Ehre nicht würdig sei, jemandes untertänigster Diener zu sein. Man debattierte tagelang, ob die kurfürstlichen Gesandten das gleiche Recht wie die fürstlichen besäßen und die Beine ihrer Sessel auf den Teppich stellen dürften oder nur auf die Teppichfransen.

An Stelle von Moral und Gewissen trat die Kunst des sich artig Benehmens, die man aus Komplimentierbüchern dressurartig erlernte. Auch der Glaube war nur noch Theater. Die absolutistischen Herrscher waren in der Mehrzahl Atheisten so wie Friedrich II., der die Meinung vertrat, die Geschichte sei ein großes Welttheater und die Menschen eine verfluchte Bande von tückischen Affen. Die Herrschenden bezeichneten sich selbst als aufgeklärt und fühlten sich der Vernunft verpflichtet. Im übrigen dachten sie wie der Preußenkönig: »Gott beschütze jeden Staat vor der Tollwut der Theologen!«

In dem großen Theater des Barock spielte die Kirche keine Rolle mehr, nicht einmal eine Nebenrolle. Sie diente nur noch im Hintergrund als Bühnendekoration.

Jeder Regisseur weiß, daß es kein bühnenwirksameres Requisit gibt als repräsentative Treppen. Auch in dem großen Barocktheater spielen sie eine alles beherrschende Rolle. Niemals zuvor wurden so pompöse und prachtvolle Treppen gebaut, versteinerte Wasserfälle, Menuette in Marmor. Sie nehmen in den Schlössern so viel Raum ein, daß man glaubt, die Gebäude seien nur ihretwegen errichtet worden, so wie die Würzburger Residenz, wo die Deckenmalerei des Treppenhauses mehr Geld verschlang als die Errichtung der Schloßkirche. In diesem Deckengemälde herrschen nackt und vollendet schön die heidnischen Götter der Antike. Christus und die Heiligen sucht man hier vergebens. Man vermag es nicht zu fassen, daß dieser Bau von einem Bischof errichtet wurde. Hier hatte Christus nicht einmal mehr dekorativen Wert.

Als das Welttheater immer mehr zur Maskerade wurde, verebbte die Kraft des Barock im Rokoko.

Die schillernde Phosphoreszenz der Fäulnis liegt über allem. Zu keiner anderen Zeit war der Geschlechtsverkehr mit Kindern so beliebt und verbreitet. Altersunterschiede verwischte man durch graugepuderte Haare und dick aufgetragene Schminke. Zu keiner anderen Zeit gaben sich die Männer so feminin und infantil.

Das Lieblingsmaterial dieser Zeit war das zerbrechliche Porzellan. Ganze Teehäuser, Kabinette und Kutschen wurden damit ausgeschlagen. In den Märchen der Zeit träumte man von Schlössern aus Porzellan. Man schwärmte von China und sammelte Chinoiserien, chinesische Vasen, Seidentapeten, Lackmöbel, chinesische Gärten mit Pagoden und Bambusbrücken. Selbst der Rokokozopf soll auf China zurückgehen.

Der Mensch sehnt sich immer nach dem, was er nicht hat. Stadtkulturen schwärmen von der Natur und Naturvölker vom industriellen Fortschritt. Die alte chinesische Kultur ist die genaue Umkehr zum Lebensgefühl des Rokoko. Der Chinese empfand sich als Teil der bestehenden Natur. Sitz der Seele war nicht der Kopf, sondern das vegetative Nervensystem.

Im Barock war Natur gleich Intellekt. Natürlich war nur, was mit den vom Kopf her diktierten Gesetzen der Logik übereinstimmte. Bewegung war wichtiger als Ruhe, Kraft wichtiger als Harmonie. Die Liebe des Rokoko zu China ist ebensowenig zufällig wie die Liebe des industriellen Proletariats zur Südsee und zu Robinson Crusoe.

Mit dem Rokoko stirbt eine ganze Kulturepoche, tänzerisch, obszön, überfeinert und müde. Wenn diese Zeit überhaupt noch Kraft fand zu bauen, so waren es nicht mehr große Schloßanlagen, sondern intime Lusthäuschen. Schon ihre Namen zeugen von verschwiegener Individualität: Sanssouci, Solitude, Eremitage. Diese Bauten dienen nicht mehr der kraftvollen Repräsentation, sondern dem intimen Genuß.

Mit dem Rokoko stirbt der Barock. Er erlebte seine höchste Vollendung in Frankreich. Die Revolution war kein Sieg des Bürgertums, sondern ein Selbstmord der herrschenden Kulturträger. Ihre Zeit war abgelaufen, auch ohne den Sturm auf die Bastille.

Das Grandhotel

Die Kohle ist das Maß aller Dinge.
Friedrich Siemens

Noch niemals zuvor ist so viel gebaut worden.
Diese Bauten sind wehmütige Erinnerungen
an mittelalterliche Burgen und antike Tempel.
Das Grandhotel ist der Paradebau des Bürgertums.
Europa ist der Mittelpunkt der Welt.
Das Geld wird zur Gottheit und
der König zum Großbürger.
Dieses so realistische Jahrhundert
hat nichts so sehr verleugnet wie
seine eigene Gegenwart.

Es ist eine bekannte Tatsache, daß Kinder oft ein vertrauteres Verhältnis zu ihren Großeltern haben als zu ihren Eltern. Ähnlich verhält es sich mit uns und dem 19. Jahrhundert. Es liegt noch zu dicht an unserer Gegenwart, als daß wir Lebenden es zu würdigen verstünden. Wir sehen in dieser Zeit vor allem die verstaubte Welt des Großbürgertums, das falsche Pathos, den Kitsch und die verlogene Moral. In Wahrheit war es ein großes Jahrhundert. Es beendete die Neuzeit, die mit der Gotik begann, und war zugleich der kraftvolle Anfang einer neuen Epoche, für die wir noch keinen Namen haben.

Obwohl unsere Urgroßeltern noch in dieser Zeit gelebt haben, machen wir Heutigen uns ein völlig falsches Bild von ihr. Europa war noch eine rein landwirtschaftliche Welt. Bis zum Jahr 1885 gab es in der Welt nur zehn Städte mit mehr als einer Million Einwohner. Die erste Millionenstadt in Europa war London.

In England besaßen nicht einmal zweitausend Landlords mehr als ein Drittel des gesamten Grund und Bodens. Überhaupt war Grundbesitz ein Zauberwort des Jahrhunderts. Ein Großgrundbesitzer besaß mehr gesellschaftliches Ansehen als ein Adliger. Die emporgekommenen englischen Großbürger lebten in Herrenhäusern, umgeben von gepflegten Rasenflächen und wildreichen Parks, in denen man Parforcejagden veranstaltete oder Golf spielte. In unmittelbarer Nachbarschaft mit der neuen Industrie lebten die Reichen wie der Feudaladel des späten Mittelalters.

In diesem bürgerlichen Zeitalter der industriellen Revolution war England führend. Das ist erstaunlich, denn bis ins 18. Jahrhundert hinein gehörte England zu den ärmsten Ländern Europas. Das änderte sich schlagartig mit der Industrialisierung. 1830 gab es dort bereits an die 12 000 Dampfmaschinen, in Frankreich 3000 und in Preußen nicht einmal 1000.

Der weitaus größte Teil der Industrie arbeitete immer noch mit der Kraft von Wassermühlen. Überhaupt war die Erfindung der Dampfkraft gar nicht die Sensation, wie man es uns in der Schule hat weismachen wollen. In den Mühlenbetrieben erfolgte die Energiegewinnung aus fließendem Wasser und in den Dampfmaschinenbetrieben aus kochendem Wasser. Zur Sensation wurde die Dampfmaschine erst, als sie zu rollen begann. Nun erst war sie den fest am Wasser stationierten Mühlen überlegen und veränderte die Welt.

Bis zur Mitte des 19. Jahrhunderts gab es in Europa nur wenige und sehr schlechte Straßen, auf denen sich die Menschen wie in biblischer Zeit zu Fuß oder auf dem Rücken eines Tieres fortbewegten. Nur ein paar Privilegierte fuhren in Kutschen. Die besten Straßen und Postkutschen gab es in Frankreich. 1848 dauerte eine Reise mit dem Postillion von Paris nach Straßburg zwölf Tage. »Man fliegt mit Windeseile dahin!« schwärmte Victor Hugo.

Die ersten Lokomotiven wurden 1814 für den Abtransport von Kohle in englischen Bergwerken eingesetzt. Sie verbreiteten sich explosionsartig. Amerika, das 1830 über 65 Kilometer Eisenbahnstrecke verfügte, hatte 1850 bereits 14 000 Kilometer Eisenbahnlinien in Betrieb. Zwar warnten noch 1858 die Mediziner des Deutschen Ärztekongresses, daß die hohe Geschwindigkeit bei den Mitreisenden zur Erblindung führen würde, und man riet, auf jeden Fall die Augen zu schließen, wenn ein Zug mit zweiundzwanzig Stundenkilometern vorüberraste, um durch den Anblick nicht verrückt zu werden. In Italien wurde mit jeder Bahnstation eine Kapelle erbaut, wo man vor der Abfahrt jedesmal den Schutz der Mutter Gottes anrief. In Deutschland gab es fünf verschiedene Klassen. Männer und Frauen reisten in getrennten Abteilen.

Die Eisenbahn veränderte das Jahrhundert. Es entstanden noch nie dagewesene Bauformen. Der Bahnhof wurde zum neuen Herz und Mittelpunkt der Stadt. An den Eisenbahnknotenpunkten entwickelten sich neue Städte, und alte, bisher abseits gelegene rückten über Nacht in den Mittelpunkt, wie Florenz, das abseits der Verkehrswege einen Dornröschenschlaf gehalten hatte und durch den Bau der Eisenbahn zur ersten Hauptstadt Italiens avancierte. Trotzdem war die Eisenbahn während des ganzen Jahrhunderts nur ein Kurzstreckenmittel. Weite Reisen unternahm man mit dem Schiff. Das Meer aber gehörte den Segelschiffen. Noch in der zweiten Hälfte des Jahrhunderts wurde ein neuer Segeltyp entwickelt und als der größte Fortschritt der modernen Seefahrt gefeiert. Der Klipper segelte 33 Kilometer die Stunde, eine Geschwindigkeit, die die Dampfschiffe erst ein Vierteljahrhundert später erreichen sollten. Noch 1870 wurde zehnmal mehr Fracht durch Segler als mit Dampfschiffen befördert.

Nichts aber beeinflußte dieses Jahrhundert so sehr wie die Kohle. Die Bergwerke dehnten sich in den Industrierevieren krebsartig aus und verpesteten die Landschaft. Die Kohleförderung stieg zwischen 1800 und 1850 von zehn auf neunzig Millionen Tonnen. 1880 waren es bereits einhundert Millionen Tonnen und 1900 fast dreihundert Millionen. »Die Kohle ist das Maß aller Dinge«, verkündete Friedrich Siemens. Und Maximilian Harden glaubte sogar: »Ohne Kohle ist das Heil der Welt verloren.« Die

Kohleförderung und die damit verbundene Stahlproduktion wurden zum Maßstab der Macht. Als 1870 im Ruhrgebiet doppelt so viel Kohle gefördert wurde wie in Frankreich, empfanden das die maßgeblichen französischen Politiker wie eine militärische Niederlage. Aber nicht nur für die Nationen bedeuteten Kohle und Stahl Macht, sondern auch für alle, die es verstanden, sich daran zu bereichern, wie die Krupps, die sich auf ihrem fürstlichen Privatbesitz sogar einen Bahnhof anlegten, um die Könige der Welt bei sich zu empfangen.

Die Kehrseite der industriellen Revolution war ein Arbeiterproletariat, wie es die Welt bis dahin noch nicht kennengelernt hatte. Die Arbeitsbedingungen waren für heutige Begriffe unerträglich. In engen niedrigen Arbeitsräumen mit schlechter Belüftung und Beleuchtung arbeiteten Hunderte von Arbeitern vierzehn Stunden am Tag für geringen Lohn. In Frankreich verdiente 1848 ein Arbeiter für die Bedienung eines Webstuhles dreihundert Francs im Jahr. Er hing an einem Strick, damit er gleichzeitig mit Händen und Füßen arbeiten konnte, denn nur so ließen sich die hochwertigen Spitzen weben. In den Elendsvierteln der Arbeiter von Liverpool und Lyon schliefen drei Menschen in einem Bett. Rachitis und Tuberkulose waren an der Tagesordnung.

Bei den Bauern war es nicht viel besser. Zwischen 1826 und 1855 gab es in Rußland über fünfhundert Bauernaufstände.

Ob man zur guten Gesellschaft gehörte oder nicht, entschied das Geld. An der obersten Spitze dieser Gesellschaftspyramide standen die großen Bankiers und ganz unten die kleinen Gemüsehändler. Das Bürgertum bestimmte die Mode, den guten Geschmack und alle öffent-

lichen Angelegenheiten. Es stellte weitgehend die Angehörigen der freien Berufe. Bürgerlich leben bedeutete,
eine gut eingerichtete Wohnung zu besitzen, die Söhne
studieren zu lassen und den Töchtern eine Aussteuer
geben zu können.

Ein typisches Bild dieser Geldaristokratie hat Honoré
de Balzac gezeichnet. Aller Glanz und alles Elend seiner
Kurtisanen, alle Leidenschaft und Liebe sind letztlich nur
eine Frage des Preises. Es gibt nichts, das man nicht für
Geld erhalten könnte. Hier ist alles käuflich, Freiheit,
Ehre, Jugend, der Dichter Balzac eingeschlossen, dessen
ungeheure Schaffenskraft mit den ständig wachsenden
Schulden um die Wette läuft.

Der Adel kopierte das Bürgertum. Die Könige des
19. Jahrhunderts lebten wie Großbürger. Sie übernahmen
deren Kleidung und Lebensstil und spielten an der Börse.
Der gemeinsame Treffpunkt war das Grandhotel, das
Traumschloß des Großbürgers.

In der zweiten Hälfte des 19. Jahrhunderts entstanden
überall in Europa palastartige Luxushotels als Treffpunkt
der Gesellschaft. Bei ihrer Einweihung standen Kaiser
Pate, wie beim Adlon in Berlin, das von Kaiser Wilhelm
eröffnet wurde, oder beim Imperial in Wien, das den Titel
eines kaiserlich-königlichen Hofhotels verliehen bekam.

Diese Grandhotels waren etwas völlig anderes als das,
was wir heute unter einem Hotel verstehen. Sie waren
keine Häuser zum Übernachten. Sie verkörperten eine
eigene Welt, die sich eine privilegierte Oberschicht errichtet hatte. Diese fürstlichen Häuser mit aristokratischem
Prunk nannten sich mit Vorliebe Palace-Hotel, Hotel
Royal, Imperial und Kaiserhof. Die Fassaden dieser Ho-
tels schmückten sich mit den Stilelementen der klassischen

Antike. Die Salons und Suiten waren angefüllt mit Kunstgegenständen und teuren Materialien wie Marmor, Edelhölzern, Tafelsilber und echten Teppichen. Auf einen Gast kamen bis zu sieben Bedienstete: Kammerzofen, Pagen, Liftboys, Kellner, Gärtner, Sauciers und Hoteldetektive.

Niemals zuvor war so viel gebaut worden. Tausende von Bauten schossen neu empor: Bahnhöfe, Fabrikhallen, Weltausstellungspavillons, Kaufhäuser, Mietskasernen, Cafés, Schlachthöfe, Gasanstalten, Eisenbahnviadukte und Fördertürme. Aber das Grandhotel ist der Paradebau dieses bürgerlichen Jahrhunderts. Es sagt auf seine Weise so viel über diese Zeit aus wie der Dom über die Gotik. Es entspricht der Sehnsucht und den Wunschvorstellungen seiner Zeitgenossen. Das Grandhotel ist ein Ersatzschloß für alle, die nicht als Aristokraten zur Welt gekommen sind, aber es sich leisten können, so zu leben: Könige von Geldes Gnaden.

Diese Hotelbauten sind wehmütige Erinnerungen an mittelalterliche Ritterhallen, venezianische Paläste, an fürstliche Prunkgemächer und kaiserliche Krönungssäle. In ihnen lebt der Geist der bayrischen Märchenschlösser. Das sind keine Wohnungen, sondern Denkmäler einer Lebenshaltung. Wie sehr sie den Geist ihrer Zeit atmen, erkennt man auch daran, daß sie zum beliebtesten Thema und Schauplatz der Literatur werden von Vicky Baum bis zu Thomas Mann.

Im Grandhotel tritt der Grundzug des ganzen Zeitalters zutage. Jeder will mehr darstellen, als er ist, und mehr besitzen, als er sich leisten kann. Da es nur vom kostspieligen Lebensstil abhängt, ob jemand ein Kleinbürger oder ein König ist, so sucht man nach erschwinglichem Ersatz.

Es ist die Ära des allgemeinen und prinzipiellen Stil- und Materialschwindels. Getünchtes Blech sieht so aus wie Marmor, Papiermaché wie Rosenholz, Gips wie schimmernder Alabaster.

Gottfried Semper, einer der berühmtesten Architekten dieses Jahrhunderts, forderte, daß der Stil der Gebäude durch eine historische Assoziation zu wählen sei. Eine Kirche solle an die glaubensstarke (?) Zeit der Gotik erinnern, eine Kaserne an mittelalterliche Wehranlagen, eine Bank an römische Staatsbauten. Baugeschichte avancierte zum wichtigsten Lernfach für Architekten.

Dieses angeblich so realistische Jahrhundert hat nichts so sehr geflohen wie seine eigene Gegenwart. Das ist es, was uns seine Bauten verraten.

Was war geschehen? Die Entwicklung war dem Menschen davongelaufen. Ein unglaubliches Tempo hatte die Welt verändert. Züge rasten durchs Land. Telegrafenverkehr und Telefon machten den Menschen allgegenwärtig. Die Produktion überschlug sich. Die Welt veränderte sich.

Die Menschen verhalten sich wie Kinder, die man zu übergangslos in die realistische Welt der Erwachsenen gestoßen hat. Sie spielen König, Gotik, heile Welt, obwohl sie wissen, daß alles schon unwiederbringlich vergangen ist. Deshalb sehen ihre Bauten so aus, als wären sie Vorlagen eines Kindermodellierbogens, Riesenspielzeuge aus Zuckerguß. Genau wie Kinder besitzen sie keinen Sinn für Sachlichkeit, alles ist nur zur Parade, zum Spielen da. Selbst der Mittelpunkt ihrer Häuser und Wohnungen, die gute Stube, hat keinen Wohnzweck, sondern ist nur zum Vorzeigen für Besucher da, denen man vorspielt, ein bedeutender Bürger zu sein. Die Nostalgie wird geboren.

Es war ein beliebtes Gesellschaftsspiel dieser Zeit, sich gegenseitig die Frage zu stellen:»In welcher Zeit hätten Sie gern gelebt?« Jeder hatte seine eigene Lieblingszeit, aber in keinem Fall war es die Gegenwart. Vielleicht ist das einer der Gründe, weshalb das 19. Jahrhundert die bedeutendsten Altertumsforscher und Archäologen hervorgebracht hat.

Wagner beschwört Drachen, Riesen und Götter. Maler wie Richter, Schwind und Böcklin schwelgen in romantischen Märchenphantasien. Ludwig II. erbaut Märchenschlösser, Nymphengrotten und künstliche Seen für Nixen. Die Antike und der alte Orient werden ausgegraben und verherrlicht. Shakespeare wird vermehrt wiederentdeckt. Keine Zeit hat Gegenwart und Zukunft so miteinander vermischt. Das ist kein Zeichen von Verlogenheit, sondern von echter Angst, alle bestehenden Werte und damit sich selbst zu verlieren. Man verwirklicht den Fortschritt und träumt von gestern.

Trotzdem besaß dieses Jahrhundert unglaubliche Kraftreserven. Es war das Zeitalter der totalen Vormachtstellung Europas. Es gab keinen noch so entlegenen Ort der Erde, der nicht von einer europäischen Großmacht zur Kolonie degradiert worden wäre. Wie auf technischem Gebiet, so führte auch hier England mit Abstand. In den Jahren 1870 bis 1880 erreichte das englische Empire seinen Kulminationspunkt. Es umschloß Indien, China, fast ganz Afrika, Australien, Neuseeland, Kanada und weite Teile des vorderen Orients. Es erscheint fast unglaublich, daß dieses Jahrhundert des Plüschs, Goldstucks, Schildpatts und Glanzpapiers mit all seinem oberflächlichen verschnörkelten Kitsch zugleich eine so machtvolle technische und politische Entwicklung herbeigeführt hat.

Die Nachwelt wird dem europäischen 19. Jahrhundert einmal die gleiche Rolle zuteilen wie dem römischen Imperium zur Zeit seiner größten Ausdehnung. Auch Rom hatte auf technischem Gebiet Erstaunliches vollbracht und keine eigenen Kunststile entwickelt, sondern vergangene kopiert. Beide haben die Welt beherrscht und ihr für Jahrtausende ihren Stempel aufgeprägt. Beide haben gegen sie gerichtete Ideologien geboren, durch die sie selbst und die ganze Welt verändert worden sind: das Christentum und den Kommunismus.

Marx, der neben Darwin das Gedankengebäude des 19. Jahrhunderts am stärksten veränderte, baute seinen dialektischen Materialismus auf der Behauptung auf: »Es ist nicht das Bewußtsein der Menschen, das ihr Sein bestimmt, sondern umgekehrt, ihr gesellschaftliches Sein, das ihr Bewußtsein bestimmt.«

Man vermag diese einseitige Sicht nur aus dem materialistischen Geist seiner Zeit heraus zu begreifen, die in der ganzen Geistesgeschichte der Menschheit nichts weiter sah als einen primitiven Kampf der Klassen in darwinistischem Sinn. Nicht die Umstände entscheiden. Die Umstände sind immer nur Scheidewege. Alle Entscheidungen aber unterliegen unserem Charakter, und der ist ein Teil des lebendigen Zeitgeistes. Marx forderte die totale Diktatur des Proletariats, in der unbegründeten Hoffnung, daß diese Diktatur gerechter sei als andere Diktaturen. Die klassenlose Gesellschaft – oder genauer definiert: die Diktatur einer Klasse – stand in absolutem Gegensatz zu der farbenkräftigen Gesellschaftspalette des 19. Jahrhunderts, wo man in fünf verschiedenen Eisenbahnabteilklassen reiste und nach einem Mehrklassenwahlrecht wählte. Unsere ganze Geschichte lebt wie die Natur aus den

Gegensätzen, aus den Spannungen zwischen den Herrschenden und Beherrschten, Armen und Reichen, Heiligen und Sündern, Konservativen und Revolutionären. Die klassenlose Gesellschaft wäre nicht das Paradies, sondern ein Friedhof.

In unserem heutigen Sprachgebrauch hat das Wort bürgerlich den Beigeschmack von spießig, mittelmäßig, muffig und bieder. Warum eigentlich? Die bürgerliche Epoche Europas, die in den Städten der Gotik erwachte und im 19. Jahrhundert kulminierte, war eine unglaublich kraftvolle Ära. Bis heute ist sie allen vergleichbaren Kräften überlegen. Nur in Rußland, wo es kein Bürgertum gab, vermochte der Kommunismus Fuß zu fassen. Noch der Faschismus, der eine kleinbürgerliche Bewegung war, entwickelte solche Energien, daß der kommunistische Block nur mit Hilfe der bürgerlichen Westmächte zu überleben vermochte. Verglichen mit dem 19. Jahrhundert ist das heutige Mitteleuropa sowohl politisch als auch technisch nur zweitklassige, verschlafene Provinz im Schatten der neuen tonangebenden Großmächte.

Vom 6. Jahrhundert bis zu Beginn des 19. Jahrhunderts betrug die Einwohnerzahl des heutigen Europa nie mehr als 180 Millionen. Im 19. Jahrhundert jedoch stieg die Zahl auf 450 Millionen. »Die Massen rücken vor«, prophezeite Hegel. Mit dem 19. Jahrhundert treten die großen Massen auf die Bühne des politischen Geschehens. Der Staat als gewaltiger Machtapparat wird geboren. Bis zu Beginn des vorigen Jahrhunderts war der Staat in allen europäischen Nationen etwas völlig anderes als das, was wir heute darunter verstehen. Verglichen mit heute besaß er kaum eine Beamtenschaft, Militär oder Kapital. Im 19. Jahrhundert begann die Verstaatlichung des Lebens, die Einmischung des Staates in alles. Es geschah das gleiche wie auf industriellem Gebiet. Der schöpferische Mensch entwikkelte Maschinen, um besser und freier leben zu können, und wurde dann zu ihrem Sklaven.

Der Staat ist nicht mehr für die Menschen da, sondern der Mensch für den Staat. Die Steuer, von der man seit biblischen Zeiten glaubte, daß sie zehn Prozent nicht überschreiten dürfe, vervielfacht sich innerhalb weniger Jahrzehnte, um den enorm anwachsenden Verwaltungs- und Kriegsapparat zu finanzieren. Noch zu Anfang des Jahrhunderts gab es in England keine Polizei. Der Staat regelte und kontrollierte das Leben immer mehr, bis man schließlich sogar zur Überquerung der Straße einen Verkehrspolizisten brauchte und selbst zum Betteln einen behördlichen Gewerbeschein benötigte. Die größte kulturelle Umgestaltung aber erlebte die Stadt. In der ersten Hälfte des Jahrhunderts waren die Städte noch ländlich. Die meisten europäischen Städte hatten zwischen 10 000 und 30 000 Einwohner. Sie waren Kleinstädte, deren gesellschaftliches Leben sich auf dem Marktplatz abspielte. Da es noch keine öffentlichen Verkehrsmittel gab, wohnte man möglichst dicht bei seiner Arbeitsstätte. Es gab noch kein fließendes Wasser und keine Kanalisation, kaum gepflasterte Straßen, keine Beleuchtung und keine Müllabfuhr. Die Städte waren bevölkert mit Schweinen, Ziegen und Geflügel. Wie in Sedan wurden in vielen Städten bei Zapfenstreich die Stadttore geschlossen.

In der zweiten Hälfte des Jahrhunderts erlebte die Stadt einen ungeheuren Aufschwung. Ein lawinenartiger Ansturm setzte ein. Die Menschen wollten nur noch in Städten leben. London wuchs in einem Jahr um dreihundert Prozent, Paris um dreihundertfünfzig. Wien vergrößerte sich in der gleichen Zeit um fünfhundert Prozent und Berlin sogar um neunhundert. In London lebten 1880 mehr Menschen als in ganz Belgien. Es gab Verwaltungsviertel, Großhandelsviertel, Bahnhofsviertel, Vergnügungsviertel, Presseviertel und Wohnviertel. Die Stadt wurde wie ein Haus eingeteilt in einzelne Räume. Die großen Boulevards wurden zum Salon der Städter. Hier zeigte man sich bei Sonnenschein und Gaslicht, besuchte Straßencafés und Restaurants, bewunderte Schaufensterauslagen und Plakate, die jeden Tag neue Zerstreuungen anboten. Die Menschen waren hochelegant gekleidet, denn so stillos das 19. Jahrhundert in seinen Kunst- und Baustilen war, so stilbewußt und schöpferisch war es in seiner Mode.

Woran lag das? Stehen Bauten und Kleidung nicht in geheimnisvoller Beziehung zueinander?

Das 19. Jahrhundert war in seinem Bauen gar nicht so unschöpferisch, wie man allgemein behauptet. Die neue große Bauaufgabe dieser Zeit war die Stadt. Nicht die Einzelbauten waren wichtig, sondern ihre Summe. Die Bauten waren nur Bausteine. Trotz der Vielfalt der Gebäudestile entwickelten London, Paris, Wien, Petersburg, Berlin in dieser Zeit ihren eigenen unverwechselbaren Stil. Jede dieser Städte war eine kostbare Architektur für sich. Die Plätze und Boulevards waren wichtiger als die Häuser. Es wurden riesige und kostspielige Baukonstruktionen errichtet, die als Gebäude völlig funktionslos waren und keiner anderen Aufgabe dienten, als die gesamte Stadt zu verschönern oder zu modernisieren. Typisches Beispiel dafür ist der Eiffelturm in Paris. Das 19. Jahrhundert ist die Geburtsstunde des europäischen Städtebaus. Der Berliner Stübben, der Engländer Harvard, der Schotte Geddes und selbst Napoleon III. planten Städte wie Häuser. Sie forderten Harmonie zwischen Bauten, Straßen, Plätzen und Monumenten. Die Häuser waren im Hinblick auf die ganze Stadt von untergeordneter Wichtigkeit. Die geläufigste Form des Wohnhauses war die mehrgeschossige Mietskaserne. Nur die Fassade zur Straße wurde architektonisch gestaltet. Was sich dahinter abspielte, war uninteressant und wurde dem Bauunternehmer überlassen. Die Wohnungen sahen mehr oder weniger alle gleich aus. Sie bekamen ihr Licht durch schachtartige Hinterhöfe, in denen es nach Essen und Wäsche roch und wo die Kinder spielten. Neben dem »guten Zimmer« waren Schlafzimmer und Küche klein und kümmerlich belichtet. Bäder gab es nicht. Die Gemeinschaftstoiletten lagen auf halber Treppe oder im Hof. Unter dem Dach befanden sich die Dienstbotenmansarden. Sie besaßen als Fenster Dachluken.

Erst gegen Ende des Jahrhunderts führte Paris gegen den Protest von 40 000 Lumpensammlern eine Müllabfuhr ein.

Der Gott der neuen Stadt war das Geld. Es ist nicht mehr nur Zahlungsmittel, sondern vor allem profitable Ware. Noch nie wurden so palastartige Fassaden für Börsen, Banken und Warenhäuser errichtet. Aus den Kolonien strömte das Geld nach London und Paris. Die Kriege der Vergangenheit waren wenigstens nach außen hin Erbfolge- oder Religionskriege gewesen. Jetzt wurden Kriege offensichtlich und ausschließlich aus Profitgier geführt. Als in Südafrika Gold gefunden wurde, erklärten die Engländer die Burenrepublik kurzerhand zu ihrem Eigentum und landeten Truppen. Multimillionäre wie Rothschild und Rockefeller hatten politische Machtpositionen inne, um die sie von Königen beneidet wurden. Die meisten Menschen waren bitter arm. Aber im Gegensatz zu den Klassengesellschaften der Vergangenheit war man nicht arm, weil man durch Geburt unabänderlich einer unteren Kaste oder einem niedrigen Stand angehörte, sondern weil man kein Geld hatte. Mit ihm konnte ein Dieb aus den Docks über Nacht ein angesehener Großbürger werden. Zur Zeit Ludwig XIV. war es für einen Bauern unvorstellbar, jemals in einem Schloß zu leben. Jetzt kann jeder Landarbeiter im Grandhotel wie ein Fürst residieren. Er braucht nur das nötige Geld dazu oder einen richtigen Tip an der Börse.

Das bürgerliche europäische 19. Jahrhundert hat die ganze Welt regiert und verändert. Auf künstlerischem Gebiet aber erging es ihm wie dem Herzog von Orléans, von dem man sagte, er besäße alle Talente außer dem einen: sie zu nutzen.

Die Synagoge

Wer Wissen mehrt, mehrt das Leid.
Salomo

Obwohl sich die Juden
in aller Welt Synagogen errichten,
gibt es weder einheitliche Architekturstile
noch Ansätze für eine Baugeschichte.
Wie Kuckuckseier passen sich
die Synagogen den Baustilen ihrer Umgebung an.
Israel ist künstlerisch
noch unschöpferischer als Rom.
Wie konnte dieses in aller Welt verteilte Volk
drei Jahrtausende als
Einheit überleben?

E s gibt Völker mit langer und kurzer Geschichte. Neben China und Ägypten, deren Geschichte mehrere Jahrtausende umfaßt, steht das unsterbliche Judentum. Seit über dreitausend Jahren existiert dieses ungewöhnliche ... Volk. Volk? Sind Volk, Stamm und Nation nicht untrennbar verbunden mit dem Land? Französisches Volk ohne Frankreich ist so unvorstellbar wie ein Gebäude ohne Grund und Boden, auf dem es steht. Rasse? Inder und Deutsche gehören einer Rasse an, ohne sich deshalb auch nur im geringsten als kulturelle Einheit zu erleben. Rasse ist zu wenig.

Religion? Es gibt eine Milliarde getaufter Christen aller Rassen, Sprachen und Kulturen. Nein, es muß mehr sein.

Wie ist es möglich, daß das Judentum als Einheit drei Jahrtausende zu überleben vermochte? Als einziges bekanntes Volk – bleiben wir bei dem Begriff im biblischen Sinne vom »auserwählten Volk« – lebten die Juden nicht in einem Land, nicht einmal auf einem Kontinent. Ihr Lebensbereich erstreckte sich so weit, daß er unzerstörbar war. Wenn ein Landstrich von Unheil befallen wurde, blieben hundert andere frei davon. Die Kinder Israel waren überall und nirgendwo zuhause.

Die Geschichte lehrt uns, daß sich die Angehörigen eines Volksstammes nach geographischer Trennung immer sehr rasch entfremden. Engländer und Deutsche, die nach Übersee emigrieren, sind nach spätestens zwei Generationen Amerikaner. Das gilt nicht nur für Individuen, sondern auch für größere Gruppen. Das anschaulichste Beispiel erleben wir im eigenen Land. Schon nach einem halben Lebensalter fühlen wir Westdeutschen uns mehr mit Frankreich verbunden als mit Mitteldeutschland. Da sich – wie wir gesehen haben – das Wesen einer Kultur am unverfälschtesten aus seinen Bauten ablesen läßt, liegt es auf der Hand, die Natur des Judentums in seinen großen Architekturen zu ergründen. Die Antwort ist verwirrend und enttäuschend. Obwohl sich die Juden in aller Welt eigene Gotteshäuser errichten, gibt es weder einen auch nur annähernd einheitlichen Stil noch eine eigene Baugeschichte. Die formale Gestaltung der Synagoge wird nicht aus dem Judentum geboren. Sie ist abhängig von der örtlichen und zeitlichen Umgebung, in welcher der Bau entsteht. Wie Kuckuckseier passen sich die Synagogen den Baustilen ihrer Umgebung an.

Wie kann es möglich sein, daß ein Volk mit höchst lebendiger sprachlicher, religiöser und philosophischer Kultur, das in geschlossener Abfolge alle Stürme der Geschichte überlebt hat, auf dem Gebiet der bildenden Künste wie ein Schmarotzer alles und jedes aus der Kultur seiner Wirtsvölker entlehnen muß?

Als Grund dieser beispiellosen Tatsache wird häufig die Kunstfeindlichkeit des Judentums angeführt. Das ist nicht richtig, denn das Bilderverbot der Bibel richtet sich ausschließlich gegen die darstellenden Künste, nicht aber gegen die Architektur. Der Islam bietet das Beispiel einer bildfeindlichen und dennoch eminent baufreudigen Kultur.

Die Juden passen in kein bekanntes Geschichtsschema. Nach Spengler müßten sie längst ausgestorben sein. Auch Hegel wußte das jüdische Volk nicht einzuordnen. Um diese alte Kultur zu begreifen, muß man zu ihren Wurzeln zurückkehren. Sie ist wie alle monotheistischen Religionen ein Kind der Wüste. Wie lange die Israeliten nach ihrem Abzug aus Ägypten durch die Wüste zogen, wissen wir nicht. Die älteste Überlieferung spricht von *arba' im schanim*, das heißt vierzig Jahre. Man muß aber wissen, daß das Wort vierzig in der Bedeutung »riesengroß« oder »ganz ganz viele« gebraucht wurde. Das Volk Israel hat also sehr lange, über viele Generationen in der Wüste gelebt. In der Wüste wurden die Stämme Israels unabhängig. Hier wurden sie zu einem Volk zusammengeschweißt. Die Wüste wurde ihnen so tief und unauslöschlich einprogrammiert wie unserer Kultur der Wald und die Höhle. Als Nomaden zogen sie von Wasserstelle zu Wasserstelle, ohne Bindung an Land oder gar Bauten. Zusammenlegbare Zelte waren ihre Häuser. Eine transportable Lade war ihr Heiligtum. Sie enthielt weder ein Bildnis noch eine Skulptur der Gottheit. Die zwei Gebotstafeln vom Berge Sinai waren die einzigen heiligen Gegenstände, die Gott ihnen erlaubte. Nirgendwo sonst gab es das. Das Gesetz an Stelle eines Bildes: das bedeutete Abkehr vom Bilderbewußtsein und Hinwendung zum abstrakten Intellekt. Wie bereits an anderer Stelle dieses Buches gezeigt wurde, leben Kinder, Naturvölker und junge Kulturen in der reichen Welt des Bilderbewußtseins. Wunder, Mythen und Märchen haben hier ihre Wurzeln, Träume und Phantasien, mit anderen Worten, all die Kräfte, aus denen Künstler schöpfen.

Die Juden sind das älteste bekannte Volk, in dem die kopfbetonten Kräfte des Intellekts dominieren. Hier in der Wüste beginnt der Weg zum Materialismus und Individualismus, an dessen Ende wir heute stehen. In keiner der alten Religionen, und in den neuen nur, soweit sie mit dem Judentum verwandt sind, wird Gott mit dem Begriff »Ich« in Verbindung gebracht, nicht im Indischen, Chinesischen, Ägyptischen, Babylonischen und Griechischen. Die Zehn Gebote, als älteste religiöse Urkunde, beginnen mit »Ich bin der Ewige«. Es gibt keine Parallele zu diesem seltsamen Phänomen. In dem »Ich« ist das Problem aller menschlichen Probleme enthalten: die Individualität. Ein sehr alter Vers im Talmud sagt: »Wenn die Menschen Münzen prägen, dann prägen sie mit einem Prägestock Tausende von Münzen. Wenn Gott prägt, so prägt er jedesmal mit einem neuen Prägestock, immer individuell.«

Eine wichtige Rolle spielen die Propheten. Sie unterscheiden sich wesentlich von den Schamanen, Medizinmännern und Sehern, die in Trance unverständliche Laute stammelten, die der Auslegung bedurften. Noch im Orakel von Delphi war es so. Die Pythia, berauscht durch narkotische Dünste, die aus einer vulkanischen Erdspalte aufstiegen, gab unverständliche Laute von sich, die von den Priestern gedeutet wurden. Die Propheten legen nicht geheime Laute und Visionen aus, sie verkünden logisch und sachlich von Gott empfangene Gesetze. An die Stelle der Magie ist die Logik getreten: Du sollst!

Die Propheten sind Denker, intellektuelle Vertreter einer Idee. Auch im Islam hat es einen Propheten gegeben, nämlich Mohammed. Er ist der Prophet und hat keine Nachfolger gehabt. Er ist von magischer Einmaligkeit. Das gilt für Gautama Buddha und auch für Jesus, der in den ältesten Quellen auch als Prophet bezeichnet wird. Aber an Moses schließt sich ein ganzes Jahrtausend lang eine lange Reihe von Propheten an, nüchterne Denker, Philosophen und Volksführer. Die Juden sind das erste Volk, bei denen Gott nicht in einem Tempel lebt, nicht in einem Altarbild oder in einer Skulptur. Gott lebt ausschließlich in den Schriften – nicht im gesprochenen Wort –, sondern im Buch der Bücher. »Es steht geschrieben« ist gleichbedeutend mit: »es ist für alle Ewigkeit wahr«. Das Gesetz triumphiert über das Bild.

Für die Griechen und später für die Römer war das etwas Unglaubliches, daß in dem zweiten, wiederaufgebauten Tempel in Jerusalem, als die Gesetzestafeln bereits verschwunden waren, kein Bild stand. Wir wissen aus Philos Schrift gegen Apion und von Tacitus aus dem letzten Buch der Historien, wie sehr diese Tatsache die hellenistischen Völker bewegte. Irgend etwas mußte doch da sein? Es ist uns überliefert, wie der erste Nichtjude das Allerheiligste betreten hat. Pompeius Magnus hatte sich den Zutritt zum Tempel mit Gewalt erkämpft. Erschrokken und bestürzt fand er sich in einem leeren Raum.

Alle antiken Tempel waren ein Palast der Gottheit. Sie wohnte hier wirklich und leibhaftig.

Die ältesten Kultstätten des Judentums, von denen wir wissen, waren Höhlenheiligtümer. Um die Mitte des zehnten vorchristlichen Jahrhunderts entsteht als erster jüdischer Kultbau der Tempel in Jerusalem. Er wird mehrere Male neu aufgebaut, bis er 79 nach Christi Geburt endgültig von Titus zerstört wird. Aber spätestens nach der Rückkehr aus dem Babylonischen Exil entsteht neben dem Tempel die Synagoge. Eine Synagoge ist kein Tempel. Ihre Übersetzung heißt »Versammlungsraum«. Die Synagoge ist von Anfang an vor allem ein Lehrhaus. Zur Zeit Christi war eine Synagoge gleichzeitig eine theologische Hochschule, Gericht und Allzweckhalle. Wenn es im 4. Jahrhundert verboten wird, in der Synagoge Geschäfte zu machen, so läßt das den Schluß zu, daß es bis dahin üblich war, Geldgeschäfte abzuwickeln. Das Gleiche gilt für das Verbot, in der Synagoge zu essen, zu trinken und zu schlafen. Natürlich wurde dort auch gebetet und die

Heilige Schrift ausgelegt. Aber der Gottesdienst hatte keinen magischen Charakter, sondern war ausgesprochen profan, ohne deshalb weniger religiös zu sein. Sicher führt auch das ausgelegte Wort zur Verinnerlichung, aber diese von der Ratio diktierte Verinnerlichung benötigt ebensowenig eine Projektion nach außen wie eine Schule oder eine Universität.

In den alten Tempeln und in den katholischen Kirchen ist Gott leiblich am Altar anwesend. Der Gottesdienst ist magischer Natur. Geheimnisvolle Kulthandlungen werden zelebriert, die einen sehr viel tieferen Sinn haben, als die sichtbare Handlung ahnen läßt. Der umgebende Raum gewinnt eine überirdische Bedeutung.

Jeder Glaube, der sich auf Schrift und Wort aufbaut und Gott als abstraktes Gesetz erlebt, ist architektonisch indifferent. Es genügt ein einfaches Zimmer, um etwas vorzulesen und darüber nachzudenken.

Das gilt auch für unsere modernen Betonkirchen, die sich Gemeindezentren nennen und mehr Debattierclubs als Gotteshäuser sind. Auch sie haben ihre architektonische Aussagekraft verloren. Ihre formale Gestaltung überläßt man der Geschäftstüchtigkeit eines lokalen Architekturbüros.

Im Talmud im Traktat Berachot wird von einem alten Weisen berichtet, der gesagt hat: »An dem Tag, an dem der Tempel in Jerusalem zerstört wurde, ist eine eiserne Mauer, die zwischen Gott und Israel stand, niedergerissen worden.« Dieser alte Schriftgelehrte meint, es sei Sünde, seinem Gott ein Haus zu errichten, denn Gott ist überall und bedarf keiner götzenhaften Kultstätte.

Mommsen hat einmal gesagt, wenn Karl Martell den Araberansturm im Jahre 732 nicht gestoppt hätte, so wäre

Europa tausend Jahre früher unter den Einfluß der intellektuellen Kräfte geraten. Man könnte hinzufügen: Ohne die Juden hätte es noch einmal tausend Jahre gedauert, bis wir da angelangt wären, wo wir heute sind. Wenn sich diese amusischen Denker überhaupt mit einem anderen Kulturkreis vergleichen lassen, dann am ehesten mit Rom. Auch hier wurden kritiklos Kunststile von anderen Völkern übernommen. Auch hier stand das Gesetz im Mittelpunkt allen Handelns. Es ist kein Zufall, daß die Israeliten, die die Gesamtheit der nichtjüdischen Heidenvölker als minderwertig ablehnten, sich merkwürdig zu den Römern hingezogen fühlten. Als der Nachfolger des Seleukos Nikator in Syrien den Juden den Hellenismus aufzwängen wollte, entfachte Judas Makkabäus eine Revolution und rief die Römer als Verbündete ins Land. Sie blieben als Besatzungsmacht (ein historisches Ereignis, ohne das Pontius Pilatus über Jesus nicht hätte richten können). Das erste Makkabäerbuch singt im achten Kapitel eine Lobeshymne auf die Römer: »Und es war solche Tugend bei ihnen, daß keiner sich zum König machte. Es gab einen Senat. Das waren 320 Männer. Die regierten gut, und es war kein Hochmut, Neid und Zwist bei ihnen.« Kein anderes Volk ist von den Juden so gelobt worden wie Rom, das ihren Tempel zerstört hat. Mit den römischen Legionen drangen die Juden in alle Provinzen des römischen Imperiums vor. Während jedoch alle anderen einverleibten Volksstämme mit Rom verschmolzen, blieben die Juden Inseln für sich im anschwellenden Meer der Provinz. Es bildete sich das europäische Judentum.

Als später die Kirche die Macht im Reich übernahm, sah sie im Judentum von Anfang an einen Fremdkörper. Der Grund hierfür lag vor allem darin, daß der Staat des frühen

Mittelalters ganz auf der Religion basierte. Für den nicht-christlichen Bürger war in diesem Glaubensstaat kein Platz. So kam es zu Synodalbeschlüssen, die den Juden Staatsämter und Mischehen verboten. Die ständigen Wiederholungen dieser Verbote beweisen jedoch, daß sie kaum oder nur oberflächlich befolgt wurden. Im übrigen waren die Juden in allen bürgerlichen Rechten ihren christlichen Landsleuten lange Zeit gleichgestellt. Wie alle Kaufleute im karolingischen Reich durften sie uneingeschränkt Handel treiben und Grundbesitz erwerben. Die anderen Händler, die auch keine Franken waren, sondern Griechen, Syrer, Friesen, Armenier und Byzantiner, wurden von den Juden schon bald so erfolgreich verdrängt, daß in den Erlassen der Karolinger und Ottonen im 9. und 10. Jahrhundert das Wort Jude synonym für Kaufmann gebraucht wurde. Ein Kaufmann war immer ein Jude. Dadurch sonderten sich die Israeliten nicht nur religiös, sondern auch und vor allem wirtschaftlich von ihrer Umwelt ab. Die mitteleuropäische Gesellschaft basierte gegen Ende des ersten Jahrtausends noch ganz auf der Naturalienwirtschaft. In ihr war der Kaufmann ein Fremdkörper.

Mit der Entwicklung des Wirtschaftslebens nach dem Zweiten Kreuzzug wurden die Juden mehr und mehr durch nichtjüdische Kauffahrer aus ihren Sonderstellungen im Handel verdrängt. Sie wandten sich dem Kapitalgeschäft zu. Finanzgeschäfte abwickeln hieß von nun ab *iudaizare*. Die stets kapitalknappen Kaiser garantierten den Juden seit 1175 Sonderrechte und unterstellten sie direkt der Kaiserlichen Kammer. Damit wurde die Judengemeinschaft zum Steuerobjekt, zum profitablen Geschäft für beide Seiten. Die Juden wurden zu Kapitalisten.

Für die Wirtschaftsordnung des späten Mittelalters aber war der Kapitalist ein so unverdaulicher Fremdkörper wie der Kaufmann für das frühe Mittelalter. Seit dem 14. Jahrhundert waren alle Judenverfolgungen wirtschaftlicher Natur, auch wenn sie nach außen hin noch als Hostienschändungen und Brunnenvergiftungen deklariert wurden. Die Zeitgenossen wußten das sehr wohl. In der Königshofener Chronik aus dem Jahre 1330 heißt es: »Das Geld war der Grund, warum die Juden getötet wurden. Wären sie arm gewesen, so wären sie nicht gebrannt worden.« Von nun an nahmen die Fürsten, Städte und wohlhabenden Handwerker grundsätzlich Partei für die Juden, weil sie immer kapitalabhängiger wurden. In Erfurt stellten sich der wohlhabende Rat und die besitzende Kaufherrenschaft vor die Juden, um sie vor den arg verschuldeten Handwerkern und dem noch mehr verschuldeten Landadel zu beschützen. Die Juden unterlagen trotzdem. Aber nur ein Jahr später wurden die Juden zurückgeholt, weil ohne ihre Kapitalwirtschaft nichts mehr lief. Die Judenverfolgungen waren der verzweifelte Versuch, mit dem aufkommenden Kapitalismus fertigzuwerden.

Nationale und rassische Gegensätze waren dem Mittelalter unbekannt und kein Grund zur Feindschaft. Die frühen Judenverfolgungen waren rein religiöser Natur. Man sah in ihnen die Mörder des Gottessohnes. Aber hatten nicht auch die Römer die Apostel Petrus und (wohl auch) Paulus gekreuzigt, ohne daß man es ihnen kollektiv nachtrug? Die Gründe lagen wie bei allen Auseinandersetzungen dieses Ausmaßes sehr viel tiefer: Man empfand die überlegenen Kräfte des jüdischen Rationalismus als fürchterliche Bedrohung für die ganze Welt der Wunder, über die sich der romanische Dom wölbte.

Das gleiche galt für die späteren, wirtschaftlich bedingten Pogrome. Die weit überwiegende Mehrzahl aller Menschen war in der Landwirtschaft tätig. Ihr Gewinn war der Ertrag des Bodens, und der hing von Sonne, Regen, Wind und Ungeziefer ab, von lauter gottgegebenen natürlichen Einflüssen. Die kapitalistische Auffassung, wonach Geld eine profitable Ware ist, mit der sich börsenmäßig wuchern und spekulieren läßt, wurde als so selbstzerstörerischer Frevel abgelehnt wie die Atomreaktoren von der Mehrzahl unserer natürlich empfindenden Mitmenschen. Und ähnlich wie heute unsere Atomreaktoren verfluchte man die neue, teuflisch gefährliche Institution, ohne auf sie verzichten zu können.

Vergleicht man die mittelalterlichen Pogrome mit der Judenverfolgung in unserem Jahrhundert, so ergeben sich erschreckende Parallelen. Auch hier haben die typisch jüdischen Kräfte der Ratio und des Intellekts einen Umbruch von so ungeheuren Ausmaßen eingeleitet, daß viele glauben, die Zerstörung der Schöpfung stünde unmittelbar bevor.

Der Jude Karl Marx veränderte mit seinem kommunistischen Manifest die politischen Machtverhältnisse auf der Erde. Bezeichnenderweise heißt sein Hauptwerk »Das Kapital«. Freuds Psychoanalyse, die die Amerikaner *Jewish Science* nennen und von der Nietzsche sagte, sie sei eine typisch jüdische Umwertung der Werte, hat die Welt der Seele entzaubert und zerdacht. Vor Marx und Freud aber ist Einstein derjenige Jude, der mit seiner kopernikanischen Tat die Welt so einschneidend veränderte, daß spätere Generationen von unseren Tagen als dem Zeitalter Einsteins sprechen werden. Er gab dem Raum und der Zeit neue Dimensionen von so komplizierter Gedankenstruktur, daß nur wenige ihm zu folgen vermögen.

Ausgangspunkt dieser rationalistischen Kernexplosion war Deutschland, ein Land, dem man nachsagt, daß es mehr als alle anderen europäischen Völker dem Gemüt, der Romantik und dem Mythos verhaftet ist. Ähnlich wie in Rom, wo sich eine extrem masochistische Märtyrerreligion unter extrem sadistischen Gladiatorenfanatikern formierte, so war auch hier die Polarität zwischen den Götterdämmerungs-Träumern und der intellektuellen Entgötterung so groß, daß der Mythos des 20. Jahrhunderts als Gegengift – und was für ein Gift! – schicksalshaft vorprogrammiert war. Eine völkische Gegenreformation mit brauner Inquisition und Verbrennungsöfen. Wie hatte Freud gelehrt: »Je nach der Beschaffenheit unserer Tagträume häufen wir Gold oder Explosionsstoffe in unserem Innern an.«

Die Juden sind das einzige Volk der Erde, das auf eine jahrtausendealte Kultur ohne Architekturen zurückblicken kann. Die Aussage dieser Bauten liegt in ihrem Nichtvorhandensein.

Es ist kein Zufall, daß der romanische Dom auf sächsischem Boden entstand. Der Sachsenherzog Widukind widerstand von allen Stammesfürsten den fremden Einflüssen der römischen Kirche am längsten. Mit dem Stolz und der Freiheitsliebe einer Rothaut wehrte er sich gegen Karl den Großen und das Christentum. Erst als er erkannte, daß die Ausrottung seines Stammes auf dem Spiel stand, unterwarf sich Widukind und ließ sich taufen. Dabei war die Taufe nicht, wie man uns im Religionsunterricht weismachen wollte, eine Bekehrung, sondern der demütigende Hauptbestandteil des Friedensvertrages, der ihm vom Sieger diktiert wurde. Bei den Sachsen vermochten sich die mythischen Kräfte der Waldlandschaft am längsten und reinsten zu bewahren. Selbst als sie das Christentum annahmen, distanzierten sie sich noch bis ins 12. Jahrhundert von der römischen Kirche. In Wolframs »Parzival« und Hartmanns »Armem Heinrich« geht die Erlösung des Helden völlig ohne Kirche und Papst vor sich. Noch heute nennen wir Ostern, das christlichste aller Feste, nach der sächsischen Göttin Ostera, und die Köpfe der heiligen Wotan-Pferde zieren noch heute wie vor tausend Jahren die Giebel der niedersächsischen Bauernhäuser. Die urheidnischen Kräfte der Landschaft formten den romanischen Dom. Vom Christentum kam nur der Anstoß. Wir leben in einer Zeit, die vor lauter internationalen Stilexperimenten und aus Trotz gegen den Nationalsozialismus alle Kräfte der »blutsmäßigen« Bindung an den Boden negiert. Der romanische Stil, der wie kein anderer seinen Namen zu Unrecht trägt, beweist uns das Gegenteil.

Geld und Glauben reichen nicht aus, um in einer afrikanischen Negermission einen Dom entstehen zu lassen. Wie wichtig diese mit der Erde verwurzelten Kräfte sind, erkennt man am Judentum, dem diese Wurzeln fehlen und das aus diesem Grund trotz seiner unsterblichen Idee keine eigenen Architekturformen als Gefäße für seine Weltanschauung entwickelt hat.

Die Lebenskraft eines Volkes lebt in seinen Gedanken. Der Mensch ist das einzige Geschöpf, das seine Eltern und Großeltern kennt. Ein Kulturmensch weiß von den Generationen, die vor ihm gelebt haben. Er hat eine innere Beziehung zu den Geschlechtern vor ihm und nach ihm. Völker, die sich nicht mehr für ihre geschichtliche Herkunft interessieren, sind wie Flüsse, die man von ihren Quellen abgeschnitten hat. Sie verrinnen im Sand. Geschöpfe, die ihr Gedächtnis verloren haben, gehen unter.

Und das ist das Geheimnis des unsterblichen Judentums: kein anderes Volk wurzelt so tief und lebendig in seiner Vergangenheit. Für sie heißt Tradition nicht Asche aufbewahren, sondern eine Flamme am Brennen halten. Dieses festgefügte uralte Gedankengebäude ist stärker als alle Bauten aus Assuangranit und Stahlbeton.

Wir Geschöpfe aber, die wir unser Gedächtnis verloren haben, werden mit unseren gigantischen Bauten untergehen wie leckgeschlagene Schiffe. Die Juden werden weiter leben, selbst wenn sie irgendwann einmal ihre neue alte Heimat an die Übermacht der islamischen Feinde verlieren sollten. Dann werden sie wie schon so oft in ihrer bewegten Geschichte sich des Traktats Berachot entsinnen: »An dem Tag, an dem der Tempel in Jerusalem zerstört wurde, ist eine eiserne Mauer eingestürzt, die zwischen Gott und seinem auserwählten Volk stand.«

Die Reichskanzlei

Was Himmel und Erde und Berge nicht wagen,
Entscheidung aus dem Glauben zu tragen,
wir boten es ihnen, denn unser Geschick
sind Schuld und Irrtum und Plagen.

Koran

Der Nationalsozialismus
war keine bürgerliche Partei,
sondern eine Religion.
Seine Bauten waren die letzten
und mächtigsten Dome,
die in Europa geplant wurden.
Der Nationalsozialismus war die
Zusammenfassung aller traditionellen Werte
einer sterbenden Kulturform.

Zwischen 1933 und 1945 geschahen in Europa Dinge, die noch heute das persönliche Geschick von Millionen Menschen bestimmen. Diese zwölf Jahre und ihre Auswirkungen haben das Gesicht der gesamten Welt verändert. Für Deutschland war der Nationalsozialismus eine so bittere Erfahrung, daß unser Nationalbewußtsein bis an den Rand der Selbstverleumdung geführt wurde.

Charakteristisch für diese unbewältigte Vergangenheit ist ein eigenartiger historischer Schwebezustand. Man möchte diese Zeit in Deutschland am liebsten verleugnen und versucht, sie aus dem Bewußtsein zu verdrängen. Man zerfleischt sich in blinder Selbstanklage, steckt den Kopf in den Sand oder verdreht das unverständliche Geschehen in eine simple Schwarzweißmalerei. Das sieht dann so aus, daß Hitler ein dämonischer Idiot gewesen ist, mit multipler Sklerose, der sechzig Millionen Mitläufer terrorisiert habe. So tief eingreifende weltgeschichtliche Ereignisse wie der Nationalsozialismus sind keine blinden Zufallspannen, hervorgerufen durch eine Handvoll von Verrückten. Die nationalsozialistische Bewegung ist ein historisches Ereignis wie die Völkerwanderungen.

Wir Deutschen sind stolz auf Beethoven, Goethe und Kant. Das waren wir, das Volk der Dichter und Denker. Auschwitz, Hitler und Eichmann, das waren wir nicht. Dabei ist beides untrennbar ein Teil unserer Geschichte. Wie ist das möglich?

Man kann den Nationalsozialismus nicht verstehen, wenn man ihn nur als ein politisches Ereignis betrachtet; ebensowenig wie man den Islam nicht zu begreifen vermag, wenn man in ihm nur eine politische Bewegung sieht, was er ohne Zweifel in sehr starkem Maße auch war.

Für Mohammed waren Politik und Religion nicht zweier-
lei. Geschichte bedeutet für den Moslem Verwirklichung
eines göttlichen Auftrages. Der Heilige Krieg des Islam
war zweifellos sowohl politisches Werkzeug als auch
Gottesdienst, denn der Heldentod verhieß den direkten
Eingang in das Paradies der Gläubigen.

Ein großer Teil des Korans besteht aus juristischen,
verwaltungstechnischen, soziologischen und politischen
Vorschriften. Mohammed war Politiker, Feldherr, Ge-
setzgeber und Prophet. Die außenpolitischen Erfolge des
Islam waren den Siegen Alexanders des Großen oder
Napoleons weit überlegen. Innenpolitisch wurde dieses
Weltreich so genial und tolerant verwaltet, daß eroberte
Länder wie der Iran oder Spanien danach nie wieder auch
nur annähernd in so hoher kultureller Blüte standen wie
unter dem Islam. Trotzdem wird der Islam fast nur unter
dem Aspekt der Religion betrachtet. Das ist genauso
falsch, als wenn man den Nationalsozialismus als reine
politische Erscheinung abtut.

Der Vergleich des Nationalsozialismus mit dem Islam
ist keinesfalls an den Haaren herbeigezogen. Hitler selber pflegte zu sagen: »Wir haben eben überhaupt das
Unglück, eine falsche Religion zu besitzen. Die moham-
medanische Religion wäre für uns viel geeigneter als
ausgerechnet das Christentum mit seiner schlappen Duld-
samkeit.«

Der Nationalsozialismus ist von Anfang an mehr eine
Religionsgemeinschaft als eine politische Partei. Schon das
allererste Fünfundzwanzig-Punkte-Programm der noch
völlig unbedeutenden Splitterpartei aus dem Jahre 1920
endet mit dem Satz: »Die Führer der Partei versprechen,
wenn nötig unter Einsatz des eigenen Lebens, für die

Durchführung der vorstehenden Punkte rücksichtslos einzutreten.«

Das ist die Sprache einer fanatischen Sekte und nicht die einer politischen Stammtischrunde.

So hieß denn auch das Buch, das neben Hitlers »Mein Kampf« die Bewegung am stärksten beeinflußte: »Der Mythos des 20. Jahrhunderts.« Der Mythos aber ist ein Urelement der Religion. Er richtet sich an das Gefühl und die Glaubenskräfte, nicht aber an den Verstand oder gar die politische Ratio. Hitler selbst war von einem so tiefen, schicksalshaften, prophetischen Sendungsbewußtsein erfüllt, wie es normalerweise nur Religionsstiftern und Aposteln vorbehalten ist. Er hielt sich für ein Werkzeug der Vorsehung. Der Führerkult erreichte ein Ausmaß, wie ihn die Welt nach Ägypten, wo der Pharao König und Gott zugleich war, und mit einigen Ausnahmen in Rom, wo der Kaiser als Halbgott verehrt wurde, nicht mehr erlebt hatte. Der für das ganze Reich verbindliche Gruß ›Heil Hitler!‹ erinnert an ›Gegrüßt seist du, Maria‹ oder an ›Salve Jupiter‹. Begriffe wie Hitlerjugend erinnern in ihrer ausschließlichen Bezogenheit auf ein bedeutendes Führungswesen an Christengemeinschaft oder Zeugen Jehovas.

Heilige und Hohe Priester unterscheiden sich von gewöhnlichen Sterblichen durch die eigenartige Tatsache, daß sie geschlechtslos zu sein scheinen. Das gilt auch für Hitler. Eine Frau Hitler wäre so undenkbar gewesen wie eine Frau Papst.

Der Führer wird zu einem Geschöpf mit überirdischen Kräften. Er ist der größte Feldherr aller Zeiten, der genialste Architekt, der bedeutendste Politiker der deutschen Geschichte und vieles mehr.

Dem Führer in die Augen zu blicken oder gar mit ihm zu sprechen, war für viele Deutsche ein Höhepunkt ihres Lebens. Für die Parteigenossen galt als erste und oberste Pflicht der Grundsatz: »Der Führer hat immer recht.« In den Leitsätzen des Reichsrechtsführers Frank vom 14. Januar 1936 heißt es: »Gegenüber Entscheidungen vom Führer steht dem Richter kein Prüfungsrecht zu. Auch an sonstige Entscheidungen des Führers ist der Richter gebunden.« Damit war Hitler unfehlbar. Der Unfehlbarkeitsanspruch der Päpste erstreckt sich nur auf Glaubensdinge. Hitler war auf allen Gebieten unfehlbar und allmächtig wie Gott und wurde wie dieser verehrt. Er war ein von der göttlichen Vorsehung gesandter Genius über einem auserwählten Volk. Die Fahnenweihen auf dem Reichsparteifeld sahen nicht nur wie Gottesdienst aus, sie wurden von vielen auch so empfunden.

Sakrale Begriffe wie Weihe spielten überhaupt eine bedeutende Rolle. Der Braunschweiger Dom, eine Stiftung Heinrich des Löwen und einer der schönsten romanischen Dome, wurde nationalsozialistische Reichsweihestätte. Auf den Ordensburgen wurde eine neue Elite von Gralsrittern herangezogen. Das ist nicht nur übertragen aufzufassen, sondern so wörtlich wie möglich. Das klingt aus den Liedern der Zeit hervor: »Die Faust geballt um den Lanzenschaft, die Zügel des Hengstes in Händen, so reiten wir Männer von Westen nach Ost, das Deutschritterwerk zu vollenden.« Die Wagneraufführungen wurden zu nordischen Mysterienspielen. Die Übergänge vom Sommer zum Winter und umgekehrt wurden zu germanischem Sonnenwendzauber. Selbst Weihnachten, das christlichste aller christlichen Feste, wurde ein Weihetag der eigenen Bewegung: »Hohe Nacht der klaren Sterne, die wie weite Brücken stehn, über eine weite Ferne brüderlich zusammengehn. Mütter, Euch sind alle Sterne, alle Feuer aufgestellt, Mütter, tief in Eurem Herzen schlägt das Herz der ganzen Welt.«

In diesem Weihnachtslied wird die Geburt Christi nicht einmal mehr erwähnt. So wie die Christen sich mit dem Kreuz eine symbolische Mitte geschaffen haben, so wurde das Hakenkreuz zur magischen Rune eines tief im Religiösen verwurzelten Mythos.

Ein hervorstechendes Merkmal einer jeden echten Religion ist ein betonter Anti-Intellektualismus. Gefühl ist wichtiger als Verstand. Man schaue sich nur die Literatur aus jener Zeit an: »Das Gehirn ist ein Irrweg«, heißt es bei Benn. »Wir wollen den Traum. Wir wollen den Rausch.« Hans Johst will im Theater eine Kulthandlung zelebriert sehen. Sie soll die »Wiedergeburt einer Glaubensgemeinschaft« herbeiführen und zu einem »Erlebnis innerer Schau« verhelfen.

Benn begrüßt es, daß der »neue Staat gegen die Intellektuellen« entstanden ist. Er preist die »Opferbereitschaft und den Verlust des Ich an das Totale, den Staat, die Rasse, das Immanente«, die »Wendung vom ökonomischen zum mythischen Kollektiv«. Diese Reihe ließe sich beliebig fortführen. Sie ist eine Beweiskette ohne Ende für die Tatsache, daß die nationalsozialistische Bewegung von ihren Trägern als Religionsgemeinschaft empfunden wurde. Damit aber verschieben sich notgedrungen die Standpunkte unseres Beurteilungsvermögens.

Denn die Maßstäbe des Glaubens sind anders als die Maßstäbe des Alltags.

Ein Vater, der sich anschickt, seinen Sohn zu schlachten, ist ein gefährlicher Irrer oder ein brutaler Krimineller.

Im Falle Abrahams jedoch, der bereit war, seinen Sohn dem Willen einer höheren Macht zu opfern, verschieben sich die sittlichen Maßstäbe wesentlich. Ein Politiker, der von sich und seiner Idee so eingenommen ist, daß er alle, die sich gegen ihn stellen oder nur an ihm zu zweifeln wagen, mit dem Tod bedroht, ist ein gewalttätiger Despot.

Ein Messias aber, der von sich und seiner Lehre so eingenommen ist, daß er sagt: »Wahrlich ich sage Euch, wer nicht an mich glaubt und an meine Worte, der wird der Verdammnis anheim fallen bis in alle Ewigkeit«, der wird mit ganz anderen Augen betrachtet.

Als ein hoher Parteifunktionär vor einem frischen Massengrab erschossener polnischer Juden dem obersten Führer zu bedenken gab, ob man die Leichen nicht lieber vernichten solle, um etwaiger Greuelpropaganda späterer Generationen zu entgehen, erwiderte der SS-Führer: »Im Gegenteil, man sollte eherne Tafeln in diese Gräber legen, damit unsere Enkel sehen, zu welcher kraftvollen Größe der Tat wir fähig waren.« Diese Worte hätte auch der Großinquisitor von Toledo sprechen können, der die blutrünstige Inquisition voller Stolz »Pfeiler der Wahrheit, Wächter des Glaubens, Schatz der Religion und Prüfstein für die wahre Lehre« nannte. Man versteht dieses Geschehen nur vor dem Hintergrund einer fanatischen Idee, die sich tief im Religiösen verwurzelt weiß und damit über den irdischen Gesetzen stehend.

Der Rußlandfeldzug war für Hitler so wenig ein imperialistischer Raubzug wie für Mohammed die Eroberung Ägyptens oder für Gottfried von Bouillon die Kreuzzüge. Hitler und seine Anhänger sahen in ihm einen heiligen Krieg gegen das bolschewistische Untermenschentum.

Man mag heute bei der Titulierung »Untermensch« verständnislos den Kopf schütteln oder erschreckt frösteln. Er wurde von keinem Geringeren erdacht als von Nietzsche und hatte zu einer gewissen Zeit seine Berechtigung wie so überhebliche Formulierungen wie »arme Heidenmohren« für die Angehörigen der mittelamerikanischen Hochkulturen oder »verfluchte Ketzerteufel« für redliche Protestanten.

So wie jede echte Religionsbewegung nicht ohne das Böse auskommt, um sich selbst bestätigen zu können, so sah der Nationalsozialismus vom Tag seiner Geburt an im Judentum die Wurzel allen Übels. Man konnte sich dabei auf nicht unbedeutende Vorbilder berufen. Schon Mommsen sah in dem internationalen Judentum ein Ferment der Zerstörung der Völker und Rassen. Für eine Glaubensgemeinschaft, für die Volk und Rasse die wichtigsten Fundamente waren, mußte das Judentum in diesem Sinne zur Zielscheibe eines unauslöschlichen Hasses werden. Die brutale Konsequenz, mit der gehandelt wurde, trug das Kainsmal des religiösen Fanatismus; denn niemals handeln Menschen so grausam, als wenn es um Glaubensfragen geht. Es gibt keinen Fall in der Geschichte, in dem die schlimmsten Schwerverbrecher so grausam und so zahlreich zu Tode gequält worden sind wie in glaubensfanatischen Ketzerverfolgungen. Vor diesem Hintergrund wird auch klar, warum Hitler auch dann nicht kapitulieren konnte, als er erkennen mußte, daß seine Sache verloren war. Die meisten Historiker sehen in dieser Tatsache einen krankhaften Starrsinn oder einen rücksichtslosen Egoismus dem deutschen Volk gegenüber, dem das Schlimmste hätte erspart bleiben können. Wer glaubt, Hitler hätte zurücktreten können, hat das

Wesen des Nationalsozialismus nicht begriffen. Politische Parteien können abgewählt werden. Ihre Führer treten dann in den Ruhestand. Es gibt jedoch keine Religion auf Zeit. Der Ewigkeitsanspruch ist ein wesentlicher Bestandteil ihrer Existenz. Eine Religion kann man nicht in Pension schicken. Man kann sie nur mit Stumpf und Stiel zerschlagen und ihre Propheten kreuzigen. Ihr Weg ist eine Einbahnstraße.

Und wenn Moses sein ganzes Volk in der Wüste verloren hätte, er konnte nicht umkehren, um im Ruhestand seine Memoiren zu schreiben, ebenso wenig wie Christus zu irgendeinem Zeitpunkt widerrufen konnte, um dann friedlich den väterlichen Zimmermannsbetrieb in Nazareth zu übernehmen.

Es gibt Menschen, an die man keine bürgerlichen Maßstäbe legen kann, und zu denen gehört Hitler.

Aber die Welt begriff nicht, was er meinte, als er am 23. März 1933 den Sozialdemokraten zurief:

»Verwechseln Sie uns nicht mit einer bürgerlichen Welt.« Und viele begreifen es heute noch nicht.

Um den Nationalsozialismus zu verstehen, muß man seine Bauten kennen. So besessen wie Hitler von seinem politischen Sendungsbewußtsein war, so besessen war er auch von dem Willen zu bauen. Das eine ist von dem anderen nicht zu trennen. Im Sommer 1936 übergab er Speer die Skizzen zu einem Kuppelbau und einem Triumphbogen und sagte: »Diese Zeichnungen machte ich vor zehn Jahren. Ich habe sie immer aufgehoben, da ich nie daran zweifelte, daß ich sie eines Tages bauen würde. Und so wollen wir sie nun auch ausführen.« Als 1939 ein genaues Holzmodell von drei Metern Höhe angefertigt worden war, war Hitler so begeistert, daß er bisweilen mitten in der Nacht zu diesem Modell ging. Man konnte den Boden herausnehmen und in Augenhöhe die zukünftige Wirkung des Baues von innen und von außen vorempfinden. Die größte Versammlungshalle der Welt bestand aus einem einzigen Raum. 180000 Menschen hatten in diesem Kultraum Platz, der im Laufe der Jahrtausende durch die Tradition und Ehrwürdigkeit eine ähnliche Bedeutung gewinnen sollte wie St. Peter in Rom für die katholische Christenheit. Der Aufwand für diesen Bau wird nur vor einem kultischen Hintergrund verständlich. Dieser Bau ist seinem Wesen nach der letzte und mächtigste Dom, der im Abendland geplant wurde. Der runde Innenraum hatte den fast unvorstellbaren Durchmesser von einem Viertel Kilometer. In fast gleicher Höhe befand sich der Abschluß der Kuppel. Diese Kuppel sollte wie im Pantheon eine runde Lichtöffnung erhalten; aber diese Öffnung war mit ihren 46 Metern Durchmesser bereits größer als die gesamte Kuppel des Pantheon. In diesen Innenraum hätte die Peterskirche 17mal hineingepaßt. Das Äußere des Baues erreichte einen Umfang von mehr als 21 Millionen Kubikmetern. In seinem Inneren befand sich gegenüber dem Eingang eine 50 Meter hohe Nische, deren Grund mit Goldmosaik ausgelegt werden sollte. Vor ihr stand als einziger bildhafter Schmuck auf einem 14 Meter hohen Marmorblock ein riesiger vergoldeter Reichsadler. Unter diesem Zeichen war der Platz des Führers, der von hier aus seine Botschaften an die Völker seines Reiches richten wollte.

Dieser Kultbau war keineswegs eine unrealistische Utopie. Bereits 1939 wurden zahllose alte Gebäude abgerissen, die dem Neubau im Wege standen. Es wurden sorgfältige Untersuchungen des Baugrundes vorgenommen. Die Pläne waren bis ins Detail fertiggestellt und statisch berechnet. Trotz Devisenmangels waren bereits Millionen für Graniteinkäufe in Finnland und Südschweden ausgegeben worden. Die Grundsteinlegung war auf das Jahr 1940 und die Weihe des Staatsdomes auf 1950 festgelegt worden.

Albert Speer berichtet in seinen Memoiren: »Als er (Hitler) nach Fertigstellung unserer Pläne vernahm, daß die Sowjetunion zu Ehren Lenins in Moskau ebenfalls einen Kongreßbau plane, der die Höhe von 300 Metern überschreiten solle, reagierte er überaus verärgert. Ihn verstimmte offenbar die Aussicht, daß nicht er das höchste monumentale Bauwerk der Welt errichten werde. Er tröstete sich schließlich damit, daß sein Bauwerk doch einzigartig bleibe: ›Was bedeutet schon ein Wolkenkratzer mehr oder weniger, etwas höher oder etwas niedriger. Die Domkuppel – das unterscheidet unseren Bau von allen anderen.‹ Nachdem der Krieg mit der Sowjetunion begonnen war, konnte ich gelegentlich bemerken, daß ihn die Vorstellung des Moskauer Konkurrenzbaus doch mehr bedrückt hatte, als er je zugeben wollte. ›Jetzt‹, so meinte er, ›wird es mit ihrem Bau für immer Schluß sein.‹ Für Hitler waren Macht und Bauen ein und dasselbe.«

Anfang 1939 begründete Hitler vor Bauarbeitern die Dimension seines Baustils:

»Warum immer das Größte? Ich tue es, um den einzelnen Deutschen wieder das Selbstbewußtsein zurückzugeben.«

Man kann diesen Hang zur Übergröße nicht nur auf Größenwahnsinn oder auf die totalitäre Regierungsform zurückführen, wie das heute (noch) abwertend geschieht. Jede neue Idee hat das Bedürfnis, seine eigene Kraft zu demonstrieren und in seinen Bauten festzuhalten. Perikles ließ von Phidias eine Kultstatue der Athena Partenos anfertigen, die 12 Meter hoch war. Bis in die Gegenwart wetteifern Städte und Länder darin, den höchsten Bau gegen den Himmel zu türmen. In jedem von uns steckt etwas von der Hybris des Turmes zu Babel. Es ist kein Zufall, daß die sieben Weltwunder der Antike sämtlich nur wegen ihrer gigantischen Größe berühmt geworden sind.

Hitler wußte, daß Bauten Ausdruck der Macht eines Volkes sind, aber er wußte auch, daß diese Bauten rückwirkend Macht verleihen, denen, die in ihnen leben müssen. So äußerte er zu seinem Architekten Speer während eines Spazierganges im Jahre 1939: »Sehen Sie, ich selbst würde auch mit einem ganz einfachen kleinen Haus in Berlin auskommen. Ich habe genug Macht und Ansehen. Zu meiner Unterstützung brauche ich diesen Aufwand nicht. Aber glauben Sie mir, die einmal nach mir kommen, die haben solche Repräsentation dringend nötig. Viele von ihnen werden sich nur auf diese Weise halten können. Es ist kaum zu glauben, welche Macht es einem kleinen Geist über seine Mitwelt verleiht, wenn er in so großen Verhältnissen auftreten kann. Solche Räume mit einer großen geschichtlichen Vergangenheit erheben auch einen kleinen Nachfolger zu geschichtlichem Rang. Sehen Sie, deswegen müssen wir das noch zu meinen Lebzeiten bauen, damit ich darin noch gelebt habe und mein Geist diesem Bau Tradition verleiht. Wenn ich nur ein paar Jahre darin lebe, reicht das schon aus.«

Hitler hatte ein Gespür für Macht und für die Macht, die Gebäude verleihen können. Im Gegensatz zu anderen Machthabern aber trachtete er nicht danach, solche Gebäude zu beziehen, um dieser Macht teilhaftig zu werden, sondern er beabsichtigte für seine Bewegung eine neue, ihr eigene Tradition zu schaffen.

Am 2. August 1938 sagte Hitler zum Richtfest der Reichskanzlei: »Das neue Reich wird sich neue Räume und Bauten selber errichten. Diese neue deutsche Republik ist weder ein Kostgänger noch ein Schlafbursche in ehemaligen königlichen Gemächern. Wenn andere im Kreml, im Hradschin oder in einer Burg hausen, dann werden wir die Repräsentation des Reiches in Bauten sicherstellen, die unserer eignen Zeit entstammen.«

Hitler liebte zu erklären, daß er baue, um seine Zeit und ihren Geist der Nachwelt zu überliefern. Letztlich würden an die großen Epochen der Geschichte doch nur noch deren monumentale Bauwerke erinnern. Was würde für sie heute noch zeugen, wenn nicht ihre Bauten? In der Geschichte eines Volkes gäbe es immer wieder Schwächeperioden; dann aber würden die Bauwerke von der einstigen Macht zu sprechen beginnen. Natürlich sei ein neues Nationalbewußtsein nicht dadurch allein zu erwecken. Aber wenn nach einer langen Periode des Niederganges der Sinn für nationale Größe erneut entzündet würde, dann seien jene Denkmäler der Vorfahren die eindrücklichsten Mahner. So würden es heute die Bauten des römischen Imperiums Mussolini ermöglichen, an den heroischen Geist Roms anzuknüpfen, wenn er seine Idee eines modernen Imperiums seinem Volk populär machen wolle. Auch einem Deutschland der kommenden Jahrhunderte müßten unsere Bauten ins Gewissen reden. Mit dieser Begründung unterstrich Hitler auch den Wert einer dauerhaften Ausführung.

Um die mahnende Traditionsbrücke zu künftigen Generationen noch weiter zu gestalten, hatte Speer sogar eine »Theorie vom Ruinenwert« entwickelt. Es sollten bereits bei der Planung besondere Materialien berücksichtigt werden, die noch nach Jahrtausenden im Verfallszustand die römischen Ruinen an Schönheit übertreffen sollten. So sollten keine rostenden Eisen verwendet werden. Die Wände wurden von Anfang an so berechnet, daß sie auch noch dem Winddruck standhalten konnten, wenn die aussteifenden Decken längst eingestürzt waren.

Hitler hatte die Absicht, das Gesicht Deutschlands, und vor allem seiner Hauptstadt, vollständig neu zu gestalten. Seine Versammlungshalle war nur ein kleines Teilstück des riesigen Neuüberbauungsplanes von Berlin. Er hatte eine Prachtstraße geplant, die er »Hauptstraße des germanischen Reiches« nannte. An dieser Straße lagen alle wichtigen Ministerien und Botschaften, drei Theater, eine neue Oper, Kinos, eine Konzerthalle, ein Kongreßgebäude, ein Luxushotel mit 1500 Betten, Restaurants, Warenhäuser und Geschäfte. Ein Hallenbad im römischen Stil hatte die Größe der Thermen der Kaiserzeit. Ein Modell dieser Straße war im Maßstab 1 : 50 über 30 Meter lang. Diese Prachtallee begann im Süden mit einem Zentralbahnhof, der den New Yorker Grand Central bei weitem übertroffen hätte. Wie Ameisen hätten sich die ankommenden Besucher auf der großen Freitreppe gefühlt, wenn sie zu dem 1000 Meter langen Bahnhofsplatz hinabgeschaut hätten, der am Ende von dem großen Triumphbogen abgeschlossen wurde, der an Volumen 50mal größer war als der Arc de Triomphe in Paris. Durch die 80 Meter hohe Öffnung sah man die Prachtstraße in ihrer gesamten Länge vor sich liegen. In 5 Kilometer Entfernung, am anderen Ende der Straße, leuchtete die fast 300 Meter hohe, dunkelgrüne Kuppel des größten Domes der Welt.

Daneben lag der psychologisch interessanteste Bau der ganzen Anlage, der Palast Hitlers. Von der Reichskanzlei aus dem Jahre 1938 sagte er schon bald nach ihrer Fertigstellung, daß sie geeignet sei, einen Seifenkonzern zu repräsentieren, aber nicht die Zentrale des Reiches. Bis 1950 sollte nach Plänen Speers eine fast 100mal so große Reichskanzlei gebaut werden. Mitten im Herzen von Berlin hätte dieses Gebäude eine Fläche von zwei Millionen Quadratmetern bedeckt. Der Anmarschweg der Diplomaten vom Eingangsportal bis zu Hitlers Arbeitszimmer sollte einen halben Kilometer betragen. Empfangsräume und Speisesäle mit einer Grundfläche von 15 000 Quadratmetern für Galaempfänge und ein Theater mit den modernsten Bühnenmitteln waren geplant. Es gab einen privaten Wohnbezirk Hitlers und einen Arbeitstrakt. Der Mittelpunkt des letzten war der Raum, in dem des Führers Schreibtisch stehen sollte. Der Raum war über 20 000 Kubikmeter groß.

Nach außen hin war dieser Bau wie eine Pyramide völlig abgeschlossen von seiner Umwelt. Keine Öffnung war in der Fassade aus schwerem Granit, kein Fenster und keine Tür, außer dem großen Eingangstor aus Kruppstahl und darüber einer Tür zu einem Balkon, von dem sich der Führer dem Volk zeigen konnte, fünf Wohngeschosse hoch über den Köpfen der andächtigen Masse.

Übermüdete Kinder und Todkranke legen, bevor der große Schlaf sie überfällt, noch einmal eine hektische Vitalität an den Tag, die in keinem Verhältnis zu ihrem morbiden Zustand steht. Es ist, als wenn noch einmal alle

Kräfte zusammengefaßt würden, bevor sie verlöschen. Ähnlich verhalten sich untergehende Epochen.

Der Nationalsozialismus ist seinem innersten Wesen nach die große Zusammenfassung aller alten Werte einer sterbenden Kulturform in Europa, ein verzweifeltes Festhaltenwollen an einem zum Untergang bestimmten Abschnitt der Geschichte.

Unsere Zeit befindet sich in einem Umbruch, wie ihn die Menschheit in dieser weltweiten Form noch nicht erlebt hat. Wir leben in einer Zeit mit inflationistischer Tendenz gegenüber allen ideellen Werten. Religiöses Empfinden, Gruppenehre, Vaterlandsliebe, Sippen- und Familienzugehörigkeit, Bodenverbundenheit und Traditionsbewußtsein, einstmals gewaltige Triebfedern des politischen und kulturellen Geschehens, sind mehr und mehr bedeutungslos geworden. Alle diese Werte, die das Leben des Einzelnen und der Gemeinschaft in der Vergangenheit erfüllten und beherrschten, haben vor der aufkommenden globalen Massengesellschaft der allernächsten Zukunft ihren Sinn verloren. Alle diese eben aufgezählten ethischen Begriffe aber haben in der nationalsozialistischen Bewegung noch einmal eine bedeutende Rolle gespielt.

In einer Zeit, in der anonyme Konzerne, gesichtslose Parlamente und unpersönliche Ausschüsse regieren, in der Teamwork und Gruppenentscheidungen dominieren, leben noch einmal ein Führerkult und eine Personenverehrung auf, die alle Halbgötter-, Kaiser- und Häuptlingskulte der Vergangenheit übertrumpfen. In einer Zeit, in der nationale Grenzen, Volkstum, Rassenzugehörigkeit und bodenverwurzeltes Brauchtum mehr und mehr zu musealen Requisiten herabsinken, erlebt das völkische Bewußtsein und der Rassenstolz der Vergangenheit noch einmal eine Auferstehung, deren radikale Konsequenz Millionen das Leben kostete.

In einer Zeit, in der Funktion und Kalkulation wichtiger geworden sind als Ethos und Kult, beherrschen noch einmal so tief im Gefühl verwurzelte Werte von Mythos, Glaube, Hingabe und Sendungsbewußtsein den Alltag des Einzelnen.

Und in einer Zeit, deren hervorstechendste Merkmale der ständige Wechsel aller Werte und ein hektischer Fortschritt ohnegleichen sind, wird ein Reich mit Ewigkeitsanspruch errichtet, dessen Ideologie den Anspruch erhebt, mindestens tausend Jahre lang zu herrschen. In einer Zeit, in der das Haus immer mehr zum Gebrauchsgegenstand und zur Kapitalanlage wird, erlebt das Haus noch einmal eine emotionelle Aufladung ohne Beispiel. In einer Kultur, die absolut städtisch ist und die mehr und mehr vergroßstädtert, restauriert der Nationalsozialismus noch einmal eine Welt, die ihrem Wesen nach durch und durch ländlich ist. Betrachtet man Kunstwerke aus der Zeit, so muß man mit Erstaunen feststellen, daß aus Deutschland ein reines Bauernvolk geworden war. Der Pflüger, der Sämann, der Schnitter, der Holzfäller, sie alle werden zu Lieblingsmotiven der Künstler. Bauersfrauen, Hütebuben, Knechte und Mägde in bäuerlicher Idylle, Blut und Boden, Kultur und Scholle, Bauer und Volk werden zu untrennbaren Begriffen und mystischen Zweiklängen. Die Architektur, sofern sie keinen Ewigkeitsanspruch erhebt wie die großen repräsentativen Steinbauten, greift zurück auf ländliche Fachwerkkonstruktionen. Bäuerliche Tänze, Bräuche und Trachten gehören zum Lieblingsthema der Bewegung. Man schöpft am liebsten aus den Quellen der rein ländlichen Vergangenheit. Die

Germanen werden zu neuem Leben erweckt. Deutschland wird in der Propaganda ein bäuerliches Volk ohne Raum. Hitler spricht immer wieder von der Notwendigkeit, Land zu gewinnen, niemals aber von der Möglichkeit, Städte zu erobern und wenn, dann nur, um sie auszuradieren. Nach einer eintägigen Besichtigung des besiegten Paris sagte er zu Speer: »War Paris nicht schön? Aber Berlin muß viel schöner werden. Ich habe mir früher oft überlegt, ob man Paris nicht zerstören müsse«, fuhr er mit großer Ruhe fort, als handle es sich um die selbstverständlichste Sache der Welt. »Aber wenn wir in Berlin fertig sind, wird Paris nur noch ein Schatten sein. Warum sollen wir es zerstören?«

Für Hitler war die Stadt kein Wirtschaftsfaktor oder eine selbständige Lebensform, sondern eine Kult- und Repräsentationsstätte der Macht. Bei der Neuplanung von Berlin zeigte er kein Interesse für Verkehrsprobleme oder soziale Belange. Speer schreibt in seinen Memoiren: »Ich stellte die Gesamtplanung neben die Repräsentationsbauten. Hitler nicht. Seine Leidenschaft für Bauten der Ewigkeit ließ ihn völlig desinteressiert an Verkehrsstrukturen, Wohngebieten und Grünflächen. Die soziale Dimension war ihm gleichgültig.« Das ist um so erstaunlicher, da sich seine Partei doch nationalsozialistisch nannte.

Der Mythos des 20. Jahrhunderts hat Millionen von Menschenleben gefordert. Das ist eine blutige Tatsache, die man nicht aus der Welt schaffen kann und mit nichts wieder gutzumachen vermag. Man muß es hinnehmen wie der große Stefan Zweig, der als emigrierter Jude in der Verbannung schrieb: »Aber jeder Schatten ist im letzten doch auch Kind des Lichts, und wer Helles und Dunkles,

Krieg und Frieden, Aufstieg und Niedergang erfahren, nur der hat wahrhaft gelebt.«

Die Geschichte ist um eine fürchterliche Erfahrung reicher, ohne aus ihr gelernt zu haben. Alles Wehklagen ändert nichts mehr an der Tatsache, daß es den National-sozialismus gegeben hat und daß er eine echte zeitbedingte Erscheinung war, deren kultische Inhalte unserer derzeiti-gen, funktionsverhafteten Industriegesellschaft absolut fremd sind. Wenn wir bauen, so versuchen wir das so wirtschaftlich wie möglich zu bewerkstelligen. Der beste Entwurf ist der, der am wenigsten kostet und am besten funktioniert. Heilige Straßen, Kulthalle und Führerpalast sind mit diesen Maßstäben nicht zu begreifen, obwohl uns nur eine Generation von ihrer Entstehungszeit trennt. Unsere offizielle Kunstkritik tut diesen »Neoklassizis-mus« als pompösen Kitsch ab. Dabei sind diese Häuser, Bilder und Plastiken Ausdruck einer Idee, mag uns diese auch noch so unverständlich erscheinen. Die Kunst des Dritten Reiches ist nach dem Jugendstil die letzte Stilrichtung in Mitteleuropa, die Kunst bewußt als Aus-druck von irgend etwas erlebte und nicht als unabhän-giges Experiment oder konzeptlose Improvisation. Für den Messias aus Braunau und seine Jünger gab es von Anfang an nur die beiden Alternativen: Die totale Welt-herrschaft ihrer Glaubenslehre oder den totalen Unter-gang.

Im November 1936 hatte Hitler ein Gespräch mit Kardinal Faulhaber auf dem Obersalzberg, wobei er anschließend sagte: »Es gibt für mich nur zwei Möglich-keiten: Mit meinen Plänen ganz durchzukommen oder zu scheitern. Komme ich durch, dann werde ich einer der Größten der Geschichte, scheitere ich, werde ich verurteilt, verabscheut und verdammt werden.« Das Letztere ist eingetroffen.

Eigenartig ist nur, daß unsere Zeit, die die Bauten des Nationalsozialismus nicht mehr zu begreifen vermag, so instinktsicher erkannte, welcher Machtanspruch in den Bauten dieser verdammten Epoche steckte. So war es eine der ersten Tätigkeiten der Russen, die Trümmer der Reichskanzlei bis auf die Fundamente abzutragen. Während die Amerikaner sich beeilten, Hitlers heilgebliebenen Berghof auf dem Obersalzberg in die Luft zu sprengen, anstatt ihn für ihre sensationshungrigen Touristen zu erhalten.

Wie kein anderer Machthaber der Neuzeit hatte Hitler an die Aussagekraft der Architektur geglaubt. Das wenige, das den Krieg überlebte, wurde noch nachträglich zerstört. Jetzt erst war der Dämon wirklich tot, der Dämon des Mannes, der noch auf der Höhe seiner Macht bedauerte, nicht Architekt geworden zu sein, und der seinen Baumeister Albert Speer so verehrte, daß er ihn während des Krieges als Rüstungsbevollmächtigten zum zweitmächtigsten Mann seines Reiches machte.

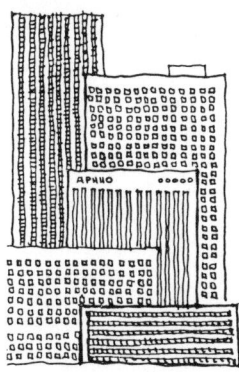

Der Termitenhügel

*Zur Weltstadt gehört nicht ein Volk,
sondern eine Masse.*
Oswald Spengler

Die Häuser der Zukunft werden
kurzlebige Industrieprodukte oder
gigantische Termitenhügel sein.
Es kommt in Zukunft nicht mehr darauf an,
wie ein Gebäude aussieht,
sondern vielmehr darauf, daß es
so praktisch ist wie eine Maschine.
Moderne Bauten, Autos und Toilettenpapier
sind nicht Ausdruck von irgend etwas,
sondern Mittel zum Zweck.
Die aufkommende globale Stadtlandschaft
verändert nicht nur die Erde,
sondern auch den Menschen.
Der historische Hausmensch ist gestorben.
Der neue Städter verhält sich
wie ein Höhlenbewohner.

In unserem Jahrhundert wurde mehr Energie verbraucht als in der gesamten Geschichte der Menschheit. Wenn man den Energieverbrauch eines westlichen Industrielandes nicht in Pferde-, sondern in Menschenstärken messen würde, so käme man zu dem Ergebnis, daß jeder einzelne von uns über mehrere hundert Sklaven verfügt, die Tag und Nacht für ihn arbeiten.

Ein Jet-Pilot hat mehr Menschenstärken im Einsatz als Pharao beim Bau seiner Tempel.

Bis zur Erfindung der Dampflokomotive gab es keine höhere Reisegeschwindigkeit als die eines galoppierenden Pferdes. In den dreißiger Jahren unseres Jahrhunderts flog ein Propellerflugzeug den Rekord von 650 Kilometern in der Stunde. Die Weltraumsatelliten der Gegenwart umkreisen die Erde mit einer Geschwindigkeit von 32 000 Kilometern pro Stunde.

Diese rasante Geschwindigkeitszunahme beobachtet man auf allen Gebieten. Wenn unsere Städte sich nicht ausdehnen würden, sondern bei ihrer gegenwärtigen Größe verharrten, so müßten wir innerhalb von zehn Jahren alle bestehenden Multimillionenstädte noch einmal bauen, ein neues Tokio, ein neues Kalkutta, ein neues Johannesburg. Die Menschheit wächst täglich um eine Viertelmillion. Selbst Weltkriege vermögen diese Lawine nicht mehr zu stoppen. Während des letzten Krieges starben 52 Millionen Menschen. In der gleichen Zeit nahm die Erdbevölkerung um 150 Millionen Seelen zu.

Man schätzt, daß die Gesamtbevölkerung der Erde vor viertausend Jahren nicht mehr als die Hälfte des heutigen Tokio betrug. Um 1850 erreichte sie die Milliardengrenze. 1930 lebten zwei Milliarden Menschen auf der Erde. Zur Zeit sind es vier. Im Jahre 2000 werden es sieben sein. Und im Jahre 2080, also nicht einmal hundert Jahre, nachdem dieses Buch geschrieben wurde, gibt es dann 25 Milliarden Menschen.

Im Jahre 2000 werden 80 Prozent aller Menschen in Millionenstädten leben, denen gegenüber unsere derzeitigen Weltstädte dörflich erscheinen.

In Tokio gibt es dann 40 Millionen Einwohner und in Kalkutta bei derzeitiger Wachstumsrate 60 Millionen. Heute noch getrennte Städte werden zusammenwachsen. So werden in der Riesenbandstadt, die sich von Boston bis nach Washington erstrecken wird, mehr Menschen leben als im heutigen Mitteleuropa.

Nur ein Narr kann angesichts dieser Tatsache behaupten, unsere Futurologen sähen mit ihren Katastrophenankündigungen zu schwarz. Wenn diese Entwicklung ungestört weiterläuft, so wird sie nicht nur unsere Gesellschaft, sondern die gesamte Erde innerhalb einer Generation verändern. Wenn diese Entwicklung aber gestoppt werden soll, so bedarf es dazu so gewaltig einschneidender Ereignisse, daß dadurch unsere Zukunft vermutlich noch extremer verändert wird. Die Bevölkerungslawine konfrontiert uns mit Problemen, die innerhalb der kurzen Zeitspanne, die uns verbleibt, völlig unlösbar sind.

Wir haben eine Menschenexplosion verursacht und sind unfähig, diese Lawine zu kontrollieren oder gar zu stoppen.

Wir haben Industrien von unbegrenzter Ergiebigkeit aufgebaut, aber wir werden weder mit deren sozialen Folgen noch mit der Zerstörung unserer Umwelt fertig. Wir produzieren Massenvernichtungsmittel aus gegenseitiger Angst und sind von Tag zu Tag unfähiger, diese teuflische Gewalt zu kontrollieren.

Wenn der Fortschritt der Wissenschaft alle traditionellen Dogmen lächerlich erscheinen läßt, dann stirbt der individuelle Stil.

Wenn die Masse der großstädtischen Gesellschaft in Wohnmaschinen untergebracht wird, die sich weltweit nicht von einander unterscheiden, so zerfallen die Brükken zur historischen Vergangenheit.

Wenn die Erziehungsinhalte immer technologischer werden, dann verschwinden die großen kulturellen Traditionen.

Wir stehen vor einer Veränderung aller Lebensformen, vor einer Umstrukturierung des Menschen schlechthin, wie es ähnliches in unserer Geschichte noch nie gegeben hat. Die neue Massengesellschaft ist mit der traditionellen Landwirtschaft nicht mehr zu ernähren und mit den bekannten politischen Systemen und sozialen Ordnungen nicht mehr zu verwalten.

Es gelten die gleichen Gesetze wie in der Atomphysik: Wenn eine bestimmte kritische Masse erreicht wird, entsteht über eine Kettenreaktion explosiv etwas völlig Neues.

In Japan und in der Sowjetunion arbeiten schon Eiweiß erzeugende Einzelleranlagen, in denen aus Nebenprodukten der Erdölraffinerien und der Braunkohlendestillation proteinhaltige Hefen gewonnen werden. Diese Nahrungsmittelerzeugung ermöglicht es, die herkömmliche Landwirtschaft immer mehr fabrikmäßig in die Millionenstädte zu verlegen und so auch das Land, das zur Zeit noch für den Ackerbau gebraucht wird, zu überbauen und zu verstädtern.

Unsere produzierende Industrie wird sich völlig verändern. Unsere Vorstellung, daß Industriegebiete grundsätzlich dreckig und laut sind, wird unseren Enkeln fremdartig erscheinen. Die neuen Produktionsmethoden werden immer mehr von der Elektronik im Stil der Weltraumfahrt bestimmt. Sie arbeiten geräuschlos und absolut sauber. Da Computer empfindlicher als Menschen auf Schmutz, Temperaturschwankungen, Luftfeuchtigkeit und mechanische Erschütterungen reagieren, werden unsere zukünftigen Industriegebiete sauberer und hygienischer als unsere Wohngebiete sein. Atomkraftwerke und pharmazeutische Industrie verlangen schon heute Sauberkeitsgrade, die noch vor einer Generation selbst in Operationssälen nicht erreicht wurden.

Hinzu kommt, daß die neue elektronische Industrie immer weniger Energie benötigen wird. Die kommenden Riesencomputer werden weniger Strom verbrauchen als ein heutiges Bügeleisen.

Ein Computer ist reiner Intellekt. Auch in den neuen Gesellschaften wird sich der Intellekt auf Kosten der seelischen Kräfte entwickeln. Mitleid mit Alten, Krüppeln und Feinden der Gesellschaft wird es in den neuen Stadtgesellschaften nicht mehr geben, weil diese kostspieligen Emotionen nicht den Forderungen der Vernunft entsprechen.

Dort, wo die menschliche Natur nicht auf Emotionen zu verzichten vermag, wird man sie durch Suchtstoffe und Sex abreagieren. Mao hat diesen Weg vorgezeichnet, als er sagte: »Liebe und Ehe sind bürgerliche Gefühlsduseleien.«

Die kommenden Generationen werden zur Ehe, zum Elternhaus und zur Schule nur noch lose Bindungen haben. In weiten Teilen der Vereinigten Staaten bestehen die Schulbauten heute schon aus völlig gleichaussehenden

Klassenraumcontainern, die vom Ministerium je nach Bedarf angeliefert und wieder abgeholt werden. Lebenslange emotionsgeladene Bindungen an die alte Schule sind hier so abwegig wie herzliche Kontakte zu Mietwohnungseinheiten.

Alle wichtigen Kulturträger werden diesen Weg gehen. Die bekannte englische Produzentin Joan Littlewood hat sich ein Allzwecktheater entwerfen lassen, das sich für Kammerkonzerte, Boxkämpfe, Hundeausstellungen, Schauspiel und vieles andere verwenden läßt. Das einzig Feststehende sind ein paar Betontürme, in denen sich die Technik und Toiletten befinden. Auf jedem Turm steht ein Drehkran, mit dessen Hilfe der Rest der Mehrzweckhalle für jede Veranstaltung neu und funktionsgerecht zusammengesetzt wird. Bei Opern und Konzerten wird die auf der Bühne gespielte Musik auf Tonband aufgenommen. Ein Computer ermittelt die für die neue Raumform günstigste Akustik und spielt mit Verzögerungen von Zehntelsekunden die Musik akustisch optimal wieder ab. Die Zuschauer sehen die Oper live, hören sie aber als Konserve.

Der nächste logische Schritt in dieser Entwicklung wird der sein, daß man in Zukunft ganz auf Liveveranstaltungen verzichten wird. Schauspiel, Konzert und Massensportfeste wie die Olympischen Spiele werden nur noch in Aufnahmestudios unter maximal günstigen Bedingungen stattfinden. Bei der Fernsehübertragung sitzen mehrere Millionen Zuschauer in den ersten Reihen. Niemand wird es vermissen, nicht persönlich anwesend zu sein, so wie es heute niemand bedauert, bei den Aufnahmen eines Kinofilms nicht dabei sein zu können.

Überhaupt wird das Fernsehen in den Städten der

Zukunft die dominierende Rolle spielen. Ähnlich wie in der abstrakten Malerei, wo der Wirkungswert wichtiger ist als realistischer Inhalt, werden auch in den Wohnungen unserer Enkel Effekte wichtiger sein als Materialien. Man wird für die Raumstimmung mehr Geld ausgeben als für solide Einrichtungsgegenstände. Leicht steuerbare Schaltanlagen werden mit Wandprojektionen nach Belieben die Tapeten wechseln. Durch plastische Lichtbilder auf Wänden und Decken wird man Scheinräume erzeugen und die Wohnung verkleinern oder vergrößern. Auf Wunsch kann die räumliche Begrenzung auch ganz aufgehoben werden. Dreidimensionale Filmprojektionen werden jede gewünschte Landschaft herbeizaubern, wobei Klimaanlagen und Stereogeräte die Illusion vollenden werden.

Das Fernsehen wird in der Zukunft die gleiche Rolle spielen wie der fürstliche Hof oder der Club. Politisch wird es Bedeutung erlangen wie die Agora in Griechenland oder der Circus Maximus in Rom. Es ist richtig und entspricht durchaus ihrem Rang, daß die Fernsehtürme tonangebend unsere Städte überragen, so wie es seinerzeit die Dome taten. Das marktkonforme Fernsehen vermag durch Koppelung von Werbung und Marktforschung die Milliarden von Konsumenten ideal zu lenken. Vor allem wird das Fernsehen den Kunst- und Kulturgenuß so mühelos, billig und intim machen wie kein anderes Medium der Kulturgeschichte. Unsere Kulturgüter alten Stils werden mehr und mehr mediengerecht umgewandelt für den Film. Kunstwerke werden in so ungeheuren Mengen reproduziert, konserviert und publiziert, daß man bereits heute von einer Industrialisierung der Kultur spricht. Unser Kulturschaffen stirbt nicht am Mangel, sondern am Überfluß. Eine originalgetreue Kopie eines alten Meisters ist nicht teurer als ein Schlips. Während man sich unterhält, ißt oder wäscht, überträgt das Fernsehen ein Hochamt aus der Peterskirche, den Vortrag eines Nobelpreisträgers oder einen Gala-Abend aus der Mailänder Scala. Noch in unserem Jahrzehnt wird man mit Hilfe von Telesatelliten in der Lage sein, jedes Fernsehprogramm der Erde zu empfangen. Fernsehtelefone werden nicht nur den Gesprächspartner sichtbar machen, sondern auch TV-Einkäufe ermöglichen, wobei die gewünschte Ware auf dem Bildschirm erscheint. Auf dem gleichen Weg wird es auch möglich sein, jedes gewünschte Buch einer computergesteuerten Bibliothek zu lesen, ohne das Buch auszuleihen.

Unsere Enkel werden es nicht mehr verstehen, daß Millionen von Menschen täglich viele Stunden damit vergeudet haben, sich in langen Autoschlangen zu ihren Arbeitsplätzen durchzukämpfen. Es gibt keine Tätigkeit, die man in Zukunft nicht vom Arbeitszimmer seiner Wohnung wird verrichten können. Schon heute arbeiten wir mit datenverarbeitenden Maschinen, die kilometerweit entfernte Büros und Fabriken miteinander verbinden. Das gilt nicht nur für Verwaltungstätigkeit, sondern auch für alle Arten der Produktion. Denn nicht nur der Seh- und Gehörsinn ist entfernungsunabhängig, auch der Tastsinn läßt sich fernbetätigen. Die erforderlichen Geräte sind längst erfunden, denn im Umgang mit Atomreaktoren und biologischen Waffen können wir bereits heute nicht mehr darauf verzichten. Nichts spricht dagegen, daß die Angestellten eines amerikanischen Betriebes in Zukunft nicht in Europa oder Afrika leben werden.

Unser Verhältnis zum Raum befindet sich in ungeheurer Umwandlung. Noch zu Anfang unseres Jahrhunderts lebten fast alle Menschen an einem festen Ort, denn sie waren in der Landwirtschaft beschäftigt, und Grundbesitz ist unbeweglich. Zwischen 1979 und 1980 haben 50 Millionen Amerikaner ihren Wohnsitz gewechselt und mit Auto, Bahn und Flugzeug 300 000 000 000 Kilometer zurückgelegt. Gegen diese gewaltigen Massenbewegungen sind die Völkerwanderungen der Vergangenheit Sonntagsspaziergänge. Der moderne Großstadtmensch ist der größte Nomade aller Zeiten. Und das äußert sich in seinem kulturellen Verhalten. Bei den Nomaden der Sahara ist es üblich, daß ein Knabe bei Erreichen der Mannbarkeit das Recht erlangt, ein Pferd zu führen. Erst dann ist er ein vollwertiger heiratsfähiger Mann. Unser Zeichen der Mannbarkeit ist das Auto. Bei einer Befragung amerikanischer Teenager, was sie für das wichtigste an einem Jungen hielten, stand bei allen an erster Stelle der Besitz eines Autos.

Wie der Nomade verzichtet der Großstädter immer mehr auf belastenden Besitz. In Amerika gibt es über 100 000 Leasing-Geschäfte, bei denen man vom Rasenmäher bis zum Brautkleid alles nur Denkbare leihen kann. Dieser Trend ist auch bei uns viel weiter fortgeschritten, als viele von uns ahnen. Die meisten Hausbesitzer leben nur symbolisch im eigenen Haus. In Wahrheit gehört es einer Bank oder einer Bausparkasse.

Immer mehr Gegenstände werden mit der Wohnung gemietet: Einbauschränke, Lampen, komplette Küchen und alle Teppiche.

Unser Verhältnis zur Zeit hat sich gewandelt.

Ein Jahr ist die Zeit, in der sich die Erde einmal um die Sonne dreht. Dieser Zeitabschnitt bedeutet aber für jede Epoche wie für jeden Lebensabschnitt etwas völlig anderes. Wenn ein vierzigjähriger Vater von seinem vierjährigen Sohn verlangt, er solle eine Stunde still sitzen, so ist das so, als wenn man vom Vater verlangen würde, er solle zehn Stunden bis zur nächsten Zigarette warten. Denn gemessen an der Erfahrung der Lebenszeit ist für den Vierjährigen der Zeitabschnitt einer Stunde zehnmal so lang wie für den Vierzigjährigen.

Es ist eine Tatsache, die jeder von uns erlebt, daß mit steigendem Alter die Zeit schneller verrinnt. Auf diesem Phänomen beruht ein großer Teil der Spannungen zwischen den Generationen und Völkern. Ein Europäer, der in Afrika mit Eingeborenen zusammenarbeitet, muß an ihrer Einstellung zur Zeit verzweifeln. Die Schwarzen sind nicht fauler, sie haben ein anderes Zeitmaß. Seltsamerweise gibt es in diesem akzelerierenden Zeitbewußtsein auf unserer Erde ein Gefälle von Norden nach Süden, genauer gesagt, von den Polen zum Äquator. Für den Norditaliener verfliegt die Zeit schneller als für den Sizilianer, für den Nordamerikaner schneller als für den Mexikaner.

Auch jede Epoche hat ein bestimmtes, ihr eigentümliches Verhältnis zur Zeit. Fließt dieser individuelle Zeitstrom zu langsam, so vermag sich keine Kultur zu entfalten. Naturvölker und Kleinkinder leben so. Die alten Kulturen wie Ägypten und China haben sich »andante« über große Zeiträume entwickelt. Den alternden Kulturen entrinnt die Zeit. Überschreitet das Tempo eine bestimmte Geschwindigkeit, so zerfällt die bestehende Kultur. Vieles spricht dafür, daß wir diese Schwelle überschritten haben.

Jede Art von Kultur braucht ein Mindestmaß an Zeit. Diese Tatsache läßt sich an vielen Beispielen beweisen. In

Frankreich wurden in den letzten zehn Jahren 30 000 Bistros geschlossen. An ihre Stelle traten Schnellimbißstuben, in denen industriell vorgefertigte Schnellgerichte heiß gemacht werden. Die Eßkultur fällt dem Zeitmangel zum Opfer.

Am deutlichsten zeigt sich dieser Zerfall beim Bauen. Unser Bauen orientiert sich nur nach wirtschaftlichen Gesichtspunkten, das heißt nach Zeit und Geld. Da Geld Zeit ist, fällt auch unsere Architektur dem Zeitmangel zum Opfer.

Eine ungeheure Monotonie bricht über die Menschheit herein. Die Menschen aller Rassen, Kulturen und Religionen kleiden sich gleich, wohnen im selben Stil, fahren die gleichen Autos und leben im selben Rhythmus. Sie kaufen die selbe Sorte Antibabypillen und Zigaretten, trinken Coca-Cola und lesen Reader's Digest. Eine unglaubliche Normung aller Dinge hat begonnen.

Die Mehrzahl aller Menschen in unseren Großstädten lebt in Mietskasernen. Innerhalb solch einer Wohnmaschine sind die Mieteinheiten aus wirtschaftlichen Gründen über- und nebeneinander alle gleichartig konstruiert. Da die Arbeit der Bewohner ziemlich genau zur gleichen Zeit beginnt und endet, greifen alle zur gleichen Stunde an die gleiche Stelle, wo sich die Lichtschalter befinden. Öffnen gleichzeitig ihre völlig gleich aussehenden Einbauschränke. Waschen sich in Badezimmern, die nicht nur in Größe und Einrichtung die gleichen sind, sondern wegen der Fallrohre auch grundrißlich alle an der gleichen Stelle der Wohnung liegen. Sie schauen durch die gleichen Normfenster, schließen und öffnen die gleichen Normtüren und verrichten ihre Notdurft auf den gleichen Normklosetts. Abends sitzen Millionen Menschen vor den

Fernsehgeräten und lachen gleichzeitig über denselben Witz und weinen über die gleiche tragische Begebenheit.

Dieses gleichzeitige Handeln von Lebewesen in solchen Massen trifft man außer beim modernen Menschen nur noch bei manchen Insektenvölkern an.

Vor diesem Hintergrund kann man nicht erwarten, daß unsere Architekten wie einstmals Michelangelo und Alberti inhaltsvolle Baukunstwerke erschaffen. Der Architekt ist kein Künstler mehr. Wissenschaftler und Wirtschaftsingenieure planen unsere neue Umwelt.

Amerikas Konstruktionsgenie Buckminster Fuller entwarf 1955 mit Hilfe eines Computers eine riesige Ausstellungshalle für Afghanistan, ließ die Bauteile industriell herstellen, nach Afghanistan fliegen und dort von unausgebildeten Hilfsarbeitern zusammensetzen. Von der Auftragserteilung bis zum Richtfest waren nur wenige Tage vergangen. Buckminster Fuller ist kein Architekt. Der siebzehnfache Doktor bezeichnet sich selbst als Gebäudemaschinist. Er konstruierte nicht nur Bauten in Rekordzeit, sondern entwarf auch Häuser zum Wegwerfen. Eine Kartonagenfabrik in Chicago fabrizierte nach seinen Entwürfen mehr als eine Million Pappelemente für diese Fertighäuser, die man nach kurzfristigem Gebrauch ablegt wie ein getragenes Hemd.

In Deutschland wurde ein Haustyp entwickelt, dessen Pappwände durch Kunststoffbeschichtung wetterfest sind. Diese Kartenhäuser sollen bei uns vorerst als Ferienhäuser auf den Nordseeinseln zur Anwendung kommen. Da sie billig sind, will man sie nach der Saison einfach verbrennen.

Damit aber sinkt die Architektur aus den Bereichen des schöpferischen Gestaltens und elementaren Erlebens hinab auf die Stufe von Konsumware. Reißverschlüsse, Elektromotoren und Toilettenpapier können praktisch oder unpraktisch sein, sogar wohlgestaltet oder häßlich, aber sie sind nicht Ausdruck von irgend etwas, sondern Mittel zum Zweck.

Wenn unsere Großeltern sagten: »Ich und mein Haus«, so meinten sie, daß Haus und Familie eine geistige Einheit darstellten. »Ich und meine Mietwohnung« klingt so beziehungslos wie »ich und mein Gasherd«.

Mieteinheiten in einer Wohnmaschine sind etwas anderes als Geburtshaus oder Stammsitz einer Familie. Nebenher läuft ein Verlust des Ewigkeitsanspruches auf allen Gebieten, die mit dem Haus zusammenhängen. Unsere Vorfahren richteten sich fürs Leben ein. Das Haus war solide gemauert für Jahrhunderte. Das gleiche galt für Möbel und Hausrat, die oft geerbt waren und wieder vererbt wurden.

Kunst wird immer mehr zum Gestalter von Konsumgütern. Nie zuvor ist so viel Aufwand für die Gestaltung der nebensächlichsten Dinge betrieben worden. An der Verpackung einer Zigarettensorte oder an einer Waschmittelreklame arbeiten heute mehr begabte Leute als früher an der Ausstattung einer Barockkapelle.

Unsere Wertmaßstäbe haben sich verschoben.

Für den Menschen der Gegenwart ist das Haus die letzte Bastion in einer Welt, die sich in totalem Umbruch befindet. Erst vor diesem Hintergrund versteht man die übertriebene Nostalgie des heutigen Menschen auf allen Gebieten, die mit dem Haus zusammenhängen. Die Menschheit, die sich anschickt, den Weltraum zu erobern, mit Hilfe von Computern denkt und mit mehrfacher Schallgeschwindigkeit reist, baut bis in die Gegenwart immer noch wie vor viertausend Jahren. In einer Welt der technisch unbegrenzten Möglichkeiten, in der die Erfüllung von Wundern eigentlich nur noch eine Geldfrage ist, errichten wir unsere Häuser aus gebrannten Lehmziegeln und Mörtel, wie es schon unsere alttestamentarischen Vorfahren taten. Die Tatsache, daß wir auch Beton verwenden, ist im Hinblick auf die Möglichkeiten, die uns zur Verfügung stehen, kein wirklicher Fortschritt. Beton war auch schon den Römern bekannt.

Niemand käme auf die absurde Idee, einen Computer aus Teakholz zu schnitzen oder ein Auto aus Marmor zu schlagen. Im Bauen jedoch sind wir noch so tief verwurzelt in der Vergangenheit wie auf keinem anderen Gebiet, außer der Kleidung.

Haus und Kleidung stehen in enger Beziehung zueinander. Sie entstammen dem gleichen Urtrieb des Menschen. In gewisser Weise ist die Wohnung ein erweitertes Gewand. Behausung und Kleidung machen uns nicht nur unabhängig vom Wetter, sondern sind vor allem Ausdruck einer neuen geistigen Einstellung gegenüber der Natur. Diese Geisteshaltung trennt uns messerscharf vom paradiesischen Urzustand unserer tierischen Vorfahren. Sie ist so tief in unserem Wesen verwurzelt, daß sie weit hinter der übrigen Entwicklung hinterherhinkt.

Daher stammt unsere Liebe zum Ziegelbau und zum Giebeldach, möglichst noch mit Stroh gedeckt, zum offenen Kaminfeuer und zur ungehobelten Balkendecke.

Genau so verhält es sich mit der Kleidung. Unsere Mode ist ein romantischer Aufguß der Vergangenheit. Emanzipierte Frauen bedienen in hochhackigen Schnürstiefeletten elektronische Maschinen. Sie tragen Kleider, die für romantische Schlittenfahrten entworfen wurden und nicht für vollklimatisierte Großraumbüros. Zu keiner Zeit war die Auswahl der Stoffe so reichhaltig, farbig, haltbar und billig, trotzdem sind ganze Tiergattungen zum Aussterben verdammt, weil wir mit rätselhafter Besessenheit vierstellige Summen bezahlen, um uns in Felle hüllen zu können wie unsere Vorfahren aus dem Neandertal.

Eine halbe Million Jahre hat der Mensch in Höhlen gehaust. Dann begann er seine Umwelt schöpferisch neu zu gestalten. Er baute. Damit begann unsere Kulturgeschichte. Jahrtausendelang hat der Mensch Steine gegen den Himmel getürmt und Räume geformt als äußere Projektionen seines Glaubens, seiner Macht und seiner Ideale. Diese Architekturen waren die genaue Umkehrung unserer heutigen Bauten. Es kam nicht darauf an, daß sie wirtschaftlich und funktionell wie Maschinen waren, sondern daß sie vollendete Gefäße für eine Botschaft waren. Die Bauten von Ramses bis Hitler waren gefrorene Ideen. Der Mensch der Gegenwart hat diesen elementarsten Spiegel seiner Selbstdarstellung zerschlagen. Damit aber hat er aufgehört, schöpferischer Kulturträger zu sein. Unsere Kulturgeschichte begann mit diesem Urtrieb, und sie endet mit ihm.

Wie geht es weiter?

Sinkt der Mensch kulturell zurück auf die Stufe des Höhlenmenschen? Vieles spricht dafür.

Der neue Mensch baut nicht mehr. Die Mehrheit wohnt. Ein Großstadtbewohner, der auf Wohnungssuche geht, handelt wie ein Neandertaler, der sich eine passende Höhle sucht.

Der französische Architekt Edouard Albert forderte bereits 1959: »Es wäre wünschenswert, wenn die Rohbauarbeiten durch den Staat erbracht würden. Die Bewohner hätten dann nur noch den Innenausbau ihrer Waben (sprich: Höhlen) zu besorgen.«

Der moderne Mensch im Supermarkt verhält sich wie ein primitiver Jäger und Sammler der Steinzeit. Er ist nicht mehr in der Lage, Brot zu backen und Käse herzustellen, Wolle zu spinnen und Leinen zu weben. Er sammelt Fertiggerichte und Zellstoffhemden in seinem Korb wie Beeren, Pilze und eßbare Wurzeln. Bis 1995 sollen 85 Prozent aller Nahrungsmittel in den Vereinigten Staaten tischfertig angeboten werden. Die vorpräparierten Gerichte werden dann mit Hochfrequenz-Automaten innerhalb von Sekunden gegart und tischfertig gemacht. Diese Nahrungsaufnahme ohne individuelle Veredelung erinnert an Futterpraktiken aus der Tierwelt, wie man sie beim Menschen heute nur noch bei den Buschmännern der Kalahariwüste antrifft.

Ähnliches beobachtet man auf allen Gebieten.

Zu keiner Zeit waren so viele hervorragende Kulturgüter archivarisch so leicht zugänglich geordnet und konserviert. In der *Library of Congress* in Washington beträgt die Länge der Bücherregale 435 Kilometer. Diese Bücherschlange wächst jedes Jahr um 17 000 Bände. In ähnlichem Übermaß werden Schallplatten und andere Reproduktionen für jeden zugänglich gehortet. Wir schaffen keine neuen Kunstwerke mehr. Wir sammeln und erjagen, worauf wir gerade Appetit haben.

Wohin diese neue Lebensform steuert, läßt sich nicht voraussagen, doch eines ist sicher: Der historische Baumensch, der *Homo domesticus*, hat aufgehört zu existieren. An seine Stelle tritt die neue Massengesellschaft der Termitenstadt. Die globale Stadtlandschaft der Zukunft ist etwas völlig anderes als die Stadt der Vergangenheit. Für Privatleben im selbsterbauten Haus auf eigenem Grundstück wird in diesen Multimillionen-Stadtkonglomeraten kein Platz mehr sein. Individualismus als Lebensform von elitären Einzelgängern, wie er in Griechenland entstand, während der Renaissance kulminierte und sich bis in die Gegenwart hielt, wird für unsere Enkel nur noch ein historisches Kuriosum sein.

Die Großstädte der Antike unterscheiden sich allein schon deshalb von den neuen, weil die weite Mehrheit der Bewohner Sklaven waren und deshalb nicht mitzählten. Die wahlberechtigten Familien kannten sich untereinander. Das Leben bestand aus strengen Gesellschaftsregeln und aus unantastbarer überlieferter Tradition. Die moderne städtische Gesellschaft dagegen ist das genaue Gegenteil hierzu. Sie muß vor allem anpassungsfähig sein, denn nur in ihrer Veränderlichkeit liegt die Garantie für ihre Stabilität.

Elektronengehirne und Weltraumfahrt gelten allgemein als technische Wunder. Man hält sie für das komplizierteste, was Menschen je erfunden haben. Dabei sind sie nur einfache Programmierungssysteme im Vergleich mit unseren Großstädten. »Die Komplexität der Städte überschreitet weit diejenige der größten Computer, sie überschreitet vor allem die Fassungskraft des menschlichen Bewußtseins.« (Karl Steinbuch)

Unsere Zukunft liegt nicht im Weltraum, sondern in den Städten. Der ehemalige Präsident Johnson schrieb in seinem Buch »*My Hope for America*«: »Innerhalb der nächsten vierzig Jahre müssen wir die gesamten Städte der Vereinigten Staaten umbauen. Von der Lösung dieses Problems hängt unser aller Zukunft ab.« Völlig neue

Stadtgebilde werden entstehen: Städte unter der Erde und auf dem Meeresgrund, schwimmende Städte, Siedlungen in der Arktis und auf dem Mond. Für Großbritannien wurde eine Meeresstadt bis ins Detail entworfen, die dem Inselstaat aus der Ausweglosigkeit seiner Überbevölkerung heraus helfen soll. Sea City wurde für 250 000 Menschen vor der Ostküste Englands geplant. Obwohl fast einhundert Meilen weit im Meer, liegt sie an einer nur fünfzehn Meter tiefen Stelle mit geringer Gezeitensenkung am Rande eines reichen Erdgasfeldes, das die Stadt mit Energie versorgen wird. Süßwasser wird aus dem Meer gewonnen. Die gesamte Stadt besteht wie ein Riesenschiff aus einem Guß. Sea City ist eigentlich keine Stadt, sondern ein Gebäude, ein schwimmender Termitenhügel für eine Viertelmillion Bewohner.

Vieles spricht dafür, daß die Zukunft den aufblasbaren Gehäusen gehört. Der Amerikaner Victor Lundi hat bereits 1960 pneumatische Kuppelbauten aus PVC-beschichtetem Nylongewebe konstruiert, die ohne eine einzige Stütze Grundflächen von 4000 Quadratmetern überspannten, 28 Tonnen wogen und sich in einem Tag errichten ließen.

»Die pneumatischen Konstruktionen«, so verkündete der deutsche Architekt Otto Frei, »sind das am weitesten verbreitete Konstruktionsprinzip der Natur. Wir begegnen ihnen in der Luftblase, im Zellplasma und in allen durch Wasser und Blutdruck gespannten Häuten.«

Die Formensprache unserer Bauten wird immer organischer, biologischer. Die geometrischen, rechtwinkligen Stilarchitekturen haben ausgespielt so wie die Physik auf dem Gebiet der Naturwissenschaften. Die Führung gehört der Biologie.

In Rußland hat man eine Stadt für Minenarbeiter in der Arktis geplant. Unter einer transparenten, aufblasbaren Kuppel von nahezu einem Kilometer Durchmesser werden 50 000 Menschen leben. Mitten in arktischer Kälte werden unter diesem Dom mit eigener Kernenergiezentrale Bäume wachsen und Parkanlagen grünen.

Diese ganze Entwicklung entspringt nur dem einen Problem: der unaufhaltsamen Bevölkerungsexplosion.

Was aber, wenn sich dieses Problem von selbst löst? Es ist experimentell bewiesen, daß Tiere unter günstigsten Ernährungsbedingungen sterben, wenn der zur Verfügung stehende Lebensraum eine bestimmte Qualität oder Quantität unterschreitet. Es ist eine eigenartige Erscheinung, daß der Mensch von einer gewissen Zivilisationsstufe ab degeneriert und immer unfruchtbarer wird. Die römische Geschichte ist seit Augustus voll von verzweifelten Versuchen, mit Hilfe einer Ehe- und Kindergesetzgebung den Nachwuchs des Imperiums zu sichern. Ganze Landschaften Italiens und sogar Spaniens, das zu Beginn der Kaiserzeit am dichtesten von allen Teilen des Reiches bevölkert war, starben aus. In Ägypten erfolgte ab der 19. Dynastie des Neuen Reiches eine ununterbrochene Abnahme der Bevölkerung. Während der Blütezeit Chinas im 3. Jahrhundert vor Christi Geburt wurde ein Katechismus zur Hebung der Bevölkerungsziffer geschrieben. In Mittelamerika gibt es Maja-Städte mitten im Dschungel, die kampflos verlassen wurden. Ihre Bewohner sind ausgestorben.

Degenerierte Geschlechter sterben nicht nur aus, weil sie kinderlos bleiben, sondern weil sie nicht mehr leben wollen. Der natürliche Artenerhaltungstrieb erlischt. Eine seltsame Lust am Untergang, masochistische Todessehnsucht ergreift die Menschen. Schon heute sterben in Mitteleuropa jährlich 250 000 Menschen durch Selbstmord. Telefonseelsorger und Polizeipsychologen gehören gegenwärtig zu jeder Großstadt wie Feuerwehr und Müllabfuhr. Sie stehen Tag und Nacht bereit, um Lebensmüde vor dem Selbstmord zu bewahren. Wie auf allen Gebieten steht die neue Stadtgesellschaft auch hier erst am Anfang.

Oder ist der Anfang bereits ein Ende?

Der russische Schriftsteller Andrej Amalrik mahnt im Hinblick auf eine unausweichliche Auseinandersetzung zwischen China und der westlichen Welt: »Wenn während der römischen Kaiserzeit, im 5. Jahrhundert, als es bereits sechsgeschossige Häuser und dampfgetriebenes Spielzeug gab, die Futurologen befragt worden wären, so hätten sie höchstwahrscheinlich für das 6. Jahrhundert den Bau von zwanzigstöckigen Hochhäusern sowie den industriellen Einsatz von Dampfmaschinen vorausgesagt. Statt dessen weideten im 6. Jahrhundert Ziegen auf dem Forum Romanum.«

Die hochentwickelte städtische Zivilisation war von halbnomadisierten Bauern zerschlagen worden. Auch Mao Tse-tung sprach von der Einkreisung der Stadt als Lebensform der wirtschaftlich hochentwickelten Länder durch das Dorf als Lebensform der unterentwickelten Länder. Er glaubte, daß das dünnbesiedelte, dezentralisierte Land im Kriegsfall bei weitem nicht so verwundbar sein wird wie die Millionenstädte, womit er zweifellos recht hat. Stadt und Land sind nicht nur verschiedene freiwählbare Lebensformen, sondern vor allem extrem entgegengesetzte und damit feindliche Weltanschauungen.

Der Städter hat die Tendenz zur Individualisierung und

zur persönlichen Absonderung, weil er sich von den Menschenmassen, die ihn umgeben, eingeengt fühlt. Aus dem entgegengesetzten Gefühl heraus strebt der Landbewohner zu organisiertem Zusammenschluß.

Die Kluft zwischen China und dem Westen ist weder eine Rassenfrage noch eine Angelegenheit verschiedener Wirtschaftssysteme. Die Kultur des Westens ist extrem städtisch, die chinesische extrem ländlich. Diese Pole sind stärker als alle Ideologien. Rußland und China sind kommunistische Länder, und dennoch ist ihre Bruderideologie durch ein ländliches und ein städtisches Kulturprinzip scharf voneinander getrennt.

China ist das erste Land, das Industrialisierung ohne Urbanisierung durchgeführt hat.

Die sowjetische Verstädterung hat sowohl punkto Geschwindigkeit als auch punkto Umfang keine Parallele in der Geschichte.

Größere Gegensätze zwischen zwei Kulturen sind nicht denkbar.

Unsere ganze Geschichte ist ein einziger Kampf zwischen der Stadt und dem Land. Das gilt bis in die Gegenwart. Europa und Amerika verkörpern das eine Lager, die unterentwickelten Völker Afrikas, Asiens und Südamerikas das andere.

Auch der letzte Weltkrieg war in Wahrheit eine geistige Auseinandersetzung dieser beiden entgegengesetzten Pole. Der Nationalsozialismus entspringt einer absolut stadtfeindlichen Geisteshaltung. Die Verherrlichung des Bauernstandes, der Blut-und-Boden-Gedanke, die Hervorhebung völkischer und rassischer Elemente als Vermächtnis unserer germanischen Vorfahren, die in krassem Gegensatz zur römisch-hellenistischen Stadtkultur standen, sind Projektionen dieser Weltanschauung. Auch Hitlers Mißtrauen gegenüber den Intellektuellen und sein grenzenloser Führungsanspruch haben ihre Wurzeln in dieser Tatsache. Denn die Stadt ist ihrer Natur nach dem Intellekt und der Demokratie verhaftet, das Land dem Mythos und dem Führerprinzip. Wie anders ist es zu erklären, daß eine so glaubensfeindliche Lehre wie der dialektische Materialismus in China zu einem religiösen Mythos wurde und ein so rationalistisch eingestellter Mann wie Mao zur unfehlbaren Gottheit avancierte.

Unsere ganze Geschichte, alle Kultur und aller Fortschritt, lebt aus dieser Gegensätzlichkeit, ähnlich wie in der Physik, wo alle Bewegung aus gegensätzlicher Polarität erfolgt.

Wir glauben heute, daß ein Gebäude nichts weiter zu sein habe als eine gut funktionierende Maschine, ein Gebrauchsgegenstand wie ein Auto oder bestenfalls eine Kapitalanlage wie eine Industrieaktie. In Wahrheit aber kann man Haus und Mensch ebenso wenig von einander trennen wie eine Schnecke von ihrem Gehäuse. Sie sind eine Einheit auf Tod und Leben. Der Wohntrieb trennt den Menschen von den übrigen Geschöpfen der Natur.

Wir glauben heute, daß eine Stadt nichts weiter zu sein habe als ein gut funktionierender Mechanismus unter Berücksichtigung von Verkehr, Energie, Kommunikation und vielen anderen Belangen, die sich mit viel Geld und Computern lösen lassen.

In Wahrheit ist die Stadt die Wiege aller menschlichen Zivilisation. Jede Hochkultur war an den Namen einer Stadt gebunden: Babylon, Athen, Rom, Byzanz und Florenz.

Alle Städte von Ur bis Mannheim hatten einen Mittelpunkt, eine Keimzelle. Das war ein Tempel oder ein Dom, eine Burg oder ein Schloß, ein Forum oder ein Marktplatz. Die Stadt grenzte sich immer klar von der sie umgebenden Landschaft ab. Bis vor 150 Jahren war eine Stadt ohne Mauern fast undenkbar. Paris wurde noch 1841 mit einer neuen Stadtmauer umgeben.

Die moderne Großstadt besitzt weder eine klare Umgrenzung noch eine kulturelle Mitte. Sie ist herz- und grenzenlos.

Alle gemauerten Gebäude setzten sich klar von der Umwelt ab. Das Herz eines jeden Hauses war seit Jahrtausenden Feuerstelle, Thron oder Altar.

Die modernen Baukonstruktionen besitzen keine klaren Abgrenzungen mehr. Sie werden durch Glas und andere optische Effekte mehr und mehr aufgelöst. Vor allem aber fehlt ihnen die wärmende Mitte, das ideelle Zentrum.

Sowohl Haus als auch Stadt haben ihre inneren Schwerpunkte verloren und befinden sich in körperlicher Auflösung. Sie sind lebendige Organismen ohne Herz, die unkontrollierbar wie Krebszellen ins Grenzenlose wuchern. Ist es Zufall oder geheimnisvoller Zusammenhang, daß Herzinfarkt und Krebs die beiden Haupttodesursachen unserer Zeit sind?

Namenregister

E. W. Heine
im Diogenes Verlag

Wer ermordete Mozart?
Wer enthauptete Haydn?
Mordgeschichten für Musikfreunde
Leinen

New York liegt im Neandertal
Bauten als Schicksal. Leinen

Kille, Kille
Makabre Geschichten
detebe 21053

Hackepeter
Neue Kille Kille Geschichten
detebe 21219